高校教材

新标准早期教育专业系列

0—3 SUI YING YOU ER JIAO YU HUO DONG SHE JI YU ZHI DAO

0—3岁婴幼儿
教育活动设计与指导

主 编◎张 红　　副主编◎俞丛晓　王静萍

华东师范大学出版社
上海

图书在版编目(CIP)数据

0—3岁婴幼儿教育活动设计与指导/张红主编.—上海:华东师范大学出版社,2020

ISBN 978 - 7 - 5760 - 0248 - 5

Ⅰ.①0⋯　Ⅱ.①张⋯　Ⅲ.①婴幼儿－早期教育　Ⅳ.①G61

中国版本图书馆 CIP 数据核字(2020)第 117009 号

0—3岁婴幼儿教育活动设计与指导

主　　编　张　红
责任编辑　李恒平
审读编辑　皮瑞光
责任校对　郭　华　时东明
装帧设计　庄玉侠

出版发行　华东师范大学出版社
社　　址　上海市中山北路 3663 号　邮编 200062
网　　址　www. ecnupress. com. cn
电　　话　021 - 60821666　行政传真 021 - 62572105
客服电话　021 - 62865537　门市(邮购)电话 021 - 62869887
地　　址　上海市中山北路 3663 号华东师范大学校内先锋路口
网　　店　http://hdsdcbs. tmall. com

印 刷 者　上海景条印刷有限公司
开　　本　787 毫米×1092 毫米　1/16
印　　张　13.75
字　　数　310 千字
版　　次　2021 年 3 月第 1 版
印　　次　2025 年 6 月第 12 次
书　　号　ISBN 978 - 7 - 5760 - 0248 - 5
定　　价　42.00 元

出 版 人　王　焰

前 言

QIAN YAN

　　0—3岁早期教育关注儿童的早期发展。儿童早期发展(ECD)指的是儿童体格、认知、情感、社会适应及语言等方面的综合发展。科学研究的大量成果指出,生命最初几年,尤其是0—3岁婴幼儿时期是人生的最初阶段,也是人生成长的关键时期,这一时期是心理发展的敏感期,更是心理发展的最佳年龄期,是儿童成长和发展重要的"机会窗口期"。在这一时期,为儿童提供良好的营养、早期启蒙教育和安全关爱的环境,可以促进大脑的充分发育,以帮助儿童发挥他们的最大潜能。[①] 早期教育具有重要的、无可替代的价值,成为近年高等教育的一个新设专业。但由于是新专业,教材匮乏,不少学校甚至是把临时讲义用作教材。本书的编写是此背景下作者团队对我国早期教育的指导教材极为缺乏的现状和国家培养早期教育人才需求的响应。

　　虽然作者团队在早期教育一线有20多年的实践经验,但是本书的写作还是遇到了很多难以想象的挑战。首先,"0—3岁婴幼儿教育"这一名称就存在争论,甚至起先团队内部意见也不一致。因为,对0—3岁婴幼儿来说(本书将0—3岁儿童统称为婴幼儿,主要用该表述,与其他术语是同义的),更多的是抚养与教育,因此不少学者建议用"抚育"或者"养育"。其实,"教育"一词,宽泛意义上说也可以包含抚养的部分内容。最终团队大多数老师达成共识,选用"0—3岁婴幼儿教育"这一术语。既因为我们是专业的婴幼儿教育从业者,也因为"教育"含有更多的是"有目的活动",而这正是本书呈现给读者最为宝贵的内容:我们团队20多年来的活动设计实践。(当然,从实际工作出发,我们在本书中的0—12个月婴儿阶段,仍使用"教养"一词。)

　　我们发现,不同的视角下对婴幼儿教育的目标的理解各不相同(见表1),实践者更多关注显性的技能指标,尤其是生活潜能和个性品质;专业研究者更在意概念界定的严谨性与各个目标的均衡性;而当前信息技术、人工智能等高科技快速发展又对创新创意教育提出新的要求。

　　此外,在实践视角中生活潜能指向过于宽泛(见表1),而发展婴幼儿社会潜能和发展婴幼儿良好个性品质则又有某种重叠。"五大领域"在《3—6岁儿童学习与发展指南》中提出后被广

---

① 引自联合国儿童基金会网站,参见 https://www.unicef.cn/

表 1　不同视角的婴幼儿教育的目标差异

实践视角	五大领域视角	"积极的学习者"发展视角[①]
发展运动潜能和身体健康	健康	运动技能发展
发展语言认知潜能	语言	语言和文化理解与表达素养(literacy)
发展生活潜能	科学	算术(基本的形状、时空、匹配、分类等)
发展艺术潜能	艺术	美学与创造性表达(艺术如律动、音乐、舞蹈和创意思维)
发展幼儿社会潜能	社会	社会和情感发展
发展幼儿良好个性品质		发现世界(探索婴幼儿周围的世界)

泛接受,但是否就可以套用照搬作为 0—3 岁婴幼儿教育的框架,也还存有疑问,需要进一步的研究证据。新加坡的"积极的学习者"框架,与五大领域有较高的重合度,且在指向上更为简约、具体和突出创新创意培养,值得我们学习参考。美国《贝利婴幼儿发展量表》(Bayley Scales of Infant development,简称 BSID)(第 3 版)[②]对于婴幼儿的评估也分为五大领域:认知、语言、身体动作、社会性情绪、适应行为(其中前三者由专业人员对婴幼儿进行评估,后二者则由家长填写针对婴幼儿发展状况的问卷进行反馈),更为凸显认知的地位。此外,我国香港地区编制儿童发展手册时则着重家长育儿的向导;英国的婴幼儿发展指南中的"创造力萌芽"也很有启发性;新西兰儿童发展指南对环境互动重点着墨。

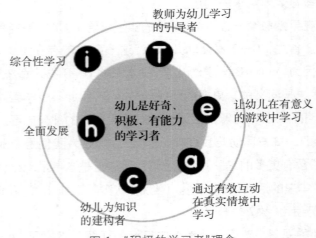

图 1　"积极的学习者"理念

　　基于此,我们团队结合参与《上海市 0—3 岁婴幼儿教养方案》的实践探索和汲取上海早期教育界多年的研究成果,在继承的基础上,又借鉴全球各地的智慧,并适当有所创新

① 参见新加坡教育部所编的"婴幼儿培育框架(EYDF)",《培育幼儿:新加坡学前课程框架》(2012),https://beta. moe. gov. sg/preschool/curriculum/

② 参见培生出版集团出版的 Bayley Scales of Infant development—III,也可访问 https://www. sciencedirect. com/ topics/medicine-and-dentistry/bayley-scales-of-infant-development

发展。在早期实践中我们采用的是发育与健康、感知与运动、认知与语言、情感与社会性这个架构，最近几年在实践中我们又更新为感知与运动、认知与语言、情感与社会性以及表达与表现。经过不断探索，最终，本书中"0—3岁婴幼儿教育框架"界定为动作与习惯、语言与沟通、情感与社会、认知与探索，即：

1.（指导教师和家长）了解婴幼儿身心发展特点，理解婴幼儿的典型行为，能在动作与习惯、情感与社会、认知与探索、语言与沟通等方面支持和陪伴孩子的成长。

2.（指导教师）针对婴幼儿的身心发展特点开展相应的教育活动设计，特别关注婴幼儿是积极的学习者，保护并培育婴幼儿的创造力萌芽。

3.帮助教师和家长形成科学的儿童观，具有端正的教育态度与意识，勇于承担教育婴幼儿的职责，善于创设环境，学会尊重孩子、热爱孩子。

关于月龄段的划分更是讨论非常激烈的一个问题，主要还不是"分得粗一点""分得细一点"等在操作上的针对性问题，而是如果按照领域分的话，每个月龄段之间的内容可能非常不均衡。比如，情感与社会，在第一和第二个月龄段，内容是非常非常少的，而在后面的月龄段又非常非常多。当然这里面还有很多其他的问题。我们咨询学前界的专家，不少人也建议不要分得那么细。我们也对国内外的研究和实践作了一些梳理，结合我们在实践《上海市0—3岁婴幼儿教养方案》时的一些思考，最后按照"前面细一点，后面粗一点"的思路处理，并与我国学前教育研究和改革的精神保持一致（详细可参阅第一章）。我们将月龄段分为8个段：0—3个月、4—6个月、7—9个月、10—12个月、13—18个月、19—24个月、25—30个月、31—36个月。根据实践操作的情况，我们也赞同可将25—36月合为一个段，即总共只分7个段，教师在教学时可以做灵活选择。

党的二十大报告提出，建立生育支持政策体系，降低生育、养育、教育成本。发展普惠性托育是生育支持政策的重要组成部分，国家也不断推出政策文件以规范托育、早教行业发展。对此，我们紧跟动态，不断发展和完善我们的研究与教育活动案例。

传统的早期教育服务机构在科学育儿、卫生与健康、保育、感统觉训练和新家长训练等方面是强项，但我们也重点关注了认知科学和脑科学研究的最新进展，我们期望：(1)透过跨领域的整合，建构婴幼儿发展的目标框架、脉络及图像。(2)从生物、心理及社会的角度，探究婴幼儿各项发展的历程与变化。(3)借鉴脑科学及婴幼儿认知科学研究的最新研究成果，用科学证据改进教育活动设计。总之，希望在多年的研究实践基础上，提供更有助婴幼儿适应性发展的教育活动设计方案。

因此，我们乐于向大家推荐本书的特色：

- 较为系统地回溯了0—3岁婴幼儿教育活动的生理、心理、社会基础。
- 早期教育活动类型与教育活动案例丰富，并列举了与问题相对应的指导策略，操作性强。
- 二维码资源和部分视频资源。

本书主要内容是：第一章着重阐述了0—3岁婴幼儿教育活动的概念和意义以及整体框架；第二章从心理、生理基础等多方面对0—3岁婴幼儿的发展进行了回溯；第三章至第十章则通过对0—36个月婴幼儿的发展特点等入手，设计婴幼儿教育的典型活动，并提供常见的问题小贴士，理论与实践相结合。最后一章是教育活动的评价。

　　全书由张红负责整体框架、具体内容呈现和审阅统稿，俞丛晓负责组织教学团队进行实践研磨和教学案例梳理，王静萍组织编写团队进行素材整理和统整，李若茵、吴晓君、邢玉平、聂文龙、郭灿、程梦馨、钱倩、徐嘉、奚尤旎、许一晨、李玥婷负责各个章节的撰写。在本书的编写过程中，华东师范大学出版社李恒平老师对本书进行了专业框架建构的指导，数次提供重要资料，助力教师寻求更新的视角。同时，前后两次组织编写团队研讨，三次对本书进行细致审校。最令人感动的，在疫情期间坚持不懈完善第一章和第二章的修改，在此我再次对李恒平老师表示衷心感谢。由于时间仓促，我们的学识也有限，若有不足之处，请大家批评指正。

张红

2023 年 7 月

目录
MU LU

05

06

11

婴幼儿教育活动设计概述

科学研究的大量发现表明,0—3岁是儿童成长和发展的关键阶段。2019年5月国务院办公厅发布的《关于促进3岁以下婴幼儿照护服务发展的指导意见》可以反映出国家和社会对婴幼儿教育的重要性认识进一步深化。在生命的最初几年,大脑飞速发育,神经元形成连结的速度达到每秒1 000次。3岁儿童大脑的活跃度是成人大脑的两倍,这些神经元连结是大脑功能最基础的组成部分。环境是影响大脑发育的重要因素,人类的大脑发育依赖于儿童早期对外界丰富的体验,这对我们实施儿童早期发展工作有着非常重要的意义。儿童早期发展需要多维度综合视角,既包含通过母乳喂养、回应性的喂养及微量营养素补充等使儿童获得良好的营养,为大脑的发育供给能量;也包括通过阅读、绘画、交流和玩耍等早期亲子互动,促进神经元连接形成;还包括搂抱、爱抚和关爱等积极健康的互动降低不利因素所带来的负面影响。[①] 这其中早期教育机构发挥着重要的作用。

0—3岁婴幼儿教育与3—6岁幼儿园教育有何不一样?作为一名未来的老师,你理解了0—3岁婴幼儿教育的独特价值吗?婴幼儿教育活动具体该怎么做?

先看两个案例:

案例 1-1

我喜欢孩子,经常在路上、公园里、餐厅里跟陌生的小朋友"眉来眼去",几个表情就能逗得对方哈哈大笑,自己也开心得不得了。对于我来说,在幼儿园工作,跟小朋友打交道是一种幸福,真心觉得每个小朋友都是小天使。

大四我在一家早教机构实习,一开始并没有机会上课,我就观摩其他老师上课,抽空就复习学过的早教专业上课的笔记,也看蒙台梭利、福禄贝尔、卢梭等杂七杂八有关幼儿早期教育方面的知识。不久得到了较少的一些上课机会,我发现其早教上课模式是有一本专业的、现成的、细致的教案发到手中,自己照做就可以了,不需要有太多自己的东西。教案细致到什么程度了呢?细致到上课用什么教具,用哪句话介绍教具,用什么姿势去取教具展示教具等。

毕业后,我进了S市一个区的早期教育指导服务中心工作,刚开始压力特别特别大,因为一切都是全新的,像大动作、精细动作的教学也还谈不上熟练。我带一个

---

① 参见《培育更好的大脑:儿童早期发展的新前沿》,www.unicef.org/earlychildhood/files/Building_better_brains___web.pdf

爬爬班,同时还做宝贝涂鸦、玩音乐、乐高建构、童画家等几门课的助教,像一台机器开始超多线程的处理。慢慢地,我学会在课上重视与父母交流如何锻炼小朋友的精细能力和提高认知,一个宝宝叫豆豆的妈妈很客气地告诉我,小朋友超级爱我的课。哈哈,开心。

第二学期,我开始跟着带了一个托班,我发现,这个年龄的孩子真正坐下来"学"的时间很少,大多都自由玩耍。他们什么都还不懂,大部分是需要穿尿布的小朋友。刚开始我还很有激情,但是时间一长,我发现不仅男孩子跑来跑去,女生也吵,各种推椅子、丢玩具,简直不要太难搞,班上有五六个既不听话也不懂事的小朋友,还有一个是那种作劲十足的。第一周结束,我最大的感受就是特别累,每天回家倒头呼呼大睡。第二周我决定开始写"早教日记",这给了我极大的能量支撑,工作不再只是繁琐的操劳,而变成了一种意义感的存在。我用心观察孩子们各种奇妙有趣的举动,并记录下来,这让我的每一天开始过得充实。

早期教育的核心内容仅仅是大动作、精细动作的教学吗?你会如何应对精力旺盛的宝宝?你认为还有哪些挑战?你认为他(她)为成长为一名合格的早教教师做好准备了吗?为什么?

案例 1-2

晓虹老师下课后碰到家长来接小朋友,开开妈妈过来向老师请教宝宝频繁吃手该怎么办?(据调查研究显示,1 岁 6 个月的宝宝中,有 19.2% 的宝宝有吃手的习惯;3 岁宝宝中,有 10% 的宝宝仍爱吃手;而 3 岁 6 个月的宝宝中,保留吃手习惯的比例下降至 7.8%。)球球妈妈则过来问宝宝显得有点"自私"和"破坏力强",该如何应对?

晓虹老师向家长解释道,帮助宝宝戒掉手指"棒棒糖",最需要的是爸爸妈妈的爱心和耐心。因为宝宝也有逆反心理,强行阻止宝宝的吃手习惯有可能会适得其反,反而强化这一行为。在给予宝宝关爱的同时,爸爸妈妈应让宝宝明白小手除了吃之外还有更多的用途,多多鼓励宝宝探索小手的技能,鼓励他去触摸,去探索和去认识更多的新鲜事物。而面对"小气"的宝宝,家长不能随便给宝宝贴"自私"的标签。儿童最先需要学习的不是"分享",而是"拥有"。只有宝宝觉得拥有很"完整"的时候,才有可能进行"自愿分享"。要允许宝宝保有"最爱"的私心。面对"破坏力"极强的宝宝,家长应该知道儿童的破坏能力本身就大于建设能力。家长可以与宝宝进行反复搭积木推积木的游戏,使孩子在一次次的动手中获得探究的满足感。

你认为晓虹老师与家长沟通是否专业?为什么?

上述案例生动地说明,老师面对的不是一个小朋友,而是个体差异非常大的一群婴幼儿。如何设计一个(系列)活动,并且在展开教学活动的时候照顾到每个宝宝的发展和学习,并不是像教一首儿歌、讲一个简单的故事那么容易。况且,即使是讲完故事,如何问问题,对宝宝的回答作出什么样的评价,怎样挖掘出宝宝思维的点,通过后续问题如何继续引导宝宝思考,这些对教师自身的思维要求是很高的。

0—3 岁婴幼儿教育具有丰富的内涵,这些内涵并不是需要罗列背诵的知识要点,而是需要大家不断地去思考和理解。我们也建议大家在学习的过程中不断思考和回答我们在开篇案例中提出的一些问题。

第一节　婴幼儿教育活动的涵义

正如前所述,婴幼儿健康成长关系到国家的未来、民族的希望、家庭的幸福。社会经济的发展将"幼有所育"提升到全新高度,政府也将其作为保障和改善民生的一项重要内容。从国家和社会的需求来说,提升早期教育服务质量是回应人民群众对 0—3 岁婴幼儿托育服务的关切,推动构建完善的托育服务体系的重要一环。

从国际上看,联合国教科文组织提出:"孩子是国家最宝贵的资源,投资于儿童就是投资于未来。"建立完善的早期托育服务体系已成为国际社会的普遍共识。从历史上看,20世纪 80 年代,托儿所几乎遍布城市的街道社区,相当多的企事业单位设有托儿点。随着经济社会的转型、企业后勤保障社会化改革,托儿所、幼儿园托班等逐渐减少。

而随着人口老龄化和家庭规模小型化,家庭抚幼功能有所弱化,婴幼儿家庭的托育服务需求日益增长,从家庭的需求来说,提升早期教育服务质量是不断满足家庭对婴幼儿保健和托育服务的需求的重要方面。另一方面,新的年轻一代的父母们热衷科学育儿、热爱生活、热爱生命、亲近自然、爱好体育、崇尚艺术,对传统的早教课程内容质量提出了挑战。

提升早期教育服务质量要靠提升婴幼儿教育活动的质量,教育活动设计本身就显得极为重要。因而,本书的核心内容是帮助学生掌握婴幼儿日常生活保育技术、婴幼儿学习与发展的核心能力及相关教育策略、亲子活动指导课程设计与实施技术。通过本书的学习,我们希望学习者能建立并形成一个理解的框架,最终形成一种专业思维模式。

一、重要概念与界定

(一)婴幼儿

本书将 0—3 岁儿童统称为婴幼儿。根据婴幼儿年龄具体分为三个阶段。

新生儿期:出生至未满 28 天为新生儿期。此时新生儿身心各系统器官需要进一步完善,功能也需要进行有利于生存的调整。

婴儿期:0—12 个月称为婴儿期。婴儿期是生长发育最快的时期,对能量和蛋白质的需求特别高,如供给不足易发生营养不良和发育迟缓。

幼儿期:本书中从 2 岁至不满 3 周岁(2—3 岁)属于幼儿期(日常概念中的幼儿的年龄更为宽泛),即出生后第 2 年和第 3 年。幼儿期体格生长速度较婴儿期缓慢,但仍处于生长发育阶段,依然要重视幼儿期的膳食营养,供给充足的营养。幼儿期神经发育迅速,语言、思维、动作和社会交往能力明显发展,应关注幼儿教育与生活、卫生习惯养成。由于幼儿的活动能力增强,活动范围扩大,对危险的识别和自我保护能力不足,因此应注意预防意外伤害的发生。[①]

(二)发展

发展是指个体随着年龄的增长,在相应环境的作用下,整个的反应活动不断得到改造,日趋完善、复杂化的过程,是一种体现在个体内部的连续而又稳定的变化。

发展首先是一系列的变化,但并非所有的变化都可称为发展:只有那些有顺序的、不可逆的、且能保持相当长时间的变化才属于发展。例如,暂时的情绪波动以及思想和行为的短暂变化就不包括在发展之内。发展通常使个体在认知发展、社会发展和道德发展上更为适应和高效,能够产生更为复杂的行为。

发展是一个涵盖面非常广的概念。婴幼儿发展具有以下方面的特点。

1. 连续性与阶段性

婴幼儿的发展既体现出量的积累,又表现出质的飞跃。当某些代表性要素的量积累到一定程度时,就会引发质的飞跃,也即表现为发展的阶段性。

当一棵橡树慢慢从小树长成大树,它一直都是橡树,它的成长过程是连续的。就像孩子说出第一个单词,看上去似乎是突然的、非连续性的,事实上,是日复一日成长和练习的结果。也就是说,它的成长就像在台阶攀登,每登上一级新的台阶就是一次飞跃。

我们也应认识到婴幼儿在学习时有一定的自然进程。"学习周期"(learning cycle)反映了婴幼儿在学习和发展进程中经历的四个循环阶段。[②] 当婴幼儿接触到新的事物时,他们首先会察觉其中新的概念、知识和技能,接着便可能自发地探索、掌握和应用这些概念、知识和技能。教师可以根据察觉期、探索期、掌握期和应用期这四个循环阶段设计学习活动,在各个阶段激发和保持婴幼儿的学习兴趣,并不断为他们创造与周围环境互动的机会(图 1-1)。例如,在婴幼儿的语言发展中,婴幼儿从听、说活动起步,通过模仿以及与周围的人进行互动,逐步发展聆听、理解和运用语言的能力;同时,幼儿也开始积极探索生活情境中的文字符号,在成人和朋友的帮助下进行早期阅读。

图 1-1 学习周期

---

① 北京市教育委员会.0—3 岁儿童早期教育指南(北京)[Z].北京:北京师范大学出版社,2010.

② Kostelnik, M. J., Soderman, A. K., & Whiren, A. P. Developmentally appropriate curriculum: Best practices in early childhood education (4th ed.)[M]. Upper Saddle River, NJ: Prentice Hall. 2007.

2. 方向性与不可逆性

正常情况下,婴幼儿的发展具有一定的方向性和先后顺序,既不能逾越,也不会逆向发展。如个体动作的发展,就遵循自上而下、由躯体中心向外围、从粗动作到细动作的发展规律。此外,婴幼儿身体各大系统成熟的顺序是:神经系统、运动系统、生殖系统;大脑各区成熟的顺序是:枕叶、颞叶、顶叶、额叶;脑细胞发育的顺序是:轴突、树突、轴突的髓鞘化。这些方向性和不可逆性在某种程度上体现出基因在环境的影响下不断把遗传程序编制显现出来的过程。

3. 不平衡性与个体差异性

个体从出生到成熟并不总是按相同的速度直线发展的,而是体现出多元化的模式。其表现在:不同系统在发展速度、起始时间、达到的成熟水平上不同;同一机能系统特性在发展的不同时期有不同的发展速率。从总体发展来看,婴幼儿期出现第一个加速发展期,然后是儿童期的平稳发展,到了青春发育期又出现了第二个加速期,然后再是平稳地发展,到了老年期开始下降。

尽管一个正常婴幼儿的发展总是要经历一些共同的基本阶段,但是发展的个体差异仍然非常明显,每个人的发展优势、发展速度、发展水平往往是千差万别的。例如,有的人爱动,有的人喜静。正是有了差别,才构成了多姿多彩的人类世界[①]。

4. 积极性与探索性

婴幼儿是好奇、积极、有能力的学习者。教师应充分了解婴幼儿独特的学习方式。在好奇心的驱使下,婴幼儿通过实际操作和亲身体验来感知、探索和积累学习经验,并在生活中、游戏中逐步建构知识。

表 1-1 婴幼儿的学习特点与行为[②]

学习特点	学习行为（例）
好奇	对周围的事物充满好奇心,学会说话后会追问"是什么"或"为什么"
	对生活中的常见标记、形状、色彩和文字符号感兴趣
	对日常活动表现出探究的愿望
积极	主动参加有趣的游戏、活动
	愿意参与生活情境中熟悉话题的互动和对话
	乐于与家人、同龄小朋友和社区成员交流
有能力	通过观察与模仿学习,包括语言
	用各种言语和非言语方式与他人互动
	在成人的帮助和支持下,掌握基础语言知识和技能

[①] 桑标. 儿童发展[M]. 上海:华东师范大学出版社,2014:17.

[②] 综合参考新加坡教育部所编的"婴幼儿培育框架(EYDF)",《培育幼儿:新加坡学前课程框架》(2012)、《培育幼儿:学前华文教学指南》(2015)、《培育幼儿:学前母语课程框架》(2013)。

（三）婴幼儿教育活动设计及其内容

婴幼儿教育活动设计是教师为促进婴幼儿发展而有计划、有目的地展开的一项创造性工作。它需要教师把握和分析婴幼儿（及其家长）的特点，制定适宜的活动目标，合理选择活动的内容与形式，充分创设活动的环境和调动其他要素等。

0—3岁婴幼儿教育活动设计可以分为动作与习惯、语言与沟通、情感与社会、认知与探索几个方面。

动作与习惯

动作与习惯指粗大动作（或大肌肉动作）和精细动作（或小肌肉动作）的发展和训练，同时促进基本的运动机能的发展，以及婴幼儿的"默认"（default）动作行为和对环境中发生的事的程序化响应（programmed response）——从行为产生的积极结果里学习。

语言与沟通

语言与沟通指婴幼儿通过语言（母语）和非语言行为，如表情、语气、手势、肢体动作等方面进行的理解与交流。婴幼儿的语言发展大致可以表现为无意识的交流阶段、有意识交流阶段、单词阶段、词组阶段、早期造句阶段。

情感与社会

情感与社会指婴幼儿对周围环境产生的心理体验和心理感受，偏好性的目标选择，形成的社会行为和形成的个性品质。婴幼儿与他人面对面地互动时会表现出情绪和情感，例如，目光对视，对大人的面部表情、声音做出反应；看到大人笑，宝宝也会笑，看到大人皱眉头，宝宝也会面部严肃起来。婴儿虽然还不会说话或者听懂语言，但已经意识到互动中需要交流、分享等。宝宝们在互动游戏中也表现出能理解双方的意图，知道彼此正在参与同一件事情，如果对方有困难，甚至还会帮助对方。

认知与探索

认知指婴幼儿获得知识、应用知识、信息加工的心理过程，包括感觉、注意、知觉、表象、（记忆）、创造性、问题解决、（思维）、想象和语言信息加工等[①]。探索是一个较为宽泛的概念，既包含算术逻辑的认知探究（基本的形状、时空、匹配、分类等），也包括去发现世界（探索婴幼儿周围的世界），以及探寻美与创造性表达（艺术如律动、音乐、舞蹈和创意思维）。

我们认为，认知与探索对学习者来说是一个理解难点，这里有一个认知与探索的案例：

案例
1-3

探索节拍

活动目标：幼儿对"节拍"有初步的认识；幼儿能用身体表达节拍（25—36个月）。

---

① 为提示应避免0—3岁早期教育及学前教育的"小学化"倾向，这里加括号来弱化记忆和思维等心理过程。

活动过程：（1）教师先准备两个视频。一个是天堂鸟跳舞的视频，另一个是水滴的视频。在不看画面的情况下，让幼儿聆听声音，同时提出问题"你听到什么"，让幼儿带着问题去学习。

（2）教师重复问题"你听到什么"并且把幼儿回答的重点记录下来。如果幼儿需要更多的提示，教师可以再次播放水滴的视频，并且鼓励幼儿跟着水滴声拍掌。这主要是引导幼儿发现这些声音是有规律的，为在之后引出"节拍"的概念作铺垫。

播放完两段视频后，教师与幼儿展开讨论。（教师与幼儿的对话内容摘录）

教师：你听到了什么？

幼儿：嘀，嘀，嘀。

教师：是的，水滴发出嘀嘀的声音，其他小朋友的想法呢？（幼儿安静了）

教师：我们一起用手跟着水滴声拍一拍吧……所以，刚才听到的声音有什么特点？

幼儿：可以用手拍。

幼儿：可以用嘴巴发出声音（模拟它的声音）……

教师一边有规律地发音"哒哒哒哒"一边拍拍子，并问：你现在听到的声音有一个专有的词汇，它叫什么？

一个幼儿说"哒哒"。

另一个学过钢琴的幼儿说：节拍。

需要特别指出的是，0—3岁儿童在算术逻辑的认知探究和去发现周围世界方面的认知发展还处于刚刚起步的萌芽阶段，因此，认知与探究领域的教育活动设计在实践中更为侧重艺术审美探索。美国心理学家布卢姆（B. S. Bloom）指出，如果把17岁时达到的智力水平作为100%，4岁前已达到50%，这足以说明婴幼儿时期智力开发很重要。另一个美国心理学家格塞尔认为，儿童心理的发展过程是有规律、有顺序的一种发展模式。这种模式是由物种和生物进化顺序决定的，是由生物体遗传的基本单位——基因决定的。所谓"成熟"就是"给予通过基因来指导发展过程的机制一个真正的名字"。在格塞尔看来，所有儿童都毫无例外地按照成熟所规定的顺序或模式发展，只是发展速度可在一定程度上由每个儿童自己的遗传类型或其他因素所制约，0—3岁孩子的发展指标并不涉及思维、记忆等范畴。这也间接表明，0—3岁孩子的智力基本处于待发展状态，因而思维、记忆等并不需要被作为0—3岁孩子发展的重要指标。

二、婴幼儿教育活动的阶段划分

婴幼儿的发展具有明显的年龄特征，不同年龄婴幼儿发展水平和发展需求是不同的，这就决定教育活动设计要针对不同年龄阶段，设计不同目标和形式的活动。

表 1-2　中国不同地区婴幼儿发展的年龄(月龄)划分参考

上海	0—1个月	2—3个月	4—6个月	7—12个月		13—18个月	19—24个月	25—36个月	
江苏	0—1个月	2—3个月	4—6个月	7—12个月		13—18个月	19—24个月	25—36个月	
福建	0—1个月	2—3个月	4—6个月	7—9个月	10—12个月	13—18个月	19—24个月	25—30个月	31—36个月
北京	0—3个月		4—6个月	7—9个月	10—12个月	13—18个月	19—24个月	25—36个月	

年龄分期没有统一适用标准,差异较大,一般不是均等分期。以我国年龄分段情况(包括港台地区在内)为例,12 个月以前分期较小,逐渐增加,12 个月以后以 1 岁为一个分期。以原卫生部为贯彻《全国儿童保健工作规范(试行)》(卫妇社发〔2009〕235 号)而制订的《儿童健康检查服务技术规范》[①]为例,0—3 岁儿童的健康定期检查的月龄段分为如下几个阶段。婴儿期(0—12 个月)健康检查时间要求是:婴儿在出生后一年内定期健康检查 4 次(3 月龄、6 月龄、9 月龄、12 月龄),6 月龄测查一次血红蛋白,8—9 月龄进行一次听力筛查。通过健康检查及时发现问题,给予诊治,保证婴儿的健康和正常生长发育。幼儿期(1—3 岁)健康检查时间要求是:每年至少 2 次,每次间隔 6 个月,时间在 1 岁半、2 岁、2 岁半和 3 岁。

不同月龄婴幼儿的早教方法大不同。但如果具体到一月一划分,则又会显得过于繁琐。若要设计适宜的、符合婴幼儿月龄特点的早教活动,需要先对 0—3 岁婴幼儿的月龄进行较为科学的阶段划分。在全球各地颁布的政策文件中,呈现了非常不同的具体的划分方式,例如,美国各州的指南或标准,英国、日本、新加坡等国的划分方式就差异很大。

梳理美国 21 个州的月龄分段就会发现,有的州划为两段,如华盛顿州;有的州划为三段,如加利福尼亚州和新墨西哥州;有的州划分为四段,如路易斯安那州;还有的州进行更细致的划分,将其分为七个月龄段,且呈现出"婴幼儿月龄越小,划分得越细致"的特点,比如康涅狄格州将 0—1 岁婴儿划分成了"0—3 个月、4—6 个月、7—9 个月、10—12 个月"四个阶段,1—2 岁婴儿划分为"13—18 个月、19—24 个月"两个阶段,2—3 岁为一个阶段(表 1-3)。

表 1-3　部分国家(或地区)婴幼儿月龄不同划分方式

国家/区域		月龄划分方式	段数
美国	华盛顿州	0—18 个月;19—36 个月	2
	加利福尼亚州	0—8 个月;9—18 个月;19—36 个月	3

---

① 中华人民共和国国家卫生和计划生育委员会. 儿童健康检查服务技术规范[P]. 2012.

国家/区域		月龄划分方式	段数
	新墨西哥州	0—12 个月；13—24 个月；25—36 个月	3
	路易斯安那州	0—8 个月；9—18 个月；19—24 个月；25—36 个月	4
	康涅狄格州	0—3 个月；4—6 个月；7—9 个月；10—12 个月；13—18 个月；19—24 个月；25—36 个月	7
新加坡		0—12 个月；13—30 个月；31—36 个月	3
英国		0—18 个月；19—24 个月；25—36 个月	3
日本		0—6 个月；7—15 个月；16—24 个月；25—36 个月	4
中国	香港	0—1 个月；2—3 个月；4—7 个月；8—12 个月；13—24 个月；25—36 个月	6
	台湾	0—1 个月；2—3 个月；4—7 个月；8—12 个月；13—24 个月；25—36 个月	6
	上海	0—1 个月；2—3 个月；4—6 个月；7—12 个月；13—18 个月；19—24 个月；25—36 个月	7

　　日本共分 4 段，新加坡和英国分了 3 段。在年龄划分上，大部分在 0—12 个月划分较细，分期较小、段数较多，婴幼儿月龄划分得最细致。如我国香港将出生后第 1 个月单独划分出来，2—3 个月也独立成段划分。通常以 3 个月为一个阶段进行划分的方式较多，因为婴幼儿在第一年里发展较为迅速，婴幼儿月龄越小，不同月龄之间的差异也越大。随着儿童各方面的发展变化速度放缓，在 12—24 个月以 6 个月为一个阶段的居多。

　　从儿童身心发展的角度看，6 个月、12 个月、18 个月、30 个月是婴幼儿各方面发展的临界点。例如，0—3 岁儿童动作发展的关键期是 2—24 个月。在 3—4 个月、9—10 个月、12—15 个月和 19—24 个月都有一个成长点；又如，依恋的发展在新生儿阶段不明显，随着月龄增长而发展，发展的关键点分别为 6 周、7 个月、9 个月、18 个月。婴儿在 12 个月以前变化较大，18 个月以后逐渐稳定。情绪发展的里程碑阶段关键点在 7 个月、12 个月、18 个月、24 个月。因此，在划分月龄时，可以将婴幼儿各方面发展的临界点、关键点作为一个参考因素。

　　参考全球各地区的月龄划分方式并结合我国的实际情况，本书在婴幼儿进行早期教育活动时，共分为 8 段，分别是：0—3 个月、4—6 个月、7—9 个月、10—12 个月、13—18 个月、19—24 个月、25—30 个月、31—36 个月。

第二节　0—3岁婴幼儿教育活动设计的内容

一、0—3岁婴幼儿教育活动设计的原则

遵循教育原理是达成良好教育效果的重要基础。0—3岁婴幼儿教育活动设计具有一定的独特性。婴幼儿教育活动要遵循以下规律。

1. 互动性原则

婴幼儿教育最大的特点是家长要参与到其教育活动之中,家长、婴幼儿、婴幼儿教育教师是婴幼儿教育活动的三大主体。由于婴幼儿自身发展具有特殊性,家长是参与早期教育的重要主体之一。

在婴幼儿教育活动中,教师、家长以及孩子之间更多地是强调主体之间的互动和交流。首先,婴幼儿教育活动中的教师不单只是为家长和孩子示范婴幼儿教育活动的方法,还会与家长和孩子密切互动,在与婴幼儿的互动中激发孩子对活动的兴趣与热情,让难以集中注意力的婴幼儿融入活动之中;在与家长的互动中让家长理解活动的内容和方法,并对家长存在的个别问题进行指导。其次,家长通过与孩子的互动增进亲子关系,通过与教师的互动提高育儿水平,通过与其他家长的互动沟通育儿经验。最后,婴幼儿也通过婴幼儿教育这一特殊的环境,在与教师、其他婴幼儿互动中得到锻炼和成长。

2. 个性化原则

家庭教育中针对婴幼儿的教育指导大都能结合孩子自身的特质,充分体现个性化原则。但是教育机构中,集体活动需要考虑共性问题,课程也需要同步推进,面对众多婴幼儿时,教师此时的个性化指导也要特别关注。一般来说,婴幼儿教育机构的活动大多数都是请家长和婴幼儿围坐在软垫地面上开展,整个活动会在轻松、随意的氛围下进行,婴幼儿可以自由地爬来爬去,没有约束感,有利于婴幼儿个性的自由发挥,活动氛围对婴幼儿个性的发展很有帮助。但活动的过程中,教师也应注意到婴幼儿的自身特点和发展情况,帮助婴幼儿发掘自己的兴趣点和优势,从而在活动内容设计上注重变化和新意,让不同的婴幼儿能在不同的活动中找到乐趣,而不是每个婴幼儿不论发展水平如何都在从事相同的活动。活动时,当婴幼儿表现出自己的意愿和兴趣时,教师应特别关注,并及时鼓励和尽量满足婴幼儿的需求,这是婴幼儿个性化的萌芽,不能视为婴幼儿不守秩序。针对婴幼儿的教育,尤其要敢于突破传统"满堂灌"的模式,给婴幼儿自由发展的环境,鼓励婴幼儿个性的良好发展。注重个性化原则要求教师切忌从头至尾按照自己的活动方案组织活动,而应针对婴幼儿的反应及时改变方案并做出适当调整。在婴幼儿能力有明显差异时,教师要及时进行个别指点,满足婴幼儿当前的水平和需求。

3. 游戏性原则

0—3岁婴幼儿的教育具有特殊性,针对这一阶段婴幼儿教育所开展的活动形式应以游戏性活动为主,一般是婴幼儿与家长共同参与的亲子游戏。在活动中,通过趣味性的游戏,让家长和孩子能够快速融入课堂的氛围之中,在欢乐的氛围中增进亲子感情,在快乐的游戏中使婴幼儿得到锻炼。但是,亲子游戏的主要目的并不是为了娱乐,而是通过游戏的形式来锻炼不同年龄段婴幼儿的身体和心理,以更好地促进他们的发展。例如以较为常见的"摇摇瓶"游戏为例,这一游戏主要针对19个月以上的婴幼儿,通过鼓励孩子把不同物品放入瓶子,并用语言去提示孩子,将瓶子摇一摇,让孩子在摇瓶子游戏中发展手指灵活性、手指的力量以及双手配合取物的能力,也在摇动瓶子的过程中让孩子感受到了有规律的音乐节奏。这种寓教于乐的游戏性活动方式让家长和婴幼儿在欢笑中达到婴幼儿教育目标,其效果往往事半功倍。

4. 适宜性原则

教育活动的适宜性原则主要是指教育活动内容适宜和教育活动量适宜两个方面。其中,教育活动内容适宜,指的是婴幼儿教育机构设计的教育活动内容要适合婴幼儿的年龄特征和当前的发展水平,同时也能满足家长学习早期教育知识的要求。而教育活动量适宜指的是每次活动的内容应该适量,活动不应该过多、过密,以致于婴幼儿因疲惫而注意力不能集中,使活动效果受到影响。同时,类似的活动也不要延伸太多,以免婴幼儿失去兴趣。婴幼儿教育适宜性原则的遵循,在活动内容上体现为应注重自己的特色,活动的内容应该是婴幼儿当前能认知和理解的,当婴幼儿能轻易掌握该内容后,应适当增加内容难度,即活动内容应该根据婴幼儿的最近发展区来设定。在活动量上体现为应注重动静结合,活动环节之间要有效衔接,根据婴幼儿的实际状态把握节奏,动过之后要让婴幼儿再静下来调整状态,否则运动量过大、过多会让婴幼儿注意力分散,并且还可能导致身体疲乏,从而影响教育活动的效果。

拓展阅读 1-1

现在早期教育的宣传中,"蒙氏教学法"、"奥尔夫音乐"频繁出现,也有机构称自己专门训练孩子的感觉统合,您觉得孩子需要这样专门的教学吗?

华爱华:我不太了解这些专门的教学具体是如何组织实施的。对婴幼儿来说,发展应当是全面的,没有必要过早就某一领域的发展进行专门训练。但如果在婴幼儿全面和谐发展的早教活动中,运用了"蒙氏教学"、"奥尔夫音乐"、"感觉统合"等思想和方法当然是可以的。而我认为,对于3岁前早教课程的分类维度倒是值得推敲的,分类组织的活动应当体现发展的整合。以音乐活动、美术活动这样方式分类的学科活动显然不合适,以认知、感官、情感、社会性这样的发展领域来分类组织活动也有割裂之感。

二、0—3岁婴幼儿教育活动设计的目标

因为婴幼儿教育活动的目标主体既有婴幼儿也有家长,因此,婴幼儿教育活动设计的目标应具有多重性:一是对婴幼儿教育的目标,即婴幼儿教育活动设计,应在尊重婴幼儿身心发展规律的前提下,制定婴幼儿发展的具体目标。二是对婴幼儿教师的目标,即婴幼儿教师首先应掌握婴幼儿发展的规律,树立正确合理的儿童观,在各项活动中运用先进的理念推动婴幼儿的发展。三是对家长教育的目标,即婴幼儿教育活动设计应重视对家长的育儿指导,在目标设计上要充分考虑到家长在孩子成长中的作用,旨在帮助家长树立正确的育儿理念,帮助他们解决育儿中出现的问题,通过对家长的指导教育促进婴幼儿的健康发展。因此,从以上三点出发,本书将0—3岁婴幼儿教育活动设计的目标主要总结为以下四点:

- 指导教师和家长了解婴幼儿身心发展特点,理解婴幼儿的典型行为,能在动作与习惯、语言与沟通、情感与社会性以及认知与探索等方面支持和陪伴孩子的成长。
- 指导教师针对婴幼儿的身心发展特点开展相应的教育活动设计,并在活动中有目的地对家长的教养行为进行适当的指导。
- 帮助教师和家长形成科学的儿童观,具有端正的教育态度与意识,勇于承担教育婴幼儿的职责,学会尊重孩子、热爱孩子。
- 帮助家长正确认识与处理婴幼儿教育中的常见问题,鼓励家长在生活中积极开展亲子互动,在互动中形成一套有针对性的教育对策。

案例 1-4①

观察对象:托2班　宁宁(化名)

观察记录:

午餐,宁宁正在吃饭,不知怎的,只听他"哇"地一声哭了出来。我赶紧跑过去劝解,可是没用。他越哭越凶,一边哭还一边在嘴里嚷着什么,可是就是听不清。看周围的宝宝有情绪被感染的趋势,我赶紧让宁宁放下碗,将他带到了走廊上的箱子上,让他坐下,平静一下情绪。在我的劝解下,宁宁渐渐地平静了。我这才了解到,宁宁是突然想起早上妈妈给他的餐巾纸了,他在身上找来找去没找到,于是就急哭了。

理解了情况,我提议老师给他一张,可是宁宁并不买账,并且哭着嚷道:"就要妈妈给的。""那么吃完饭再找。"我又提议。"不行!"宁宁依然坚持自己的原则。无奈下,我说:"宁宁,倪老师帮你在口袋里找找。""找过了,没有。"宁宁不肯让我找,"我们再一起找找。"我指着上衣口袋让他摸,没有;我又指着裤袋让他摸,没有。突然,

---

① 引自黄浦区蓬莱路幼儿园课题"2—3岁个别婴幼儿行为的观察分析与指导策略"。

我看见在宁宁裤子的膝盖旁,还有两个袋袋。"会不会在这里?"宁宁一摸,果然在其中一个口袋里找到了餐巾纸,这时,宁宁才破涕为笑。

"那么现在我们进去吃饭吧?""不要!"顾虑到宁宁可能因情绪激动而影响进餐,于是我就让宁宁坐在餐厅门口,将饭菜给喂完了。

三、0—3岁婴幼儿教育活动设计的内容

(一)0—3岁婴幼儿教育活动设计的内容结构

0—3岁婴幼儿教育活动设计的内容主要包括目标概述、理念依据、活动设计以及活动评价四个模块的内容。

目标概述主要阐述了0—3岁婴幼儿教育活动设计的目标方面的内容,使教师对教育活动设计有清晰的了解。

理念依据梳理了0—3岁婴幼儿教育活动设计在生理发展、动作发展、认知发展、语言发展、情感与社会性发展、认知与探索发展等方面的相关理论(发展的动态过程),国家和地方的政策法规,以及卫生健康方面、家庭社区方面的支持等婴幼儿教育活动设计的社会基础。

活动设计则从0—3岁婴幼儿的身心发展特点出发,分年龄段阐述了0—3岁婴幼儿在动作与习惯、语言与沟通、情感与社会性、认知与探索等方面的发展特点,并提出了相应的教育内容和要求。根据相应的教育内容和要求,分别对0—3岁婴幼儿教育机构和家庭展开了具体的教育活动设计与指导。活动设计模块还有针对性地将一些婴幼儿期常见的问题进行列举,并从专业角度分析原因,最后给出相应的教育建议。

活动评价主要是以0—3岁婴幼儿发展的评价和0—3岁婴幼儿教育活动本身的评价为例,通过科学的婴幼儿发展评价量表,改进教育活动设计,提升教师和家长的教育理念,使婴幼儿得到全面发展。

(二)0—3岁婴幼儿教育活动设计面临的挑战

1. 0—3岁婴幼儿早期教育质量评估体系不完善

0—3岁婴幼儿早期教育质量评估体系不完善,导致国内缺乏相应的评价工具,不利于婴幼儿教育活动设计的开展,缺乏对婴幼儿全面发展的有力支撑。

当前0—3岁婴幼儿早期教育质量评估主要由资格审批制度和托幼评级制度两部分组成,但就实际执行的情况来看,在准入审批方面,通常门槛很低,并且多关注硬件、经费、人员等结构性指标,缺乏对开办运行过程和结果的评估。托幼机构评级制度较多针对为3—6岁幼儿服务的幼儿园,而较少面向0—3岁早期教育中心,因此该制度也无法起到监督和保障为0—3岁婴幼儿服务的早期教育质量的作用。可见,对有质量的早期教育的需求将推动开展早期教育质量评估,并完善相应评价体系。

2. 0—3岁婴幼儿教育机构普惠性不足

0—3岁婴幼儿教育机构普惠性不足,导致0—3岁婴幼儿教育机构的发展在一定程度上受到了限制,同样也不利于婴幼儿教育活动设计的实施与完善,也影响了0—3岁婴幼儿科学教育方法的普及。

随着人民教育需求不断提高,早教市场日愈火爆。但目前我国0—3岁婴幼儿早期教育未纳入公共教育体系,存在缺乏权威科学模式引领、市场监管不够、教学质量良莠不齐、课程价格居高不下等诸多问题。因此,建立"普惠性"早教机构,加强政府部门对早教机构监管、财政资金介入,降低课程价格,是基本公共教育体系进一步完善的重要课题。

四、0—3岁婴幼儿教育活动设计的评价

教育活动设计的评价是教育活动设计、开发和实施完整过程中的重要一环,本书中涉及的评价主要是对0—3岁婴幼儿发展的评价和对0—3岁婴幼儿教育活动设计的评价。对婴幼儿发展的评价目的是通过评价婴幼儿在活动中的表现,为教师以及家长提出适宜的改进措施和意见,促使婴幼儿全面、和谐地发展。而对教育活动本身的评价则是通过评价工具来帮助教育者了解教育活动是否适合婴幼儿的发展特点,是否依据了婴幼儿的最近发展区来进行设定等,目的也是使每一位婴幼儿都能够得到全面地发展。

其中,0—3岁婴幼儿发展评价是以评价婴幼儿发展过程为主,强调发挥评价"促进发展"的功能,强调评价内容的全面性,强调评价主体和评价方法的多元化,强调评价对婴幼儿原有发展状态的改进作用,以促进教师、婴幼儿、课程三方面的共同发展。因此,婴幼儿发展评价是在遵循一定原则的基础上使用评价工具系统地展开一项复杂的工程,评价的内容涉及动作与习惯、语言与沟通、情感与社会性以及认知与探索等四大方面。

而0—3岁婴幼儿教育活动评价,则是通过即时性评价、个案记录评价和综合性评价等常见手段,观察婴幼儿在教育活动中的表现,然后通过记录反馈给家长和教师,帮助教育者了解婴幼儿的发展特点,反思自身行为以及投放材料是否适宜,促进婴幼儿各方面能力更好地发展。

对婴幼儿发展以及教育活动设计做出评价则需要借助一定的评价工具,因此,本书重点介绍了几组评价量表,包括:①中国国家卫生健康委员会在2018年发布的《0—6岁儿童发育行为评估量表》,侧重评估儿童发育行为水平;②2018年发布的《儿童发育异常自查手册》,它是教育部与联合国儿童基金会合作项目"早期儿童养育与发展"的项目成果之一,主要目标是通过广泛的社会宣传和动员,向家长传授科学的育儿观念和知识;③美国的《贝利婴幼儿发展量表》(Bayley Scales of Infant Development, BSID),它是美国加州伯克利婴幼儿发育研究所的儿童心理学家贝利(Bayley)在1969年编制的,针对2—30个月龄婴幼儿的发育进行评估;④发表于1983年的《考夫曼儿童评估成套测验》(The Kaufman Assessment Battery for Children, K-ABC),是一套有关能力倾向和成就的量表,用以评估2.5至12.5岁儿童的认知能力;⑤嵌入课程(curriculum-embedded)的儿童发展评价有高瞻课程的《学前儿童观察评价系统》(High/Scope Child Observation

Record，COR)以及创造性课程的《教师策略黄金评估系统》(Teaching Strategies GOLD Assessment System)。

第三节　0—3岁婴幼儿教育活动设计的意义

　　意大利幼儿教育家玛利亚·蒙台梭利(Maria Montessori)是20世纪享誉全球的幼儿教育家,她所创立的、独特的幼儿教育法,风靡了整个西方世界,深刻地影响着世界各国,特别是欧美先进国家的教育水平和社会发展。蒙台梭利教育法的特点在于十分重视儿童的早期教育,她为此从事了半个多世纪的教育实验与研究。她认为"儿童出生后3年的发展在其程度和重要性上超过儿童一生的任何阶段……如果从生命的变化、生命的适应性和对外界的征服,以及所取得的成就来看,人的功能在零至三岁这一阶段实际上比三岁以后直到死亡的各个阶段的总和还要长,从这一点上来讲,我们可以把这三年看作是人的一生。"①由此可见0—3岁这一阶段在人的一生中是何等的重要。

一、对个体的意义

1. 抓住儿童的敏感期,为孩子的发展奠定基础

　　儿童发展存在着敏感期,对儿童成长最为重要的是"0—3岁",这是生命中最神奇、最神秘的阶段,人通过"本能工作",通过"本能构造了自己",正是这样的生命的"主导本能",使儿童身上深不可测的秘密逐渐展现出来。敏感期是幼儿特定能力和行为发展的最佳时期,在这一时期个体对形成这些能力和行为的环境影响特别敏感。蒙台梭利指出,幼儿发展的主要动力有两大方面:敏感力和吸收性心智。当敏感力产生时,孩子的内心会有一股无法遏止的动力,驱使孩子对他所感兴趣的特定事物产生尝试或学习的狂热,直到满足内在需求或敏感力减弱,这股动力才会消失。这就是"敏感期",有些教育家则称为学习的关键期或教育的关键期。"正是这种敏感性,使儿童以一种特有的强烈程度接触外部世界。在这一时期,他们能轻松地学会每样事情,对一切都充满着活力和激情。"所以要抓住不同时期儿童的敏感期加以利用,让他们在敏感期内对感兴趣的事物进行最大限度的接触,这样就会学得更快。蒙台梭利还提出敏感期过了以后是不可能再有的,错失敏感期的孩子就像毛线衣上漏了一针将会难以补救。事实上,大自然最辉煌的奇迹之一就是使没有任何经验的新生儿拥有力量去适应外部世界。这些新生儿之所以能做到这一点,是借助了敏感期部分本能的帮助。这些本能引导他们克服接连不断的困难,并以一种不可抗拒的动力不断地激发他们。

　　敏感期是自然赋予幼儿的生命助力,如何运用这股动力,帮助孩子完美成长,是父母

---

① 蒙台梭利. 童年的秘密[M]. 马荣根,译. 北京:人民教育出版社,1990.

和老师们的职责。

2. 改善家庭教育的质量

孩子是祖国的未来,孩子的发展关系着祖国的发展。而父母又是孩子的第一任教师,因此,做好家庭教育工作势在必行。

3. 及早发现先天不足的儿童并进行及时干预

早期教育是针对 0—3 岁婴幼儿进行有组织、有目的的丰富环境的教育活动,可以促进婴幼儿的智力发育,预防和改善偏低于正常婴幼儿的智力发育水平。早期教育也有利于及时发现高危儿、脑瘫儿等存在先天生理缺陷的儿童,实施"早期干预",亦可针对其进行一系列救助措施。不少研究都认为大部分先天生理缺陷只要及时发现并正确施救是可以弥补的。

拓展阅读 1-2

美国早期教育一瞥

北卡罗莱纳州大学法兰克波特葛兰儿童发展中心(简称 FPG),是美国最为悠久的儿童发展研究机构,他们研究的 FPG 教育方案经过 17 所日托中心的工作检验最终出版,供早教专业人员的培训师、亲子园教师、新手父母使用,分别为《0—1 岁婴儿学习活动指导手册》《1—2 岁幼儿学习活动指导手册》《2—3 岁幼儿学习活动指导手册》,每本书都包括:完整的保教指南、听说活动、身体发展活动、创造性活动和探索活动五部分,共有多达一千一百多个早期教育的活动方案。①

美国著名早期教育专家杰姬·西尔伯格(Jackie Silberg)女士是早期教育的积极倡导者,她亲自搜集研究了 2 000 多个经典育儿游戏,这些游戏在早教机构和家庭中普遍运用。这些游戏可发展婴幼儿语言、数学、感知觉、空间、想象、创造、推理多种认知能力,培养广泛的兴趣、爱好,并在游戏中增强自信心、毅力、合作与社交能力,同时能提高孩子身体的运动能力、协调能力及灵敏性,可系统全面地提高孩子的综合素质,并有利于建立良好的亲子关系。

表 1-4　多种类型的美国 0—3 岁儿童早期教育方案②

教育方案	定义和目的	年龄阶段
儿童早期教育方案	目的多样化	0—3 岁
儿童保育	游戏、社会化;临时保姆;身体养护;为父母提供工作机会;认知发展;高质量的护理	0—6 岁

① DEBBY CRYER, THELMA HARMS, BETH BOURLAND. 美国 FPG 儿童发展研究中心. 美国 FPG 早教方案 0—1 岁幼儿学习活动指导手册[M]. 鲍立铣,傅敏敏,译. 北京:少年儿童出版社,2006:1—7.
② George S. Morrison. 当今美国儿童早期教育[M]. 王全志,孟祥芝,译. 北京:北京大学出版社,2004:25—26. 有删改.

教育方案	定义和目的	年龄阶段
短时儿童保育中心	提供短时保育	婴儿—小学
家庭日间保育	在家庭为儿童提供护理、监护	任何阶段
雇主式法人团体式的儿童保育	满足儿童保育需求的不同情景	任何阶段
私人保育	为儿童提供保育与教育,目的是获取一定收益	6周—小学一年级
保育学校(公立或私立)	游戏、社会化、认知发展	2—4岁
托儿所(公立或私立)	游戏、社会化、认知发展	2.5—5岁
玩具外借图书馆	为父母与儿童提供游戏、玩具以及其他材料	出生到小学
游戏图书馆	为有特殊需要的家庭准备的资源中心	出生到小学
婴儿刺激计划	通过练习与游戏提高儿童的感觉和认知发展,为父母提供教育信息与建议	3个月到2岁
开端计划	教习、社会化;学术性学习;全面的社会与健康服务	3—5岁
实验学校	为从事儿童保育工作的教师进入行业提供展示性的教育方案;开展研究	0—8岁
蒙台梭利学校	运用蒙台梭利提出的哲学、方法与材料	1—8岁

二、对社会的意义

1. 提高人口素质

古语"幼吾幼以及人之幼"流传至今,一直以来,"携幼"、"爱幼"都是我们中华民族的传统美德。众所周知,儿童的发展是提高人口素质的基础,儿童的发展直接关系到一个国家和民族的前途与命运。因此,中国实行改革开放政策以来,一直把"提高全民族素质,从儿童抓起"作为社会主义现代化建设的根本大计,在全社会倡导树立"爱护儿童、教育儿童、为儿童做表率、为儿童办实事"的公民意识,并努力为儿童事业的发展创造良好的社会条件。

2. 对早期处境不利的儿童提供补偿,有利于促进社会公平

儿童早期保育服务供给严重不足,0—3岁儿童早期保育与教育服务供给严重不足。目前我国0—3岁婴幼儿入托率约5.5%[①],而OECD国家3岁以下儿童平均入托率为

---

① 根据2016年原国家卫计委在十个城市的调查数据,33.3%的家长有需求,调研样本中实际的入托率为5.55%。

33.2％[1]。这意味着在我国有较多幼儿未能接受早期教育[2]，折射出我国早期教育资源与投入仍存不足。事实上，即便是发达国家如美国，也同样面临着国家财政无力承担和满足所有儿童接受免费早期教育的现状。美国等国家在政策层面关注处境不利儿童的补偿教育政策，确保教育机会和教育起点公平，极大地刺激了美国早期教育事业的大力发展。家庭结构的小型化带来了家庭和社会化照料需求的快速增加，双职工家庭、留守儿童、流动儿童、随迁儿童也进一步加剧了儿童早期保育的需求。随着女性普遍进入劳动力市场，更多家庭面临婴幼儿照料问题，社会化照料需求增加。如今，我国早期教育依然面临着入托难、入托贵、质量低的现实困境。

切实保障处境不利儿童的受教育权，促进早期教育的普及，缩小处境不利儿童与同龄正常儿童的差距，这样，缓和了社会矛盾，有利于国家的稳定与和谐发展。当前，我国早期教育事业面临着诸多困境，其中焦点问题即是如何在资源有限的情况下实现早期教育的普及与质量提高。

思考题

1. 0—3 岁婴幼儿教育活动设计的主要内容是什么？其重要性主要体现在哪些方面？

2. 有一种说法是"树大自然直"，你认为 0—3 岁婴幼儿教育对孩子的成长和成才真的很重要吗？

3. 有人认为，0—3 岁婴幼儿教师就是一个简单、普通、平凡而卑微的孩子王。对此观点，你怎么看？

---

① 数据来源于 2016 年 OECD Family Database 的数据。
② 教育部. 全国教育事业发展简明统计分析［Z］. 2001—2018.

第二章

0—3 岁婴幼儿教育活动设计基础

第一节　0—3 岁婴幼儿教育活动设计的理论基础

一、婴幼儿生理发展

（一）身体发育概览

1. 身高与体重

体格生长是一个连续的过程，但体格生长并不是等速的，在不同年龄阶段体格增长速率是不同的。在婴幼儿的新生阶段生长发育最为迅速，体格生长表现在速率上的特点为：先快后慢。即小儿年龄越小，身高、体重的增长速度越快。在生后的前半年内体格生长速度最快，后半年次之。第二年逐渐减慢，2 岁后至青春前期身高、体重每年均稳定增长。婴儿期为第一个生长高峰。

体格生长虽然有一定的规律，但在一定的范围内受到遗传、性别、营养、疾病、运动、环境的影响，会在儿童的生长过程中存在着相当大的、不同程度的个体差异。

身高是衡量体格特征和生长发育速度的重要指标之一。正常新生儿（胎龄满 37 周至 42 周）身高在 47 厘米以上，平均身高为 50 厘米。早产儿（胎龄满 28 周至 37 周）身高一般不到 47 厘米。出生后第一年婴儿的身高增长最为迅速，被称为"第一个生长高峰"。对于正常的婴儿第一年能够增长 25 厘米左右，即到一岁时身高为 75 厘米；第二年大约能够增长 10 厘米，第三年能够增长 5 厘米左右。

体重是反应婴幼儿营养状况最简单的指标，在一定程度上反映了婴幼儿骨骼、肌肉以及脂肪增长的总体情况，是衡量身体生长发育的重要指标之一。正常的新生儿体重一般在 2 500 克左右。出生的前半年体重增长速度最快，平均每月体重增加 250—300 克，后半年增长速度有所下降，平均每月增加 200—250 克。体重增长的总体趋势是：4、5 个月时，个体的体重是出生时体重的两倍，大约 6 千克，1 岁时个体的体重达到出生时体重的 3 倍，大约 9 千克，2 岁时个体的体重达到出生体重的 4 倍左右，大约 11.5 千克[①]。

---

① 桑标. 儿童发展［M］. 上海：华东师范大学出版社，2014：113.

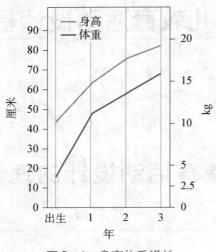

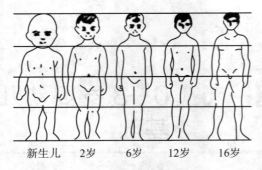

图 2-1　身高体重增长　　　　　　图 2-2　新生儿至青少年身体各部分比例变化

2. 身体比例

婴儿出生后,身体各部分的发展速度不同,身体比例也随之发生了很大的变化。身体的躯干在第一年里生长最为迅速。新生儿的躯干和四肢相对较短,头比较大,刚出生时,脑袋的大小已经达到成人的 70%,约占身长的四分之一。随着身高的快速增长,1 岁左右时,婴儿脑袋所占身长的比例减少为五分之一。与此同时,腿占身长的比例越来越大,出生时该比例为四分之一,在以后的身高增长中,大约有 60% 的身高增长来自腿部的增长,到成人期时,腿长约占身高的二分之一。

3. 脂肪与肌肉

婴儿肥是婴儿直接鲜明的外在表现,新生儿出生后身体脂肪不断增加,大约 9 个月后脂肪含量达到最高点。早期婴儿肥有助于他们维持恒定的身体温度。出生后第二年逐渐变瘦,这种趋势一直持续到儿童中期。

婴儿的肌肉柔软,肌纤维较细,出生后肌肉质量的增长主要是肌纤维加粗,而肌纤维的数量很少增加。一方面,由于他们的肌肉没有完全生长发育,收缩力差,容易产生疲劳;另一方面,他们的新陈代谢旺盛,氧气供应充分,疲劳后的肌肉会很快恢复机能。因此,婴幼儿不适合长时间持续活动,可以间歇性地进行短时间的活动。身体不同部位的肌肉发育水平不一致,前期是大肌肉和上肢肌肉发育,后期小肌肉和下肢肌肉发育,上肢的动作发展要早于下肢的动作发展,大动作早于精细动作。例如,婴儿先学会抓握和抬头等上肢动作,后学会站立、走路等下肢动作。

(二) 大脑发育概览

在生命早期,大脑以一种惊人的速度生长,婴儿出生时,大脑占成人脑重的 25%,到 2 岁时,大脑重量达到成人脑重的 75%。母亲怀孕的最后 3 个月和婴儿出生后的前两年被称为"大脑发育加速期",因为成人大脑一半以上的重量是在这段时间获得的。从母亲怀孕的第 7 个月开始到 1 岁期间,大脑每天增重 1.7 克。

出生后脑的发展主要在于脑皮层结构的复杂化和脑机能的完善化。儿童大脑重量的增加并不是神经脑细胞大量增殖的结果，而主要是神经细胞结构的复杂化和神经纤维的伸长。新生儿的大脑皮层表面较光滑，沟回很浅，构造十分简单，以后神经细胞突触数量和长度增加、分支增多，神经纤维开始以不同的方向越来越多地深入到皮层各层，神经元之间的联系也越来越丰富，这都导致大脑重量的增加。

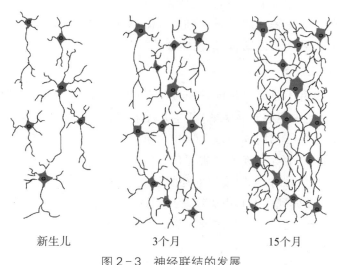

新生儿　　　　3个月　　　　15个月

图 2-3　神经联结的发展

1. 细胞分化和突触发生

受神经元细胞迁移到的具体位置的影响，神经元承担了特定的功能，如某些神经元细胞就成为大脑视觉区或听觉区的细胞。如果一个在正常情况下迁移到大脑视觉区的细胞，被移植到控制听觉的区域，那么它将分化成一个听觉神经元。所以说单个细胞可能承担任何一种功能，而它最终发挥何种功能，取决于它最后被固定的区域。

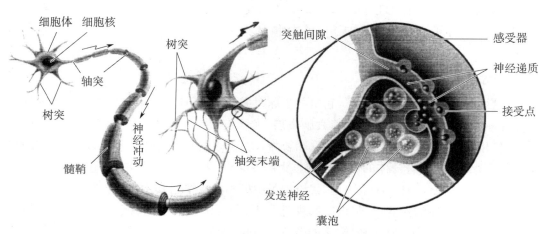

图 2-4　细胞分化和突触产生

同时，突触发生过程（神经元之间突触联接形成）在大脑生长加速期内进展迅速。这就产生了一个有趣的现象：与成人相比，一般婴幼儿有更多的神经元和神经联结。这是因为在婴儿期，有一些神经元细胞成功地与其他神经元细胞联结在一起，并且把那些没能与其他神经元细胞建立联系的神经元细胞挤掉了，因此，在生命早期诞生的所有神经元中，大约一半都被淘汰了。与此同时，存活下来的神经元细胞形成数以百计的神经突触，但是如果这些神经元细胞未能受到适当的刺激，它们中的许多也将会消亡。在生命早期，发育并不单纯是既定成熟程序的展开，而是生物因素和早期经验结合的产物，早期经验在很大程度上决定着大脑的具体结构，这也体现了"用进废退"的原则。

2. 大脑的分化与发育

大脑所有的部位并不是都以相同的速度生长的。出生时，发育最好的区域是脑的低级中枢（皮层下），这些中枢控制着觉醒、新生儿反射和其他生命所必需的功能，如呼吸、消化和排泄。围绕在这些结构周围的是大脑和大脑皮层，这些脑区与自主性的身体运动、感觉与学习、思维、言语产生等高级智力活动有关。大脑最先发育成熟的部位是初级运动区和初级感觉区。到6个月时，大脑皮层的初级运动区发育，已经达到可以引导婴儿大部分活动的程度。这时，像抓握反射和巴宾斯基反射这样的先天反射就会消失，意味着更高级的脑皮层中枢开始很好地控制较为初级的脑皮层下区域中枢。

3. 髓鞘化

随着大脑细胞的分裂和生长，一些神经胶质细胞开始产生一种被称为髓脂的蜡性物质，在单个神经元周围形成一层髓鞘。这种髓鞘的作用就像是一种绝缘体，目的在于提高神经冲动的传递速度，从而使大脑与身体其他不同部分的信息沟通更为高效。与神经系统的成熟一致，髓鞘化也遵循一定的时间顺序，出生时或出生后不久，感觉器官和大脑之间的通路已经髓鞘化，这使得新生儿的感官系统处于一种良好的工作状态。随着大脑与骨骼肌肉之间通路的髓鞘化（遵循头尾模式和近远模式），婴儿开始能够掌握越来越复杂的动作活动，如抬头和挺胸、伸胳膊和手、翻身、站立等。虽然髓鞘化在第一年内进展迅速，但大脑的某些区域可能直到15、16岁还未完成髓鞘化。例如网状结构和前额皮层（使我们能长时间把注意力集中于一个物体的大脑部位）在青春期到来时还未完全髓鞘化。

4. 大脑偏侧化

大脑是最高级的脑神经中枢，它由两半球组成，两半球通过一束被称为胼胝体的纤维连接在一起。但每个半球都覆盖着大脑皮层，大脑皮层是一种由灰质结构构成的外层结构，其作用是控制感觉、动作过程、知觉和智力。虽然表面是没有什么差别，但两半球的功能却不同，分别控制着身体的不同区域。大脑左半球控制着身体的右侧，包括言语中枢、听觉中枢、动作记忆中枢、决策中枢、言语加工中枢和积极情感表达中枢。与之相对，大脑右半球控制着身体的左侧，它包括空间视觉中枢、非言语声音中枢、触觉中枢和消极情感表达中枢。因此，大脑是功能偏侧化的器官。大脑偏侧化还包括偏爱使用某一侧的手或身体部位的倾向。大脑的偏侧化并不意味着两个半球相互独立，连接两半球的胼胝体在

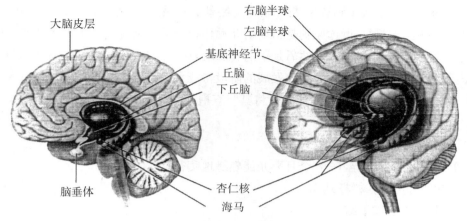

图 2-5　大脑功能分区图

整合两半球的功能方面发挥着重要作用。

在出生时大脑并未完全分化,在整个儿童期我们变得越来越依靠某一特定脑半球去执行某些特定功能。例如左利手和右利手倾向早已明显表现出来,并且在 2 岁时就已经很好地建立起来,随着年龄增长,偏侧化倾向也将会越来越强[①]。

二、婴幼儿动作发展

动作可以分为粗大动作(或大肌肉动作)和精细动作(或小肌肉动作)。粗大动作是指依靠整个身体或人体中体积较大的肌肉完成的动作,如坐、爬、站、走、跑、跳、踢、投掷、攀登、平衡等。精细动作,是由小肌肉所组成的随意动作。精细动作主要是指手的动作,以及相应的手眼配合能力,包括抓握、把弄、画画、搭积木、书写和劳作等活动。

婴儿出生时即具备一系列反射。反射是指新生儿能够被某些特定的感觉刺激触发的特异性动作反应模式。例如,觅食反射是指外界刺激婴儿头部时,婴儿会本能地将头转向被刺激的方向。吸吮反射是指婴儿会吸吮任何放入口中的物体。这两种反射确保了婴儿出生后能生存下来。几个月后,婴儿习得了更复杂精细的动作,这些反射动作消失。但最新的研究从发展的连续性的角度指出,这些反射并不是消失,而只是被掩盖。对于造成这种现象的原因,也并非过去所认为的主要是神经系统的成熟导致的,而既可能是中枢神经系统控制的心理功能(如动机、平衡控制),也可能是像重力和腿部脂肪这种外部因素。总之,当前的行为形成于生物体的各部分与所处环境的各部分之间不断变化的相互影响。[②]

(一) 婴幼儿动作发展的规律

0—3 岁婴幼儿行为发展遵循着两条原则:头尾原则和近远原则。头尾原则是指婴儿

---

① David R. Shaffer&Katherine Kipp. 发展心理学[M].北京:中国轻工业出版社,2009:189.
② 转引自丹尼尔·夏克特,丹尼尔·吉尔伯特,丹尼尔·韦格纳,马修·诺克. 心理学[M].傅小兰等,译.上海:华东师范大学出版社,2017:196.

动作技能的发展遵循从头到脚的先后顺序。婴幼儿最先学会抬头、控制胳膊,其次是躯干,最后是双腿的控制。近远原则是指婴幼儿动作技能的发展遵循从中央到四周的顺序。婴幼儿先学会控制自己的躯干,然后是手肘和膝盖,最后才是双手、双脚精细动作的习得。

根据这一规律,婴幼儿各大动作发展的阶段特征大致是:

2—3个月的婴儿可以抬头,成人可将其竖直抱起。

4—5个月婴儿可以翻身。

5—6个月婴儿可以坐。

6个月可以练习爬行,7—8个月婴儿能熟练地爬行。

9—10个月可以扶栏杆站立。

11个月可以扶物下蹲。

1岁左右可练习走路。

2岁以上可以协调地跑,四散跑、追逐跑或障碍跑。

2岁左右可以双脚原地跳,或向前跳。

2—3岁可以投掷,往上、往前抛球。

精细动作方面:

6个月时,手指仍未分化,整体地活动。

7个月时,逐渐将拇指和食指分化出来。

8个月时,可以通过拇指和食指的配合捡起细小的物体。

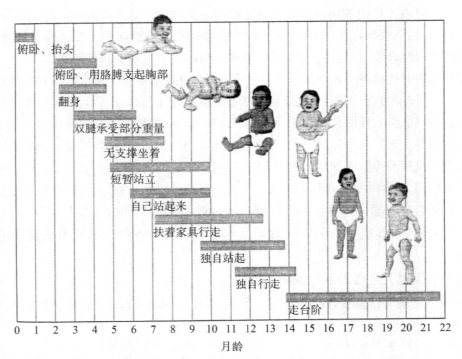

图2-6 婴幼儿动作发展顺序

1岁左右可以使用工具,如端杯喝水、拿勺吃饭、搭积木等。

2岁婴幼儿可以自由握笔涂鸦,5个手指协调配合握笔、搭积木、翻书。

2岁以上的婴幼儿可以自己穿脱衣服、系扣子、洗手等。

（二）婴幼儿动作发展的相关理论与研究趋势

目前,婴幼儿的动作发展研究有两种:作为样板系统的动作发展和知觉—行为系统的动作发展。

表2-1　婴幼儿动作发展的两种理论趋势

理论类别	聚焦点	作用
作为样板系统的动作发展	运动的形式结构	描述发展过程的普遍规律
知觉—行为系统的动作发展	知觉信息与运动行为的功能联系	描述知觉与动作之间的交互作用对个体的影响

第一种理论将动作发展作为一个样板系统。聚焦于运动的形式结构。描述研究者怎样将婴儿运动的形体变化作为一个样板系统,探讨发展过程的普遍特点,提出变化的普遍规律。例如,早期的运动发展领域研究的主要成就在于将动作发展具体化到一系列阶段性变化的描述。如抓握发展的10个里程碑、视觉指导触物的6个阶段、40个不同动作行为的序列阶段。这类理论研究有助于人们对婴幼儿动作发展的轨迹和变化趋势形成一个基础的了解。

然而,动作发展研究者不满足于将行为具体化到阶段列表的形式,认为婴幼儿的动作发展绝非只是成熟的作用那么简单。随着现代高分辨率记录技术的发展,婴儿的运动、肌肉动作和力量特征能够得到精细描述,现代动作发展的研究者倾向于模糊阶段之间的区别,而关注动作的微小细节和不断提高精确性的连续变化。在发展的因素分析上,当代研究者更注重练习和学习的作用。例如,婴幼儿行走动作发展变化上,早期研究者注重神经成熟度和身体生长对行走的促进作用,现代研究者则需要将婴儿行走练习和经验进行量化,将走步的数量、每次行走的步数、行走的距离、平衡和运动的持续时间、穿越的数量、摔倒的次数作为细分因素进行深入研究。

第二种理论将动作发展视为一个知觉—行为系统。聚焦于知觉信息与运动行为的功能联系,描述知觉与动作之间交互作用的发展变化如何使婴幼儿的动作更灵活和适应环境。基本观点是适应性行动总是目标导向的、有具体物体,并与情景嵌套。行动的每一部分都预示下一部分,并共同指向最终目标。研究者探讨婴幼儿通过探测和适应他们的生理倾向和周围环境变化来达到自己目标的能力。

在知觉—行动系统的研究中,对运动可知度的探讨是研究者关注的重点。可知度是行动的可能性,即什么行为是自己可达到的,什么行为是不可能的、有风险的、不安全的。可知度反映与婴幼儿身体能力及环境中与行为有关特征相关的客观状态。婴幼儿通过预测是否存在可知度来决定是否行动。研究者对影响婴幼儿运动可知度的因素提出了众多假设。有研究认为,学习者可能习得一系列的探测步骤和策略,来解决在特定问题空间范围内的新异问题。婴幼儿集合了全部的探测性行为来产生必要的知觉信息,以具体阐释可知度,一旦婴幼儿能同时产生并发现与其身体能力和环境特性有关的信息,他们就已经准备好了去感知行动的可能性。

婴幼儿的行动依赖于一定的感知经验做基础,行动的结果又必然带来知觉经验的丰富。由此,"知觉"与"行动"相互影响而形成的"知觉—行动环"成为婴幼儿动作发展的模式。实际上,将婴幼儿的动作发展与感知觉、语言、思维等各方面联系起来进行研究,已成为现有的动作发展理论研究的趋势。

三、婴幼儿认知发展

（一）感知觉发展

感知觉是最早发生的心理现象,开启了婴幼儿认识世界的大门。在感知的发生发展过程中,婴幼儿由被动的信息接收者变为主动的信息选择者。感知觉是低级的心理活动形式,是思维、注意、记忆和情绪等心理过程的基础。感知是客观事物个别属性作用于感觉器官后的大脑中的直接反映,知觉是客观事物的整体在大脑中的直接反映。感知觉包括视觉、听觉、皮肤感觉、嗅觉、味觉、空间知觉和时间知觉。

1. 视觉

视觉包括视力范围、对颜色的感知和分辨能力的发展。5个月以后的胎儿就具有视觉反应。出生1个月后能注视1—1.5米远的物体,3个月能够注视5米远的物体,6个月能够看到天上的飞机和地面上的细小物体。视觉分辨程度在逐渐发展。44周到12个月时角膜直径同成人,有弱视,6岁时达到成人水平。各年龄婴幼儿的视力是:1岁0.1—0.4,2岁0.5—0.6,3岁67%幼儿达到1.0以上。3—4个月时已能辨别彩色和非彩色;1岁半辨色能力逐步发展完善,能够对颜色进行配对和指认;3岁能够分辨几种基本色。配色法研究表明,儿童掌握颜色的顺序依次是黄、红、绿、蓝、紫、橙,并在婴幼儿期表现出对红色等明亮鲜艳颜色的喜欢。

2. 听觉

婴幼儿期对高频声音比较敏感,对低频声音的敏感度不如成人。2个月能够分辨不同人说话的声音和同一个人不同情感的语调。6个月能辨别父母亲的声音,分辨音乐的旋律、音色、音高、音调等。10个月双耳迅速对声源作出反应,如电话铃声。18个月时粗略区别高低不同的声音,如汽车喇叭声和犬吠声。24个月时,可以精细区别高低不同的声音。到3岁时,对声音的区别更加精细。

3. 皮肤感觉

皮肤感觉包括痛觉、触觉、温度觉和深感觉等。触觉在胎儿4—5个月就已经建立,对触觉高度敏感,尤其是眼、前额、口周、手掌、足底等部位,可以通过抚触对这些部分进行刺激。对温度觉高度敏感,3个月的婴儿能够区分31.5度到33度的水温。2—3岁时能辨别各种物体的属性,如软、硬、冷、热等。对重量的区分、对物体质地以及粗糙程度的触觉感知随着年龄增长而精细化。

4. 嗅觉

出生时嗅觉中枢和末梢已发育成熟。能够区别不同气味,对不同气味产生偏好,依据嗅觉建立食物性条件反射,具有初步的嗅觉空间定位能力。3—4个月时,能够区别舒适气味和不舒适气味,7—8个月时能够分辨芳香刺激。3岁时,嗅觉接近成人。婴幼儿灵敏的嗅觉有利于保护他免受有害物质的伤害,更好地了解他人。

5. 味觉

胎儿4个月开始有味觉功能,胎内7个月脑干内弧束已经形成髓鞘,到出生时味觉功能基本成熟。4—5个月婴儿对食物的任何改变都表现出敏锐的反应。人类的味觉在婴幼儿期最为发达,成人期味蕾减少,味觉功能下降。

6. 知觉

知觉是人体对各种物体属性的综合反映。知觉的发展与视、听、皮肤等感觉的发展密切相关。婴幼儿主要发展的是空间知觉和时间知觉。空间知觉是指形状、大小、深度、方位知觉等。在形状知觉方面,婴幼儿喜欢看图像清晰、有图案的图画;3岁能够辨别方形、圆形和三角形。婴幼儿已经有对大小和深度的知觉。在方位知觉方面,3岁时能够辨认上下①。

(二)注意发展

在婴幼儿成长的过程中,注意的发展随着生理的成熟而大踏步前进,不仅体现在注意时间量上的增加,也体现在注意活动效率上的提高。

新生儿已有非条件反射,大声说话能够引起他们停止活动,发光物能够引起他们视线的片刻停留,这都是生物性的、原始的反射活动,在脑的低级部位。大脑的发育为婴儿保持觉醒、感受刺激、进行信息加工处理提供了可能,也为婴儿的注意行为提供了可能。新生儿能探测到某个物体并把视线转向它,也就是说,婴儿能够注意到物体。

4个月大的婴儿已经能够有选择性地注意某件物品并能保持自己的注意力,他们对有声音、活动的刺激物比对没有声音的、静止的刺激物注视的时间更长。注意的产生似乎是受定向活动的先天机制控制,且不随婴儿的生长而变化,但显然看得见的和可操作的物体更能引起婴儿的注意和兴趣。6—12个月的婴儿,注意的范围逐渐扩大,能力逐渐增强,其注意选择性逐渐开始可以自主支配。在婴儿学会说话以后,受意识支配的有意注意出现。1岁以后,由于言语的出现,婴幼儿的注意与言语紧密联系起来。总的来说婴儿能够比较持久地注意一个物体,但注意极不稳定。1岁左右有意注意开始萌芽,但不稳定,此时能凝视家长手中的物体超过15秒。2岁左右的婴幼儿的有意注意有所发展,逐渐能按照家长提出的要求完成一些简单的任务。3岁左右的幼儿开始对周围新鲜事物表现出更多的兴趣,能集中15—20分钟的时间来做一件事情,有意注意进一步发展,但还是以无

---

① 柳倩,徐琼. 0—3岁婴幼儿健康与保育[M]. 上海:华东师范大学出版社,2012:49.

意注意为主。

（三）记忆发展

记忆是过去人们生活实践中经历过的事物在大脑中遗留的痕迹。记忆是复杂的心理过程,包括识记、回忆。回忆可分为再认和重现。再认是原来感知过的事物在眼前重现,并觉得确实以前感知过。重现是指过去感知过的事物不在眼前时,能在脑中重现出来。新生儿出生后第2周出现哺乳姿势的条件反射是最早的记忆,3—4个月出现对人与物的认知以后记忆逐步发展。由于婴幼儿记忆表现为保持时间短、记忆精确性差,因此一般对童年生活的回忆只能追溯到4—5岁左右。婴幼儿的记忆暗示性大,以机械记忆、无意识记忆为主,随着年龄的增大,记忆内容越来越多,无意识记忆、机械记忆被逻辑记忆所替代。

（四）认知发展的阶段理论

皮亚杰对认知发展研究的巨大贡献,不仅在于他的许多开创性研究,还在于他提出了第一个关于儿童认知发展的理论框架。在他的理论中,思维、认知、智慧这些词经常交替使用。感知运动阶段是儿童思维发展的萌芽阶段。在这个阶段,婴幼儿只能依靠感知和动作来适应外界环境,表现出一种边感知边做的被动作所束缚的智慧功能。皮亚杰将感知运动阶段分为六个分阶段,界定六阶段的依据在很大程度上是婴幼儿的动作格式变化。这种变化包括格式自身的发展完善和格式彼此之间的逐渐协调和整合。

表2-2 感知运动发展六阶段

年龄	阶段	年龄	阶段
0—1个月	反射练习阶段	8—12个月	手段与目的之间协调阶段
1—4个月	动作习惯和知觉形成阶段	12—18个月	感知运动智力阶段
4—8个月	有目的的动作形成阶段	18—24个月	智力的综合阶段

阶段1,大致0—1个月。新生儿出生时便已具备各种先天反射,该阶段主要由这些反射的练习构成,任何时候只要环境提供机会,这些反射就以固定的、预先设定的方式加以练习。随着经验的不断重复,一些反射(如吸吮、抓握)开始表现出微小但具有适应性的变化。

阶段2,大致1—4个月。随着经验的积累,各种格式变得越来越熟练;格式之间也变得彼此协调,产生了较大的行为单元。该阶段开始发展的重要的协调形式是看—听、吸吮—抓握和看—抓握。尽管这种发展使婴儿能对世界采取更有效的行为方式,但婴儿的行为仍然是自我中心的、"无目的"的,因为他们练习似乎纯粹是为了这样做的乐趣,而对行为的对象并没有真正的兴趣。

阶段3,大致4—8个月。婴儿行为具有明显的认知和社会"外倾性",对外在世界有了更多的兴趣,出现更熟练的格式之间的协调,从而使阶段3的主要成就成为可能:通过不断重复可能导致有趣结果的动作,以再现这些结果。但是由于这种因果性是一种事后形成的认识,因此皮亚杰并不认为婴儿具有真正的意向性。

阶段4,大致8—12个月。阶段特征是出现了不会被误解的、有意图的目标指向行为。这种行为的本质特性是手段和目的的分离,利用一个格式(如推开某个障碍物)作为手段,以达成作为目的的另一格式(如玩耍一个玩具)。皮亚杰将此视为一种特别值得注意的发展,将它们刻画为"最早的真正有智力的行为模式"。

阶段5,大致12—18个月。与上一阶段不同的是,该阶段的特征在于积极的试误性的探索行为。这种探索常常导致新的行为手段的产生,皮亚杰将这一阶段称为"通过积极的试验以发现新的手段"。

阶段6,大致18—24个月。该阶段正是符号(表征)能力或利用某物(如一个词)以代表另外的事物的能力开始出现。此时幼儿可能内在地进行试验,通过对格式的符号表征在心理上进行各种转换和结合等操作。除了新理论上的问题解决外,符号能力的出现使大量在婴儿期间不可能的行为成为可能,最典型的是延迟模仿、象征游戏和语言等的运用。

此后进入到前运算阶段(2—6岁)。幼儿可以将未出现在当前情境中的客体和事件表征为心理图片、声音、表象、单词或其他形式。这种变化标志着前运算阶段的开始。不过可以看到,幼儿大部分的动作虽然内化了,但尚未形成从事逻辑思维所必需的心理结构,思维仍受到具体事物的形象和动作的影响。

前运算阶段幼儿思维最突出的一点是,他们的思维和言语常常是自我中心的,幼儿并没有认识到其他人具有不同的视角或具有某种不同的观点。这时的思维受自我中心所限制,即专注于直觉状态,依赖于外表,并显得刻板[①]。

四、婴幼儿语言发展

语言是用于沟通的符号系统,这些符号通过语法规则组织在一起,并且传达特定的意义。[②]

(一)语言发展的阶段性

婴幼儿的语言发展是个循序渐进的发展过程。具体分为以下几个阶段:

(1)0—3个月单音节阶段:以哭叫声为主,能够调节哭叫的音长、音调和音高;能够根据说话者的音高、音量和音色感知语言,有一定的辨音水平。

(2)4—6个月多音节阶段:能够发元音和辅音结合的音节,能听懂简单的词、手势和命令。

(3)9—12个月模仿音节阶段:能开口说第一个词汇。

(4)13—18个月单词句阶段:语言理解能力大大增强,能用一个单词表示句子。18个月左右,能说出50个左右词汇,以常见事物的名称为主,其次是动词。能理解的词汇量

---

① 桑标.儿童发展[M].上海:华东师范大学出版社,2014:171.这里只选取了与0—3岁有关的论述.

② 丹尼尔·夏克特,丹尼尔·吉尔伯特,丹尼尔·韦格纳,马修·诺克.心理学[M].傅小兰等,译.上海:华东师范大学出版社,2017:468.

远大于能表达的词汇量。

（5）19—24个月双词句阶段：词汇量增大，婴幼儿产生"双词句"，又称"电报式语言"，且符合母语的句法规则，如"吃糖"。喜欢提问，开始使用疑问句和否定句。

（6）25—30个月初步掌握口语阶段：能用3—5个词组织句子来与人交谈，如"我要吃苹果。"开始出现复合句。

（7）31—36个月目标口语初步发展：这一阶段婴幼儿的语言系统和语法规则已经掌握，具备一定的词汇量和语用技能。能用语言进行日常交际。语言学习趋于成熟。[①]

（二）语言发展关键期

关键期指儿童形成某种反应或学习某种行为的最佳时期。如果在关键期内提供恰当的环境刺激，儿童的发展就会达到事半功倍的效果；如果错过了敏感期，则会事倍功半，日后难以弥补。

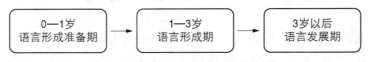

图2-7　婴幼儿语言发展关键期

对婴幼儿来说，整个0—3岁均是语言发展的关键期：0—1岁是语言形成的准备期，1—3岁是语言形成期，3岁以后是语言发展期。在准备期，成人需给予丰富的语言环境刺激，及时回应婴幼儿，鼓励其发音；在形成期，成人要多与婴幼儿进行语言交流和阅读活动，丰富婴幼儿的语言。章依文（2019）认为，18个月前父母语言输入的总词汇数量最为重要；30个月时输入词汇的多样性与复杂程度最为重要，其中成人与儿童的对话轮换数尤其重要；42个月时叙述、解释等语言输入最为重要。研究发现，早期屏幕暴露影响0—3岁婴幼儿表达性语言的发育，特别是对0—18个月的婴幼儿，屏幕暴露时间增加对表达性语言的发育产生显著不利影响。父母应严格控制儿童的屏幕暴露时间。[②]

（三）语言发展的相关理论

目前与婴幼儿语言发展相关的观点有三种：后天学习论、先天机制理论和先天后天相互作用论。

1. 后天学习论

这一观点主要基于巴甫洛夫、斯金纳等行为主义学家的理论。语言的学习是通过强化、塑造、消退及其他操作条件反射原理习得的。婴幼儿逐步习得那些得到强化表扬的音，而那些没有得到强化或被忽视、惩罚的音逐步消失。通过各种方式及时回应婴幼儿发出的音，可以有效促进婴幼儿的语言发展。

这一理论提供了一个关于语言发展的简单范式，然而，它不足以解释婴幼儿语言发展的全部事实。例如，成人并不会教会婴幼儿关于语言表达的所有语法规则，但婴幼儿产生

① 张明红. 0—3岁儿童语言发展与教育［M］. 上海：华东师范大学出版社，2013：10.
② 章依文. 早期语言暴露对儿童语言发育的中长期影响［J］. 中国儿童保健杂志，2019，27（12）：1277—1280.

的复合语法规则的句子远远多于他们听到的句子。这说明,婴幼儿可以灵活运用语法规则来创造新句子。

2. 先天机制理论

这一理论以乔姆斯基的先天语言能力说为代表。其理论假设是婴幼儿先天具备一种语法结构或语言习得机制(Language Acquisition Device,LAD),即使人类语言存在着各种复杂的多样性,在适当语言刺激的前提下,婴幼儿也可以习得任何一种语言。

日常生活中的诸多实例可以在一定程度上证明先天论的观点:如,移民者的英语水平与其在美国居住的时间长短无关,而与其移民时的年龄有关。儿童期移民美国的人英语最熟练,移民年龄超过青春期,则英语水平显著下降。然而,先天论过于乐观的态度也忽视了婴幼儿的语言发展是一个循序渐进、逐渐成熟的过程。

3. 先天和后天相互作用论

20世纪六七十年代后,以皮亚杰为代表的认知发展理论认为,虽然婴幼儿先天具备语言学习的能力,但是社会互动、环境刺激才是语言学习的关键要素。例如,成人要用更适用于婴幼儿语言学习的方式与之对话:降慢语速、咬字清晰、尽量使用简单句式等。

现代语言发展的理论倾向于认为语言发展是多种因素相互作用的结果,更加重视成人与婴幼儿的互动以及环境刺激对婴幼儿的影响。

(四) 婴幼儿语言发展的脑功能基础

婴幼儿大脑的生长主要表现为树突和轴突的增长,神经纤维形成髓鞘,这是婴幼儿学习语言的脑功能基础。

大脑语言加工中枢(布洛卡区和威尔尼克区)的定位是逐步发展起来的。0—2岁左右婴幼儿大脑的偏侧化尚未形成,两边大脑的功能是均衡的。2—12岁左右,随着大脑的进一步生长,大脑的偏侧化形成,语言中枢形成于左侧大脑。这也是婴幼儿语言发展的爆炸期、关键期。

随着大脑的成熟,语言加工中枢的功能特异性显现出来。布洛卡区位于左侧前额叶,作用是产生语言;威尔尼克区位于左侧颞叶皮层,作用是语言的理解。虽然左半脑控制了语言的理解与表达,但右半脑也影响着儿童的语言发展,比如与情景有关的信息解读、生动的语言表达和理解非语言沟通信息。研究表明,左脑的损伤会影响儿童的语言发展。

婴幼儿语言中枢成熟水平呈现出个体差异性,进而导致语言发展的个体差异性。表现为有的婴幼儿10个月左右即开口,大部分在12—18个月开口,少数婴幼儿则要到2—3岁才开口讲话。除此之外,还与成人日常的语言刺激和教养方式有关。丰富的语言环境刺激可以加快儿童语言中枢成熟的速度。经常进行亲子对话和听说练习,可以增加语言中枢的神经联系,促进这一区域的成熟,进而促进语言的发展。因此,语言中枢的成熟与外部环境刺激是互相影响、互相促进的。

因此,成人要在婴幼儿语言发展的关键期内提供丰富的环境刺激,加强听、说、读、写等各方面完整的练习,使得语言中枢各部分充分协调发展;通过故事、绘本、儿歌、歌曲等多种载体丰富婴幼儿的语言,提高其语言学习的兴趣。

五、婴幼儿社会性发展

(一) 婴幼儿社会性发展概览

婴幼儿社会性发展是指婴幼儿在自我意识、人际交往、情绪交流与控制等方面的变化,通过社会性发展幼儿开始逐步掌握社会规范,形成初步的自我能力并开始社会角色的学习。[①]

婴幼儿社会性发展的内容主要包括自我意识、社会行为及社会适应三个方面。其中,自我意识包括自我控制和自我认识;社会行为包括亲社会行为、亲子依恋和同伴交往;社会适应包括生活适应、陌生环境适应和陌生人适应。

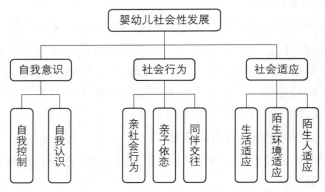

图2-8 婴幼儿社会性发展内容

0—3岁婴幼儿自我意识的发展主要体现在自我认识和自我控制上。1.5岁之前,婴幼儿的自我意识尚处于萌芽状态,1.5岁左右的婴幼儿开始能在镜中辨认自我,2岁以后能将自我与他人区分开来,同时自我意识的增强使其进入人生第一个"叛逆期",凡事喜欢说"不",在与成人的不断"较量"中确立自我的边界。自我控制则主要表现为对母亲的顺从和延迟满足能力的发展。

社会行为是指个体在人际交往中表现出来的对人、对事、对物的一系列态度和行为反应。[②] 婴幼儿的社会性行为主要是在与他人的互动中逐步习得的。例如,成人一次次鼓励、表扬、赞美婴幼儿的某些社会行为(如,打招呼、微笑、再见),婴幼儿倾向于再次展现这些行为,在这个正强化的过程中,婴幼儿习得了这些社会行为。对婴幼儿来说,社会行为主要包括亲子依恋、同伴交往及亲社会行为三方面。亲子依恋的质量与类型影响着儿童对环境和他人的安全感的建立,并反过来影响儿童对环境的探索行为。精神分析理论认为,亲子依恋关系不仅影响婴幼儿当下与环境互动的模式,还会延伸到未来,影响婴幼儿成年后与他人交往模式的建立。0—3岁婴幼儿尚未形成较为成型的同伴关系,游戏也多

---

① 钱文.0—3岁儿童社会性发展与教育[M].上海:华东师范大学出版社,2014:2.
② 徐艳红.浅谈早期儿童社会行为的培养[J].基层医学论坛,2008(12).

以独自游戏、平行游戏为主。此时的同伴交往行为主要表现为对同伴的注意及非语言性交往。亲社会行为是泛指一切符合社会期望并对他人、群体或社会有益的行为,主要包括合作、分享、助人、安慰、捐赠、谦让等。对0—3岁婴幼儿来说,其亲社会行为主要表现为自发地对他人友好、亲近和移情。

0—3岁婴幼儿的社会适应主要表现为陌生人适应、陌生环境适应和生活适应。其中,生活适应主要体现在生活自理能力的发展。

(二) 婴幼儿社会性发展的基本理论

有关婴幼儿社会性发展的基本理论有精神分析理论、行为主义与社会学习理论及习性学理论。精神分析理论认为,婴幼儿与父母的依恋关系的质量可以影响至成年,早期的心理创伤是导致成年后心理问题的根源。因此,父母的教养方式、依恋关系质量、父母的人格特征对婴幼儿有重要影响。埃里克森的人格发展同一性渐成说则认为婴幼儿的发展遵循渐成的原则,共分为八大阶段,在0—3岁主要会经历以下两个阶段的发展:信任对怀疑(0—1.5岁)——主要解决个体对世界的信任问题;自主对羞怯(1.5—3岁)——主要发展婴幼儿的独立性和自主性。每个阶段发展任务的完成情况,将影响个体未来一生的发展。

行为主义在儿童的行为塑造方面影响颇大。主要观点是刺激—反应的联结及社会观察和模仿是婴幼儿发展社会性的主要方式。这一观点对早期教育的贡献是重视家庭教育、婴幼儿期习惯养成对个体未来人格的影响。社会学习理论则认为社会性学习是在观察或模仿他人的过程中完成的。

英国心理学家鲍尔比从习性学的角度对依恋进行研究,该理论认为婴幼儿与父母之间存在天然联结,婴幼儿会用自己的方式(啼哭、注视等)将父母吸引到自己身边,照顾、保护自己,形成与父母的情感联结和依恋关系。

六、婴幼儿情绪发展

情绪是人对客观事物、自我及他人产生的态度的体验。1990年,塞维和梅耶提出了"情绪智力"概念。情绪智力是个体精确地知觉自己和他人的情绪,利用情绪促进思维,理解情绪语言及情绪传达的信息,管理情绪以达到具体的目标。[①]

(一) 婴幼儿情绪智力

儿童的情绪智力包括情绪表达、情绪理解和情绪管理三方面。情绪表达是指表现情绪的方式,如拥抱、安慰、拍手等(表2-3)。情绪理解表现为儿童能了解自己的情绪并能识别他人的情绪。儿童情绪理解和识别能力是逐步发展起来的。12个月前婴儿的情绪识别能力的发展分为无面部知觉阶段、不具备情绪理解的面部知觉阶段、对表情意义的情绪反应阶段、在因果关系参照中应用表情信号阶段。而情绪管理是指个体调节、改变自己和他人情绪的过程。

---

① 周念丽.0—3岁儿童观察与评估[M].上海:华东师范大学出版社,2013:166.

表2-3　0—2岁婴幼儿情绪出现的阶段

月龄	出现的情绪
0—3个月	欲求、喜悦、厌恶、愤怒、惊惧、烦闷
4—6个月	社会性微笑
7—12个月	陌生人恐惧
10—12个月	同情、拒绝、排斥、恐惧、倔强
24个月	嫉妒、内疚、害羞、妒忌、自豪

表2-4　12个月前婴儿情绪识别能力的发展特征

月龄	阶段	特点
0—2个月	无面部知觉	识别能力尚未形成
2—5个月	不具备情绪理解的面部知觉	能知觉表情，但还不能准确理解其意义
5—7个月	对表情意义的情绪反应	对正面或负面情绪作出相应的不同的反应
7—10个月	在因果关系参照中应用表情信号	能够参考他人的表情信号影响自身行为

（二）0—3岁婴幼儿情绪发展特征及教育策略

0—3岁婴幼儿情绪具有易变性、易感性和易冲动性三个特点。婴儿早期，其情绪的主要影响因素是健康状态及需求是否被及时满足。随着月龄增长，社会因素逐步成为影响婴幼儿情绪的另一重要原因。另外，婴幼儿情绪管理、调节的方式随自身运动能力、社会认知能力等其他方面的发展而发展。随着婴幼儿各方面的成熟，婴幼儿会用一些认知策略来调节情绪。

基于以上特征，教育者需要密切关注婴幼儿的情绪发展，及时给予情感回应和积极引导，帮助其建立安全感；在回应的方式上，可以灵活采用游戏、团体活动或语言交流等形式进行；父母本身要注意调控自己的情绪，给婴幼儿的心理发展创造一个稳定的、安全的、温暖的情绪背景，建立安全的亲子依恋关系；及时发现并疏解婴幼儿的负面情绪，以免负面情绪的积压。

第二节　儿童发展理论视角下的婴幼儿发展

儿童发展理论为我们了解婴幼儿的发展提供了系统的理论依据和平台。目前相关理论成果颇丰，尤其是20世纪中叶以来从不同的角度揭示了婴幼儿发展的规律。主要有：精神分析论、行为—社会学习论、机能主义心理论、认知学习论、社会生态系统论等。

一、精神分析理论

1. 弗洛伊德的性心理理论

弗洛伊德的性心理理论源自他的人格结构理论和人格发展理论。弗洛伊德认为人格有三个层次，分别是："本我"、"自我"和"超我"。本我的核心是"里比多"（libido），即性本能①，它处在心理的最底层，是一种原始的、神秘的、本能的欲望冲动，相当于无意识；自我处在心理的最高层，是从本我中分离出来的高级心理活动，它控制着本我的欲望冲动，相当于意识和自我意识；超我是"良心"的我，它介于本我与自我之间，起着平衡和调节作用。弗洛伊德认为人的精神活动的能量来源于本能，本能是推动个体行为的内在动力。而性本能冲动是人一切心理活动的内在动力，当这种能量（里比多）积聚到一定程度就会造成机体的紧张，机体就要寻求途径释放能量。弗洛伊德将这种心理和行为的发展，分为由高到低的五个阶段，分别是口唇期、肛门期、性器期、潜伏期和两性期。详情见表2－5。

表2－5　弗洛伊德的心理阶段论

性心理阶段名称	年龄	阶段特征描述
口唇期	0—1岁	在此期间，婴儿专注在嘴里的事物。例如以吸取母乳来得到口唇的快感，或是小孩拿到什么东西就咬。哺乳方式被认为是早期经验中最重要的经历。此时期的口腔活动若受限制，可能会留下后遗性的不良影响。例如在行为上表现贪吃、酗酒、吸烟、咬指甲等，甚至在性格上悲观、依赖、洁癖等。
肛门期	1—3岁	排泄机能成为婴儿性快感的主要目标，婴儿从排泄活动中得到极大的快乐。这一阶段的主要任务是通过按时大小便的训练培养幼儿的自我控制能力。通过自己掌握大小便，孩子们迈了重要的一步：学会了独立，发展了自信，并知道何时应该"放弃"。如果这一时期出现停滞现象，可使人格朝着慷慨、放纵、生活秩序混乱、不拘小节或循规蹈矩、谨小慎微、吝啬、整洁两个极端方向发展，形成"肛门排泄型"或"肛门滞留型"人格。
性器期	3—6岁	刺激性器官成为此阶段获取快感的方式。儿童开始玩弄或展示生殖器及对异性父母产生性幻想，由此产生的焦虑转而使儿童将同性父母的性别角色特征和道德标准内化。恋父情结和恋母情结在此阶段产生。
潜伏期	6—11岁	潜伏期阶段很长，期间没有明显的性发展表现。这个阶段的特色，是儿童失去对与性相联系的活动兴趣，而把他们的能量集中在其他的事情上，例如学校的课业，良好的习惯，意识到男女间性别的差异，将自己局限在与自己同性的团体中。自我和超我不断发展强大起来。
两 性 期（生殖期）	11岁以上	在这个时期，个人的兴趣逐渐地从自己的身体刺激的满足转变为异性关系的建立与满足。如果发展健康，可通过结婚和生育来满足成熟性本能的需求。

---

① 这里的性不是指生殖意义上的性，泛指一切身体器官的快感。

弗洛伊德的精神分析理论强调早期经验和家庭教养对儿童的影响。对于0—3岁婴幼儿来说，要重视其口唇期和肛门期的发展。重视哺乳喂养，同时帮助儿童必须学会控制生理排泄，使之符合社会的要求，让婴幼儿形成卫生习惯。

2. 艾里克森的心理社会发展理论

艾里克森是精神分析学派的代表人物。他认为人生发展分为八个阶段，每个阶段都面临一种危机。要想顺利进入下一发展阶段，就必须先解决好当前所面临的危机。

表2-6　艾里克森的社会心理阶段

艾里克森发展阶段	年龄段	面临的危机	弗洛伊德发展阶段
信任对怀疑	0—1岁	学习信任别人，克服不信任	口唇期
自主对羞愧	1—3岁	获得自主感，克服自我怀疑、羞耻感	肛门期
主动对内疚	3—6岁	获得主动感，避免内疚感	性器期
勤奋对自卑	6—12岁	获得能胜任社会及学习任务的勤奋感，克服自卑感	潜伏期
自我同一对角色混乱	12—20岁	建立基本的社会及职业的自我认同，克服角色混乱	两性初期
亲密对疏离	20—40岁	建立亲密感，克服孤独感	两性期
繁衍对停滞	40—65岁	获得繁衍感，克服颓废迟滞或自我中心	两性期
自我完善对绝望	65岁以后	获得自我整合感，克服悲观失望的绝望感	两性期

0—3岁的婴幼儿在人生发展的阶段中最重要的是首先要获得足够的安全感，让他们对周围一切产生信任；其次发掘其对周围环境的态度，让其需要、自主探索得到及时的满足。作为社会代理人——母亲，需积极敏感地回应孩子的需要，建立良好的互动关系。

二、行为—社会学习理论

1. 行为主义理论

经典条件反射理论：行为主义创始人华生受到生理学家巴甫洛夫的动物学研究的影响，认为一切行为都是刺激（S）—反应（R）的学习过程。华生认为环境是发展过程中影响最大的因素。他认为成人能通过仔细地控制刺激与反应的联结，来塑造儿童的行为；发展是个连续的过程，随着儿童年龄的增长，刺激与反应的联结力度也逐渐增强。

操作性条件反射理论：斯金纳继承了华生行为主义理论的基本信条。斯金纳认为，行为分为两类，一类是应答性行为，一类是操作性行为。前一类行为是由经典条件反射中的刺激引发的行为；后一类行为是个体自发出现的行为，其发生频率会在紧随其后的强化作用下增加，如食物、称赞、友好的微笑或一个新玩具，同样也能通过惩罚，如不同意或取消特权等,来减少其发生的频率。

2. 社会学习理论

班杜拉强调模仿和观察学习。儿童总是"张着眼睛和耳朵"观察和模仿周围人们的那些有意的和无意的反应,观察、模仿带有选择性。通过对他人行为及其强化行为结果的观察,儿童获得某些新的反应,或现存的反应特点得到矫正。

班杜拉的社会学习理论所强调的是观察学习和模仿学习。在观察学习的过程中,人们获得了示范活动的象征性表象,并引导适当的操作。观察学习的全过程由四个阶段(或四个子过程)构成。注意过程是观察学习的起始环节,在注意过程中,示范者行动本身的特征、观察者本人的认知特征以及观察者和示范者之间的关系等诸多因素影响着学习的效果。在观察学习的保持阶段,示范者虽然不再出现,但他的行为仍给观察者以影响。要使示范行为在记忆中保持,需要把示范行为以符号的形式表象化。通过符号这一媒介,短暂的榜样示范就能够被保持在长时记忆中。观察学习的第三个阶段是把记忆中的符号和表象转换成适当的行为,即再现以前所观察到的示范行为。这一过程涉及运动再生的认知组织和根据信息反馈对行为的调整等一系列认知的和行为的操作。能够再现示范行为之后,观察学习者(或模仿者)是否能够经常表现出示范行为要受到行为结果因素的影响。行为结果包括外部强化、自我强化和替代性强化。班杜拉把这三种强化作用看成是学习者再现示范行为的动机力量。

对于 0—3 岁婴幼儿来说,观察学习和榜样示范具有重要意义,模仿是其学习的一种特殊方式。越来越多的科学研究证明,新生儿能对各种面部表情进行模仿,且年龄更大的婴幼儿不仅会使用模仿能力,还会利用观察来学习,获得基本的个人和社会技能。

三、 机能主义心理学

机能主义心理学(functionalism)是 19 世纪末 20 世纪初出现在美国的心理学流派,是美国第一个本土心理学流派。机能主义心理学主张的研究对象是具有适应性的心理活动和行为,强调意识活动在人类有机体的需要和环境之间起重要的中介作用。代表人物有杜威、卡尔、桑代克等。

杜威提出反射弧是一个连续的整合活动,反对把反射弧分析成各个元素或分解为各个部分的做法。他认为反射弧概念中的刺激与反应之间、感觉和运动之间的区别仅仅具有机能的、处理方法上的意义。他的机能主义心理学理论强调有机体对于环境的适应。他注意心理现象的整体,注意个体与集体的关系。强调意识对人的生活的作用。杜威主张实用主义(pragmatism),并把它视为机能主义心理学的哲学基础。杜威给机能主义心理学提供了基本概念和理论基础。

卡尔认为,心理学的研究对象是心理活动,如记忆、知觉、感情、想象、判断和意志等。心理活动的机能在于获得、确定、保持和评估经验,并利用经验来指导行为。这种以心理活动来指导的行为就是适应性或顺应性行为。卡尔分析了适应性行为的构成,认为它包括三部分:①动机性刺激,指机体需求、内驱力之类的东西;②激发刺激,或感觉情境,指范围更广泛的环境；③做出的反应，指改变感觉情境和满足动机的反应。

桑代克是第一个用实验法取代自然观察法来研究动物心理的研究者，为动物心理学的研究开辟了新道路。在对动物进行实验研究的过程中，他提出了一种联结主义的学习理论，认为动物学习不存在思维和推理的作用，而是在情境与反应之间的联结。他还用联结的形成来解释人类的学习。学习心理是桑代克教育心理学的主要部分。他和吴伟士共同研究了学习迁移问题，提出了相同因素说，认为学习效果的迁移是由于前后活动存在共同的因素。

婴幼儿心理机能的形成和培养，应该在成人的指导下，由个体（婴幼儿）在机能形成的关键期，与机能载体（感知觉及其统合）相互作用，才能形成必需的心理机能。婴幼儿心理机能的形成应关注三个方面：关键期、机能载体和相互作用。[①]

四、认知学习理论

1. 皮亚杰的认知发展阶段理论

皮亚杰认为，在个体从出生到成熟的发展过程中，认知结构在与环境的相互作用中不断重构，从而表现出具有不同质的不同阶段。他把人的发展分为四个阶段。

（1）感知运动阶段（sensorimotor stage，0—2岁）。

在感知运动阶段，认知活动主要是通过探索感知觉与运动之间的关系来获得动作经验，在这些活动中形成了一些低级的行为图式，以此来适应外部环境和进一步探索外界环境。其中手的抓取和嘴的吸吮是他们探索周围世界的主要手段。从出生到2岁这一时期，儿童的认知能力也是逐渐发展的，一般从对事物的被动反应发展到主动的探究，例如从只抓住成人放在手里的物体到自己伸手去拿物体，其认识事物的顺序是从认识自己的身体到探究外界事物。这个阶段的一个显著标志是儿童渐渐获得了客体永久性（object permanence），即当某一客体从儿童视野中消失时，儿童知道该客体并非不存在。儿童大约在9—12个月获得客体永久性，而在此之前，儿童往往认为不在眼前的事物就不存在了并且不再去寻找。客体永恒性是更高层次认知活动的基础，表明儿童开始在头脑中用符号来表征事物，但是还不能用语言和抽象符号为事物命名。

（2）前运算阶段（preoperational stage，2—7岁）。

进入前运算阶段，儿童的言语与概念以惊人的速度发展。运算是指内部化的智力或操作。儿童在感知运动阶段获得的感觉运动行为模式，在这一阶段已经内化为表象或形象模式，具有了符号功能。并且儿童的表象日益丰富，其认知活动已经不只局限于对当前直接感知的环境施以动作，开始能运用语言或较为抽象的符号来代表他们经历过的事物，但这一阶段的儿童还不能很好地掌握概念的概括性和一般性。前运算阶段儿童的心理表象是直觉的物的图像，思维还具有泛灵性和自我主义倾向，且思维不可逆。

---

① 李利，黄雷. 婴幼儿发展必需的心理机能及其培养[J]. 教育导刊(幼儿教育)，2007(12).

（3）具体运算阶段（concrete operational stage，7—11岁）。

具体运算阶段的儿童开始接受学校教育，出现了显著的认知发展。这一阶段儿童的认知结构已发生了重组和改善，思维具有一定的弹性，儿童已经获得长度、体积、重量和面积等的守恒概念，能凭借具体事物或从具体事物中获得的表象进行逻辑思维和群集运算。但他们形成概念、发现问题、解决问题都必须与他们熟悉的物体或场景相联系，还不能进行抽象思维。因此，皮亚杰认为对这一年龄阶段的儿童应多做事实性或技能性的训练。

（4）形式运算阶段（formal operational stage，11岁至成人）。

这一阶段儿童的思维已超越了对具体的可感知事物的依赖，使形式从内容中解脱出来，进入形式运算阶段（又称命题运算阶段）。这种能力一直持续到成年时期。本阶段中个体推理能力得到提高，能从多种维度对抽象的性质进行思维。他们的思维是以命题形式进行的，并能发现命题之间的关系；能够进行假设性思维，采用逻辑推理、归纳或演绎的方式来解决问题；能理解符号的意义、隐喻和直喻，能做一定的概括，其思维发展已接近成人的水平。

依据皮亚杰的观点，儿童不是"小大人"，0—2岁婴幼儿正处于感知运动阶段。此时婴幼儿在认知方面的成就是模仿能力和客体永久性的形成。皮亚杰认为，此阶段的儿童能进行延迟模仿，是因为这时他们能建构榜样行为的心理符号或表象，这些符号和表象被储存在记忆中，并且能够在以后提取出来，从而指导婴幼儿对榜样行为进行再现。

2. 多元智能理论

20世纪60年代，哈佛大学的"零点项目"，开始了"研究在学校中加强艺术教育，开发人脑的形象思维问题"的研究过程。多元智能理论便是这一项目的重要成果。多元智能理论是由美国哈佛大学教育研究院的发展心理学家霍华德·加德纳（Howard Gardner）在1983年提出。与传统的"一元智能理论"不同，加德纳认为每个人都拥有不同的智能优势组合，并且承认不同的人有不同的智能强项。支撑多元智能理论的是个体身上相对独立存在着的、与特定的认知领域和知识领域相联系的八种智能。他们分别是：语言智能、音乐智能、数理智能、空间智能、动觉智能、自省智能、交流智能和自然观察智能。每一种智能代表着一种区别于其他智能的独特思考模式，但这些智能之间是相互依赖、相互补充的。①言语—语言智能（verbal-linguistic intelligence）。指听、说、读和写的能力，表现为个人能够顺利而高效地利用语言描述事件、表达思想并与人交流的能力。②音乐—节奏智能（musical-rhythmic intelligence）。指感受、辨别、记忆、改变和表达音乐的能力，表现为个人对音乐包括节奏、音调、音色和旋律的敏感以及通过作曲、演奏和歌唱等表达音乐的能力。③逻辑—数理智能（logical-mathematical intelligence）。指运算和推理的能力，表现为对事物间各种关系如类比、对比、因果和逻辑等关系的敏感以及通过数理运算和逻辑推理等进行思维的能力。④视觉—空间智能（visual-spatial intelligence）。指感受、辨别、记忆和改变物体的空间关系并借此表达思想和感情的能力，表现为对线条、形状、结构、色彩和空间关系的敏感以及通过平面图形和立体造型将它们表现出来的能力。⑤身体—动觉智能（bodily-kinesthetic intelligence）。指运用四肢和躯干的能力，表现为能够较好地控制自己的身体、对事件能够做出恰当的身体反应以及善于利用身体语言来表达自己的思想和情感的能力。⑥自知—自省智能(intrapersonal intelligence)。指认识、洞察和反省自身的能力,表现为能够正确地意识和评价自身的情绪、动机、欲望、个性、意志,并在正确的自我意识和自我评价的基础上形成自尊、自律和自制的能力。⑦交往—交流智能(interpersonal intelligence)。指与人相处和交往的能力,表现为觉察、体验他人情绪、情感和意图并据此做出适宜反应的能力。⑧自然观察智能(naturalist intelligence)。指个体辨别环境(不仅是自然环境,还包括人造环境)的特征并加以分类和利用的能力。

受遗传和环境的影响,智能在不同的个体身上的体现是各不相同的。0—3岁婴幼儿作为个体,主要能发展的是偏生理性、认知性和心理社会性的发展。多元智能理论丰富了早期教育的教育内涵和教育观。这种"以个人为中心的教育"使我们能更加科学全面地了解婴幼儿的发展。

五、社会生态系统理论

美国俄裔心理学教授布朗芬布伦纳[①](Bronfenbrenner)提出了个体发展模型,他认为,个体自出生起就生活在一个由不同纬度层次所组成的动态环境之中,这一环境体系包括:微观系统、中观系统、外部系统和宏观系统。

微观系统是那些直接与发展个体接触的环境层面,对婴幼儿来说,主要是家庭和早教机构,特别是家庭。家庭内父母、祖辈与婴幼儿的互动是婴幼儿生活中的主要活动,也是婴幼儿的核心角色构成与社会关系网。由于是直接作用的方式,家庭又是婴幼儿时期的主要生存环境,所以,微观系统是对婴幼儿发展影响最深刻的一个环境体系。

中观系统强调的是发展个体直接参与环境间的相互作用,如家庭与早教机构之间的关系。这一系统更多是一种关系环境,但它对婴幼儿的影响也很大。这一关系的稳定会更大程度上加强机构与家庭的合作,机构的作用也能够充分发挥,最后落实到微观系统的影响中。

外部系统间接影响婴幼儿发展的环境,如父母的工作单位、经济地位等,这些环境与婴幼儿没有直接互动,表面看来并不影响婴幼儿发展,其实不然,它们同样会通过微观系统的各个媒介作用于婴幼儿。

宏观系统是从社会文化、经济和政治层面影响婴幼儿的发展。宏观系统也是通过影响微观系统来和婴幼儿产生交互作用。

儿童既是环境的产物,也是生产者。社会生态系统理论以系统视角更加广泛地解释了环境因素对人的发展的影响,对0—3岁婴幼儿来说,所处的生长环境和社会文化环境形塑了其发展路径。

个体化、生活化的早教

---

① 他是美国问题学前儿童启蒙计划的创始人,长期关注"儿童研究和儿童政策之间的相互影响"。

第三节 0—3岁婴幼儿教育活动设计的社会基础

一、政策支持

为了促进婴幼儿的健康成长和全面发展,国家及地方颁布及出台了相关的政策及文件,明确0—3岁婴幼儿教育活动的目标、价值及发展方向,规范实施者的教育行为,让0—3岁婴幼儿的教育活动有法可依、有规可循。

0—3岁儿童早期教育工作的有关宏观政策与支持主要有以下方面。

1. 相关法规及文件

表2-7 0—3岁儿童早期教育工作的相关法规及文件

发布时间	发布单位	文件名称	文件内容	意义
1981 年 6月	卫生部 妇幼卫生局 注:50年代,0—3岁儿童的早期保教由卫生部负责,3—6岁儿童学前教育由教育部负责。	《三岁前小儿教养大纲(草案)》	根据3岁前小儿身心发展的特点,提出托儿所教养工作的任务是:培养小儿在体、智、德、美几方面得到发展,为造就体魄健壮、智力发达、品德良好的社会主义新一代打下良好基础。 内容包括:3岁前小儿集体教养原则;小儿神经心理发育的主要标志;通过生活环节进行教育;语言的发展;动作的发展;认识能力的培养;成人和小朋友相互关系的培养等	新中国成立后首次就0—3岁儿童的集体教育工作做出的明确规范
2001 年 5月	国务院	《中国儿童发展纲要(2001—2010)》	其中与0—3岁阶段教育相关的有:促进0—3岁儿童早期综合发展;积极开展0—3岁儿童科学育儿指导;积极发展公益性普惠性的儿童综合发展指导机构,以幼儿园和社区为依托,为0—3岁儿童及其家庭提供早期保育和教育指导;加快培养0—3岁儿童早期教育专业化人才	首次提出要发展0—3岁儿童的早期教育
2003 年	国务院办公厅	《关于幼儿教育改革与发展的指导意见》	提出为0—6岁儿童和家长提供早期教育和保育服务,全面提高0—6岁儿童家长及看护人员的科学育儿能力	
2008 年	上海市教育委员会	《上海市0—3岁婴幼儿教养方案》	主要分为教养理念、教养内容与要求、组织与实施、观察要点四个部分。分月龄对幼儿的发育与健康、感知与运动、认知与语言、情感与社会性进行观察与培养	作为上海市托幼园所实施3岁前教养工作的指南,为家庭教育提供参考

续　表

发布时间	发布单位	文件名称	文件内容	意义
2010 年	国务院	《国家中长期教育改革和发展规划纲要(2010—2020 年)》	遵循幼儿身心发展规律,坚持科学保教方法,保障幼儿快乐健康成长。积极发展学前教育,到 2020 年,普及学前一年教育,基本普及学前两年教育,有条件的地区普及学前三年教育。重视 0 至 3 岁婴幼儿教育	明确对于 0—3 岁婴幼儿教育的重视性
2012 年 4 月	教育部	《关于开展0—3 岁婴幼儿早期教育试点的通知》	决定在上海市、北京市海淀区等 14 个地区开展 0—3 岁婴幼儿早期教育试点,并对试点任务、内容和有关工作提出了明确要求。以发展公益性 0—3 岁儿童早期教育服务为目标,落实政府在早期教育中规划、投入和监管等方面责任,重点在 0—3 岁儿童早期教育管理体制、管理制度、服务模式和内涵发展等方面进行研究探索	把早期教育试点纳入当地政府教育工作重要内容,把发展0—3岁婴幼儿早期教育列入当地教育发展总体规划

2. 相关政策及举措

表 2-8　0—3 岁儿童早期教育工作的相关政策

时间	实践层面	主要内容	意义
1997	地方性(上海)	《上海托幼三年(1995—1997 年)工作回顾与总结》提出"托幼一体"的概念	将 0—3 岁儿童的早期发展和保教作为教育事业的重要组成部分
2010 年开始	国家性	大力发展以社区为依托,公办与民办相结合的多种形式的学前教育和儿童早期教育服务	将 0—3 岁儿童早期教育从托儿所机构教育扩展到多种形式的教育,从只关注三岁前儿童的保教扩展到对三岁前儿童及其家长或看护人员的指导

时至今日,婴幼儿的早期教育已经取得了不少成果,但是仍然面临不少挑战和问题。比如,城市和农村、沿海发达地区和中西部地区 0—3 岁婴幼儿教育水平的不平衡。上海市教育委员会承担的"0—3 岁婴幼儿早期关心与发展的研究",探索构建了沿海发达地区城市早期教养指导社会公共服务体

上海市 0—3 岁婴幼儿教养方案

系,开展了多学科、跨领域的协作攻关研究。例如,在上海公办的早期教育指导中心为全市的 0—3 岁儿童及其家长提供每年 6 次免费的服务和指导。这些早教中心强调了"医教结合"、"保教融合",将 0—3 岁儿童家长和带养者作为研究服务的重点,在研制《上海市0—3 岁婴幼儿教养方案》的基础上,围绕教养理念、环境和方式、0—3 岁儿童行为观察与指导、游戏活动设计、玩具开发、亲子交往与互动课程,进行了研究与开发,尽可能满足家长与带养者的多样化需求,研发出一整套制度方案等,具有很强的操作性与示范性。但在中西部地区,研究虽然也在缓步发展,但和东部地区的差距仍然较大。

二、卫生健康支持

　　婴幼儿的健康成长是教育活动存在和实施的目标,为婴幼儿成长提供必要的卫生与健康支持是提升0—3岁婴幼儿教育活动质量的必要前提。0—3岁幼儿的卫生健康支持主要从三个方面来体现:婴幼儿健康、孕产妇健康以及婴幼儿教育活动。有关婴幼儿健康支持的政策文件主要在本部分呈现。

表2-9　卫生健康方面的指引

发布时间	发布机构	文件名称	文件属性	相关内容
2001 年	国务院办公厅	《中国食物与营养发展纲要(2001—2010年)》	约束性	**营养改善的重点人群** 1. 少年儿童群体。提高民族整体素质,基础在少年儿童人群 2. 妇幼群体。妇女具有特殊的营养需要……重点搞好3岁以下幼儿的营养改善
		《中国妇女发展纲要(2001—2010年)》		贯彻落实《中华人民共和国母婴保健法》,不断完善妇幼卫生法律法规及政策,保护妇女的健康权利
		《中国儿童发展纲要(2001—2010年)》		**改善儿童卫生保健服务,提高儿童健康水平** 1. 提高出生人口素质 2. 保障孕产妇安全分娩 3. 降低婴儿和5岁以下儿童死亡率 4. 提高儿童营养水平,增强儿童体质 5. 加强儿童卫生保健教育
2012 年	卫生部办公厅	《儿童健康检查服务技术规范》	强制性	婴儿期至少4次,建议分别在3、6、8和12月龄;3岁及以下儿童每年至少2次,每次间隔6个月,时间在1岁半、2岁、2岁半和3岁;3岁以上儿童每年至少1次。健康检查可根据儿童个体情况,结合预防接种时间或本地区实际情况适当调整检查时间、增加检查次数
2012 年	国务院	《卫生事业发展"十二五"规划》	预期性	**保障重点人群健康:**母婴平安,农村妇女宫颈癌和乳腺癌检查,农村地区儿童健康改善等
2014 年	国务院办公厅	《国家贫困地区儿童发展规划(2014—2020年)》	预期性	**主要任务** 1. 新生儿出生健康 2. 儿童营养改善 3. 儿童医疗卫生保健 4. 儿童教育保障等

续　表

发布时间	发布机构	文件名称	文件属性	相关内容
2016 年	国务院	《"十三五"卫生与健康规划》	强制性	**加强妇幼卫生保健和生育服务** 健康妇幼(国家卫生计生委、财政部负责) 出生缺陷综合防治(国家卫生计生委、财政部负责) 青少年健康(国家卫生计生委、教育部负责)
2017 年	国务院	《国家教育事业发展"十三五"规划》	强制性	发展0—3岁婴幼儿早期教育,探索建立以幼儿园和妇幼保健机构为依托,面向社区、指导家长的公益性婴幼儿早期教育服务模式
		《"十三五"推进基本公共服务均等化规划》	约束性	**妇幼健康服务保障。**加强儿童医院和综合性医院儿科以及妇幼健康服务机构建设,合理增加产床 **加强规划布局和用地保障。**新建居住区要按相关规定,完善教育、卫生、文化体育、养老托幼、社区服务等配套设施,并在合理服务半径内尽量集中安排
2019 年	国务院办公厅	《关于促进3岁以下婴幼儿照护服务发展的指导意见》	预期性	建立完善促进婴幼儿照护服务发展的政策法规体系、标准规范体系和服务供给体系,充分调动社会力量的积极性,多种形式开展婴幼儿照护服务,逐步满足人民群众对婴幼儿照护服务的需求,促进婴幼儿健康成长、广大家庭和谐幸福、经济社会持续发展……

从 2001 年至今,国家多次发布相关规划、指导、意见,从医疗、卫生、健康、教育等多个方面对 0—3 岁婴幼儿以及孕产妇的卫生与健康进行保障和指引。在国策动向的指引下,对婴幼儿和孕产妇卫生与健康的研究也开始发展和深入。例如,婴幼儿喂养的卫生健康研究表明婴幼儿在生命之初的营养基本从母亲身上索取,母乳喂养是世界范围内最常见的婴幼儿喂养方式。"母乳中含有丰富的营养物质和抗感染因子,对婴儿身心发育均有益处。与人工喂养相比,纯母乳喂养可减少婴儿腹泻、肺炎等感染性疾病的发生,减少婴儿死于感染性疾病的几率。"随着婴幼儿的成长,喂养方式也更加多样,主要喂养人给予幼儿的食品种类更加丰富、营养更加全面,这使得婴幼儿生理不断发展,免疫力不断建立,能够初步抵御一些疾病。

婴幼儿与孕产妇的卫生健康得到了基本保障之后,婴幼儿所处的家庭和社区环境对婴幼儿发展的影响因素开始逐步凸显出来。

三、家庭社区支持

同样的,在家庭社区对于 0—3 岁婴幼儿教育指导方面,行政部门也进行了细致的规划,并提出了详尽的指导意见:2003 年国务院办公厅转发了教育部等十部委《关于幼儿教育改革与发展的指导意见》,提出"为 0—6 岁儿童和家长提供早期教育和保育服务,全面提高 0—

6 岁儿童家长及看护人员的科学育儿能力"。国家层面的指导意见引导我们在进行科学的婴幼儿教育设计实践中更要凸显 0—3 岁婴幼儿发展的适宜性和教育活动设计的普适性。

2013 年,教育部在全国已有大量 0—3 岁儿童的教育实践的基础上,在 14 个地区启动了"0—3 岁儿童早期教育试点"。

2018 年政府工作报告中提及了 8 个省、直辖市、自治区的"婴幼儿照护托育"内容:

表 2-10   8 个省、直辖市、自治区的"婴幼儿照护托育"内容

具体内容	发布省份
提高婴幼儿照护和儿童发展需求保障能力	湖北省
推进婴幼儿照护和儿童早期教育服务	江苏省
大力发展普惠性托育服务事业	安徽省
制定实施儿童早期教育服务发展规划	贵州省
开办社区幼儿托育点	上海市
解决好婴幼儿照护和儿童早期教育服务问题	福建省
解决好婴幼儿照护和儿童早期教育服务问题	青海藏族自治区
解决好婴幼儿照护和儿童早期教育服务问题	陕西省

婴幼儿在出生后所处的环境主要包括物质环境(家庭、社会物质环境)和精神环境(喂养人的育儿观及文化水平)。众所周知,婴幼儿早期的生长发育基本是在家庭中实现的,一般来说,家庭是婴幼儿早期最主要的生活、学习、活动场所,因此,主要喂养人和主要教养人对婴幼儿健康行为习惯的培养及健康观念的形成具有重要影响。正是基于此,如果家长对婴幼儿的健康教育具有正确的认识,能够对婴幼儿出现的问题采取正确的方法和措施,婴幼儿成长将会受到积极的影响。同时,婴幼儿家庭所处的社会环境也对婴幼儿生长发育有间接的影响。在精神环境层面来讲,影响婴幼儿生长发育的要素主要是喂

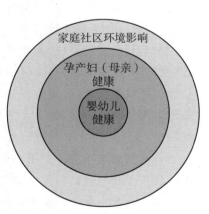

图 2-9   婴幼儿健康与孕产妇健康和家庭社区环境的关系

养人、主要教养人的育儿观念水平、知识文化水平。有研究者在 1998 年针对海湾国家的婴幼儿健康状况的研究中就发现,父母知识结构水平越高,婴幼儿死亡率越低;在 2012 年的研究中也发现父母接受科学健康育儿知识水平越高,婴幼儿患病率越低,且农村城市具有较大差异。由此可见,婴幼儿在出生后所处的环境至关重要。除此之外,教养人所受教育的情况也对其身心健康有举足轻重的影响。

2015 年,研究者对 66 组新生儿进行了实验研究,实验证明,进行健康人格干预教育的幼儿智力发育指数和神经运动发育指数均高于未进行干预的组别。

美国家庭教育点滴①

如果将孩子的学习和生活分开,不仅会增加孩子的压力,也会使父母失去了生活的情趣。

对孩子来说,生活就是游戏。所有地方的所有小东西都在召唤着他们去摸一摸、摇一摇、听一听、闻一闻、尝一尝,生活中的每一个瞬间都是鲜活的,那我们就要让这些瞬间变得不同寻常。因此,科学地、艺术地组织好孩子的生活,对孩子成长的帮助将是全方位的。

据我所知,我国有些家长的教育意识很强,他们喜欢将孩子的学习和生活分开,这无形中给孩子带来了压力,亲子之间少了很多乐趣。比如在公共汽车上或在马路边教孩子背唐诗,进饭店吃饭、进商场购物都要不停地教孩子认字,但他们却习惯包办孩子的生活。要知道生活上的无能对孩子发展的负面影响将是多方面的。美国有几位年轻的母亲,她们在教育自己孩子的过程中,有这样几个小故事,让我们来听听。

琳达有一天发现女儿满身都是面粉,原来女儿把面粉盆弄翻了,于是她连忙清扫起来。事后她非常后悔,因为她忘记拍照了。此后,她立下一条原则,先拍照,再处理其他,因为这样的场面过后不会再有了,女儿这样可爱的形象也不会再有。

加利福尼亚的简说,她在育儿杂志上读到了一篇很好的文章。文章说,父母当孩子发脾气时不要去压制他,但一定要待在附近,这样你的孩子就知道你在他身边。她认为这样效果很好,她说她试验了一下,她发现她女儿的坏脾气看起来不再持续那么长的时间了。有一次,她女儿坚持要在厨房的硬地板上打滚。当她提出给女儿一个枕头时,女儿说好。这样她的女儿只在地板上躺了一会儿时间,就不再吵闹了。

马里兰的吉尔有一个刚会走路的女儿,每天让女儿穿衣服令她烦恼不已。于是她就让孩子自己挑选明天要穿的衣服,然后她就用衣服架子把它们挂起来——这样会在第二天早上省下不少的时间。

加利福尼亚的茹丝每晚给孩子讲故事时,讲完一个章节,或讲完一页时,常暂停一下,鼓励孩子来"讲"剩下的,让他把这一章或这一页没有讲完的补上。孩子会为自己的这种才能而自豪,她说大人们也很惊奇孩子居然能把晚间故事讲得那么好。

那么,我们的父母在类似的情境中会是怎样的心态和作为呢?我们可以静心而思。

同样的,其他领域的研究者也对新生儿进行了类似的实验研究,研究结果同样表明,定期对婴幼儿的主要教养人进行培训和实践指导能够明显使幼儿在智力和心理上得到发展,因此,科学、适宜地对教养人进行指导也是促进婴幼儿成长的有效手段之一。

---

① 楼必生.美国家庭教育点滴[J].早期教育,2006(01):22.

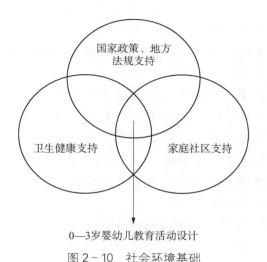

0—3岁婴幼儿教育活动设计

图 2 - 10　社会环境基础

总之，0—3岁婴幼儿教育活动需要社会从多个侧面来提供支持。

主要教养人：父母等主要教养人是孩子的第一任和最重要的教师，也是孩子最好的支持者，有必要为家长提供一些专业的有关婴幼儿早期教养的多方面指导。

婴幼儿教育活动实施者：0—3岁教育活动实施者在0—3岁婴幼儿早期教育中也扮演着重要角色，0—3岁婴幼儿一旦进入各种机构，活动实施者在他们的学习和发展方面就会起关键性作用。

家庭社区：0—3岁婴幼儿的教育活动设计可以引起家庭、社区人员关注0—3岁婴幼儿的成长关键期。家庭、社区人员也可以了解0—3岁婴幼儿的发展阶段重要性，并认识到高质量的0—3岁婴幼儿学习与早期发展能为后期的学前教育阶段、义务教育阶段的学习奠定基础。0—3岁婴幼儿教育活动设计可以提供包括0—3岁儿童的健康和安全、如何对他们进行持续和及时的照料等关键信息。

思考题

1. 0—3岁婴幼儿教育活动设计有哪些理论基础作为支撑？

2. 理论在0—3岁婴幼儿教育活动设计中指导作用大吗？为什么？如何理解教师作为教学实践的研究者？

3. 你觉得下面案例中老师的哪些策略与本章提到的哪些理论有一致性？请结合案例具体分析。

今天午餐孩子喝的汤是西红柿豆腐汤。牛牛已经把饭菜吃完了，因为今天的菜里有肉丸，肉是牛牛的最爱。牛牛此时正用小勺有一拨没一拨地扒拉着汤碗里的西红柿，扒拉了好一会，牛牛还是没有将汤舀进嘴里。我走过去对牛牛说："牛牛今天本领好大，饭菜这么快就吃完了，赶快把汤喝完，就能得第一名了。"牛牛抬头看看我说："吃饱了，汤不喝了。"联想到牛牛外婆告诉我牛牛在家和妈妈一样不吃西红柿和青菜的情况，于是我对牛牛说：

"是不是不喜欢吃番茄,那么这样吧,倪老师帮帮忙,把番茄拿掉,我们牛牛把豆腐和汤吃完。""好的。"

我帮牛牛去掉了汤里的西红柿,随后又舀了一勺汤送进牛牛的口中。汤进口,牛牛露出想要呕吐的样子,我赶紧说:"咽下去,牛牛以后就可以少生病。"听到我的话,牛牛赶紧咽了下去。"牛牛,汤是什么味道?"牛牛看着我不吭声。"有点酸",坐在牛牛旁边的昭昭开口说。"是呀,有点酸,可是蛮好喝的,对吧?"我冲昭昭说。"对的,老好吃的。""牛牛,味道还可以吧? 牛牛以前没喝过,喝喝就习惯了,倪老师也最喜欢喝番茄汤了。"

在我的鼓动和帮助下,牛牛终于将汤给喝完了。

0—3 个月婴儿的教育活动

第一节 0—3个月婴儿身心发展特点概述

一、0—3个月婴儿身心发展特点

0—3 个月的婴儿发展变化较快,尤其对于刚出生的新生儿而言,其身心发展变化可以用"日新月异"来形容。因此,对于这阶段的婴儿身心发展特点,0—3 个月龄阶段再分为"新生儿期(0—1 个月)"与"2—3 个月"分别呈现。

0—1 个月:

在新生儿一出生时,视觉能力的发展水平在各种感觉能力中是最低的,这一阶段的婴儿,视力模糊,对于光线明暗有反应,距离自己 20—30 厘米左右的东西能够看得比较清晰。他们在最初 2 周内双眼协调能力还比较弱,很难将两眼集中在一个物体上,但是发展速度很快,从第 3 周就开始逐渐稳定了。

在听觉发展方面,新生儿从一出生就有听觉,他们在刚出生的几个小时里,听力就达到一定的水平,但他们对较弱的声音不敏感,对较高的声音反应比较敏锐。对于声音的判断,新生儿一出生就能区别语言与非语言的听觉输入,对于高音,如女性的嗓音,尤其是母亲的声音最为敏感。

对于其他感官,新生儿从一出生触觉就很敏锐,他们对抚摸、温度和疼痛等刺激非常敏感;味觉是新生儿出生时最发达的感觉,而且他们的味觉偏好更倾向于甜味;嗅觉发展很好,能辨识母亲的体味。

在感知觉方面,他们已经有了初步的大小恒常性和形状恒常性的知觉萌芽,但不是很成熟。当一个物体逐渐向脸部靠近时,新生儿会产生眨眼等防卫性反应[1]。

动作发展方面,有很强的吮吸、拱头和握拳的本能反应;常常会很用力地踢脚和四肢活动;俯卧时尝试着要抬起头来。

语言能力方面,会开始产生不同的哭声,表达不同的需求。

在情感及社会方面,当看见人脸时,动作会减少,会盯着对方看;哭闹时听到母亲的呼

---

[1] 周念丽.0—3 岁儿童观察与评估[M].上海:华东师范大学出版社,2013:27—28.

唤声能安静；听人讲话或被抱着时，表现安静，并会表现独特的有特征性的姿势（如紧紧地蜷曲像一只小猫）。

2—3个月：

这一阶段的婴儿，目光能追随活动的物体转动，视力标准为0.02；有物体突然接近自己时，会引起眨眼。同时，这个阶段的婴儿在听到突然声音时会表现出眨眼、皱眉、握拳、蹬腿或全身抖动等反应。

动作发展方面，头部能够转动自如，并且随着看到的物体或听到的声音转动180度；俯卧时能够抬头45度；睡觉时，姿势可以从单一的仰卧睡姿变为侧着睡；手指可以放开，并能够用手摸东西，拉扯衣服，或者能将两手碰在一起。满3个月时，大多数婴儿会出现翻身动作（主要表现为仰卧翻身）。同时，精细动作以抓握动作为主，1个月左右，婴儿会松开手指做些抓东西的简单动作，如抓住汤勺、摇铃片刻。随着月龄的增长，他们的抓握时间更长，有时还会看看手中抓握的东西是什么。从3个月起，开始出现一些不随意的手的抚摸动作。

认知发展方面，2—3个月的婴儿主要表现出随意性和短时性。注意时间较短，一般为几秒。记忆发展主要以无意识记忆、短时记忆、运动记忆为主。他们受所生活的环境影响较大，生活环境中的物体或发生的事件与现象决定了他们记忆的主要内容。同时，他们也以各种动作、姿势、习惯和技能为主进行记忆。

语言能力方面，这一阶段的婴儿尚处在简单发音阶段。对成人引逗有反应，会发出"咕咕"声；会发a、o、e音；能辨别不同人说话的声音及同一人带有不同情感的语调。在言语交际中产生交际倾向，当外界给他语言刺激时，婴儿能做出一定程度的反应吸引成人的注意，虽然不能像成人一样交流，但他们会用微笑、动作、眼神，甚至是"嗯嗯"声予以答复，让成人看出他们对交际的趋向性。

在情感及社会方面，逗引时出现动嘴巴、伸舌头、微笑和摆动身体等情绪反应；能忍受喂奶的短时间停顿；看见熟悉的人脸会笑，会手足舞动表示欢乐，笑出声；哭的时间逐渐减少，能够开始用不同的哭声表达自己的需求。

根据0—3个月婴儿的发展水平内容，观察要点如下：

表3-1 0—1个月婴儿发展观察要点

动作与习惯	语言与沟通	情感与社会	认知与探索
• 有很强的吮吸、拱头和握拳的本能反应 • 常常会很用力地踢脚和活动四肢 • 俯卧时尝试着要抬起头来	• 喜欢注视人脸 • 有不同的哭声 • 对说话声很敏感，尤其对高音敏感	• 当看见人的面部时活动减少 • 哭吵时听到看护者的呼唤声能安静 • 听人讲话或抱着时表现安静，当抱着时，会表现出独特的、有特征性的姿势（如紧紧蜷曲像一只小猫）	• 无意识地对一两种味道有不同反应 • 眼睛能注视红球，但持续的时间很短

表3-2　2—3个月婴儿发展观察要点

动作与习惯	语言与沟通	情感与社会	认知与探索
<ul><li>新生儿时的生理反射开始消失</li><li>听力较之前灵敏</li><li>直立位头较稳,能较自如地转动</li><li>托起来坐时,头能和身体同时起来</li><li>头可随看到的物品或听到的声音转动,幅度逐渐增大</li><li>俯卧时抬头45度</li><li>仰卧位能变为侧卧位</li><li>能将两手碰在一起</li></ul>	<ul><li>开始将声音和形象联系起来,试图找出声音的来源</li><li>对成人逗引有反应,会发出"咕咕"声,而且会发 a、o、e 音</li></ul>	<ul><li>逗引时出现动嘴巴、伸舌头、微笑和摆动身体等情绪反应</li><li>能忍受喂奶的短时间停顿</li><li>看见最主要看护者的脸会笑</li><li>自发微笑迎人,见人手足舞动表示高兴,笑出声。哭的时间减少,哭声分化,用哭声表示不同的需求</li><li>能辨别不同人说话的声音及同一人带有不同情感的语调</li></ul>	<ul><li>开始注视自己的手,并出现吮指现象</li><li>常喜欢咬或拉扯布书</li></ul>

二、0—3个月婴儿教养内容与要求

（一）新生儿

新生儿刚出生时,清醒时间比较少,因此要积极提供自然睡眠的条件,保持房间空气清新、温度适宜、光线柔和、洁净温馨。按需哺乳,在哺乳的同时面带微笑注视新生儿,经常对新生儿进行肌肤抚触,与其交谈。为新生儿勤洗澡、勤换衣裤和尿布,保持其皮肤清洁和干燥。细心看护,经常对新生儿的皮肤、大小便、脐部、眼睛等进行观察。提供适量的视听刺激,让新生儿常听舒缓柔和的音乐声、玩具声和讲话声,常看会动的玩具和人脸等,适宜距离为15—30厘米。

（二）1—3个月

1个月大的时候,婴儿已经逐渐适应离开母体,可以顺应婴儿的生理节律,逐步形成有规律的哺乳、睡眠。及时添加生长所需的营养补充剂。在适宜时间内进行适宜的户外活动和户外睡眠,让婴儿接触阳光和新鲜的空气。提供便于抓握、带声响、色彩鲜艳、无毒卫生的玩具,帮助婴儿练习俯卧抬头、目光追视、抓握、侧翻等动作。经常面对面地和婴儿逗引交流,引发其对亲近的人和熟悉的声音产生反应。促使其情绪愉快,培育母婴依恋亲情。悉心辨析哭声,给予积极回应,满足婴儿不同需要。

前沿视角
3-1

婴幼儿喂养与营养指南[①]

营养和健康是实现儿童生存和发展目标的基础,婴幼儿时期的营养问题可能会导致

[①] 中华预防医学会儿童保健分会. 婴幼儿喂养与营养指南[J]. 中国妇幼健康研究,2019,30(04)：392—417.

儿童不可逆转的生长和认知发育迟缓。全球每年死亡的700多万5岁以下儿童中有50%是直接或间接地由营养不良造成的,其中2/3以上与生后第一年的喂养不当有关。婴儿期的营养不良可导致近期和远期的不良后果,近期表现为体格和智力发育迟缓、患病率和死亡率增加,远期后果为影响儿童智力潜能的发挥、学习和工作能力下降、生殖能力及患慢性病的危险性增加。

第二节　早教机构中0—3个月婴儿的教育活动设计与指导

基于对0—3个月婴儿的发展水平的不同观察要点,这一阶段的教育活动设计与指导将围绕动作与习惯、语言与沟通、情感与社会性、认知与探索四大领域展开。在不同领域,结合本月龄阶段的发展特征进行有针对性的活动设计与建议。

一、动作与习惯

刚刚出生的婴儿的动作以粗大动作为主,这些动作基本上为反射动作,其中抽缩反射就是一种重要的反射动作。脚缩回、膝盖和臀部弯曲,就是这一反射动作的主要表现。用力地收脚与踢脚是利用这一反射动作进行的活动设计。

活动3-1: 踢踢乐

活动价值:

(1)此月龄的宝宝常常会很用力地踢脚和活动四肢。

(2)通过五彩气球引起宝宝的踢球兴趣,激发宝宝踢球欲望,锻炼宝宝腿部力量和灵活性。

活动准备:

多种颜色的气球若干。

活动流程:

1. 示范互动:好玩的气球

(1)教师介绍游戏玩法及活动价值。

(2)教师将五彩缤纷的气球吊起,高度以宝宝躺着、脚踢起来就能蹬到的位置。

视频　踢碰气球

(3)教师让宝宝平躺,用语言吸引宝宝,鼓励宝宝用脚去碰气球,当气球动起来并弹回去后,再让宝宝用另一只脚去碰气球,并用亲切的话语告诉宝宝:"宝宝,气球飞起来啦,宝宝真能干。"

2. 亲子互动:碰碰气球

（1）成人将几种颜色的气球吊起，用手部动作指指气球，引导宝宝关注到气球，并鼓励宝宝尝试碰碰气球。

（2）成人让宝宝平躺，鼓励宝宝用脚去踢气球，并说："宝宝，小脚去碰气球喽！"

活动提示：

（1）当宝宝自己没有出现预期的动作时，成人可握着宝宝的脚，帮助宝宝用脚蹬气球，也可以用气球去触碰宝宝的脚，引起宝宝蹬踢的兴趣。

（2）成人也可用儿歌的方法吸引宝宝，引起宝宝对游戏的兴趣。比如："宝宝，气球飞呀飞，气球飞起来喽！"

二、 语言与沟通

新生儿一出生就有听觉，而且他们的听觉阈限较高，喜欢听较高分贝的声音，对较高的声音反应敏锐。他们具备一定的听觉定位能力，在听到声音后能判断声音的发生方向和位置。需要通过引导进一步锻炼与增进听觉敏感度与定位能力。

活动３-２： 好听的声音在哪里

活动价值：

（1）此月龄段的宝宝，对说话声很敏感，尤其对高音敏感。

（2）活动中采用发声玩具逗引宝宝，刺激宝宝的听觉，不断提高宝宝的听觉能力，并尝试寻找声音的来源。

活动准备：

有声响的玩具（如拨浪鼓）。

活动流程：

1. 示范互动：好听的声音

（1）教师介绍此活动的价值。

（2）宝宝仰卧着，教师用发声玩具吸引宝宝的视线，还可边摇晃边慢慢把玩具移到侧面引起宝宝转头注视。

（3）教师辅助宝宝侧翻注视玩具，引导宝宝找找声音的来源。

2. 亲子互动：好听的声音

（1）成人用玩具吸引宝宝视线："宝宝，这是拨浪鼓，咚咚咚，咚咚咚，小鼓发出声喽！"

（2）成人慢慢移动拨浪鼓。

3. 亲子游戏：找声音

（1）成人可把有声玩具放在宝宝的手里，和宝宝一起摇摇晃晃。

（2）成人摇动有声玩具，吸引宝宝的注意力。边摇动玩具，边移动。

（3）将有声玩具直接放在宝宝的一侧摇动，引导宝宝转头找声音的来源。

活动提示：

（1）摇动玩具时要用语言与宝宝交流。如："咚咚，好听的声音在哪里？"引导宝宝追随声音。

（2）成人要等宝宝的眼睛注视到玩具后，再开始移动，让宝宝寻找到声音的源头。

三、情感与社会

0—3个月的婴儿社会性发展尚处于萌芽阶段，对于自我和他人的区分还不是很清晰。虽然在这一阶段没有形成真正意义的依恋，但他们也借由生理性情绪向成人表达自己的生理需要并借由一些简单的行为回应成人的声音，建立并维持与父母的关系。

活动 3-3：听妈妈唱歌

活动价值：

（1）此月龄段宝宝听到母亲的呼唤声能安静。

（2）活动中让宝宝感受到妈妈歌声的动听，增进亲子感情。

活动准备：

安静的环境、音乐《摇篮曲》。

活动流程：

1. 示范互动：好听的歌声

（1）教师介绍游戏名称及活动价值。

（2）教师抱着宝宝，对其说："宝宝，老师唱歌给你听。"

（3）教师用丰富的表情，轻柔的声音唱歌，激发宝宝愉快的情绪。

2. 亲子互动：成人的歌声

（1）成人抱着宝宝，对宝宝说："宝宝，妈妈唱歌给你听。"

（2）成人唱摇篮曲或舒缓的歌曲，如果宝宝表现出愉快的情绪，成人可以反复唱同一首歌。

（3）成人边唱边轻轻地、有节奏地拍或晃动宝宝。

3. 亲子游戏：听妈妈唱歌

让宝宝躺在柔软的毯子上，成人和宝宝说说话，唱唱歌曲。可念"摇啊摇，摇啊摇，摇到外婆桥"或"我对妈妈哈哈笑，妈妈对我哈哈笑"等简单轻柔的儿歌。

活动提示：

（1）成人唱歌时要注意与宝宝有眼神、表情的交流。

（2）如果宝宝吵闹，可换歌曲或停止唱歌；如果宝宝情绪愉悦，成人可反复唱歌，并根据儿歌内容做简单动作。

四、认知与探索

有研究表明，刚出生的婴儿对人脸的图片表现出较高的兴趣，并能模仿成人的面部表情,这是类似本能的反应。伴随着这种本能的反应,婴儿逐渐对他人表现出兴趣,并愿意对他人进行表达表现。

在小月龄的认知与探索方面进行表达表现的教育活动设计时,要提供给婴儿不同的面部动作,如咧嘴笑、做鬼脸,使他们体会到对愉快和友善的表达。同时也让宝宝逐渐学会模仿这些面部动作或微笑,丰富他们的表达表现经验。

活动3-4：对眼睛

活动价值：

此月龄段的宝宝,当成人逗引他时会出现微笑、摆动身体等反应。通过游戏激发宝宝愉悦的情绪,发展其手眼协调的能力。

活动流程：

1. 示范互动：亮眼睛

(1) 教师向成人介绍"对眼睛"游戏的活动价值。

(2) 教师示范与宝宝"对眼睛"的方法与注意点。重点：注意与宝宝的距离保持20—25厘米,目光要温柔。

2. 亲子互动：对眼睛

(1) 对眼睛游戏。成人距离宝宝面部20—25厘米,让宝宝注视到成人的眼睛,成人和宝宝进行目光交流,温柔地注视。

(2) 表情秀。成人尽可能慢慢、重复伸出舌头,1次/20秒,共6—8次。

3. 亲子游戏：找眼睛

(1) 当宝宝的目光能与成人对视后,成人用手蒙住自己的双眼,对宝宝说："宝宝,眼睛在哪里?"然后,快速把手移开,逗引宝宝。

(2) 轻轻蒙住宝宝的眼,快速移开手,逗引宝宝,成人微笑着面对宝宝。

活动提示：

(1) 成人的目光一定要温柔,亲切。当宝宝与成人的目光对视后,成人可眨眨眼睛。

(2) 当宝宝身体活动减少时,说明宝宝对成人的逗引有了反应。

第三节　家庭中0—3个月婴儿的亲子教育活动

对于刚刚出生的婴儿,他们对于离开温暖的子宫,独自面对陌生的世界充满恐惧。因此,家长在与这一月龄的婴儿进行亲子互动时,最重要的是给予他们足够的安全感,让他们感觉到被稳稳地怀抱或支撑并能在此基础上进行简单探索,帮助他们发展感知觉。

活动 3-5：和宝宝玩浴巾

材料准备：

一条浴巾或者小被子。

玩法介绍：

玩法一：给宝宝洗完澡后，让宝宝仰卧在长方形的浴巾或小被子上，爸爸妈妈分别抓住浴巾的四个角，让浴巾离开桌面 30—40 厘米的高度。同时，爸爸妈妈要缓缓地左右摇晃浴巾，一边摇晃一边对宝宝说："摇摇晃晃、摇摇晃晃、摇摇躲着的小宝宝。"

玩法二：妈妈还可以用双臂抱着宝宝，大幅度地左右摇晃，将宝宝迅速举高，然后再慢慢放低，再迅速举高、再放低，这样重复几次。

玩法三：把宝宝放在浴巾上，然后用浴巾裹住宝宝的身体玩"包春卷"的游戏，"包春卷，包春卷，妈妈推，宝宝滚，噢！春卷做好咯。"

给家长的一段话

这一月龄段的婴儿比较容易疲劳，睡眠时间相对较长。因此，当发现游戏中宝宝有任何疲倦表现，例如当宝宝松手不愿意抓紧毛巾时，表明他累了，这时应该停止游戏。同时，家长也要注意对活动幅度的控制，可能当幅度过大、速度过快时，婴儿会恐慌，并表现出不愿继续游戏，此时应该停止游戏。

在三种玩法中均要注意力度的变化，有时候放轻一些，有时用力一点，以帮助宝宝感受不同的力量。

活动 3-6：小飞机

材料准备：

儿歌《小飞机》。

玩法介绍：

玩法一：在地上坐起来，两膝弯曲，让宝宝的肚子靠在成人小腿上，然后稳稳地扶住宝宝，成人身体向后躺到地板上，同时把双腿慢慢抬起到空中。成人小腿应该与地面平行，而宝宝则舒服稳妥地趴在上面。如果能舒口气，就一边说着"飞机飞，飞呀飞，飞走啦"一边把宝宝抬到空中。

玩法二：根据自己的体力和身体技巧，成人可以向前后左右各个方向运动双腿，让腿上的宝宝向各个方向"飞翔"，然后慢慢把宝宝放下来，平稳"降落"。

玩法三：将宝宝伏爬放在成人的手臂上，成人抱着宝宝做飞上飞下的动作，"小飞机飞高喽，小飞机飞低喽！"

给家长的一段话

在不同的玩法中，家长可以配合相应动作进行语言支持，例如"小飞机起飞啦"、"向左飞飞"、"向右飞飞"、"我们要降落啦"，丰富婴儿的语言经验与感知能力。

在与宝宝做游戏时一定要缓慢轻柔，注意不要扭伤宝宝的手和脚。控制好练习时间，频率和强度不能太大，次数不要太多，以免宝宝过累。宝宝不熟悉游戏时，可能会害怕，这时候应鼓励宝宝勇敢，不害怕。但如果宝宝确实非常害怕，哭闹着不肯玩则不要勉强。

第四节　0—3 个月婴儿教育的常见问题及对策

一、宝宝依赖抱睡，放床就醒

案例 3-1

元宝的妈妈最近比较头疼，元宝现在 1 个多月，喜欢成人抱在怀里睡觉，看上去都睡得挺香了，但只要把他放在床上，就会马上醒。因为担心宝宝睡眠不足会影响元宝长身体，所以家里大人们只能轮流抱元宝睡觉，夜里也是如此，得轮流抱着睡，一家人累得筋疲力尽、人仰马翻。

原因分析：

新生儿阶段依赖抱睡是有原因的。小婴儿才出生便要面对他不熟悉的外部世界，这外部世界不似妈妈的子宫那么急迫、温暖、湿润，所以会给宝宝带来不安定的焦躁感。抱睡提供了与子宫相似的环境，如果边抱着边吃奶睡着的话，想必对宝宝来说肯定是天下第一美事。抱睡是一件非常自然的事，就和奶睡一样，会令宝宝感到舒适自在，在新生儿阶段也是不需要刻意去避免的。但是随着宝宝的月龄增长，在床上睡会带来更具有修复力的睡眠。

教育建议：

（1）先睡够，再睡对。0—3 个月时，抱睡并不会养成依赖，也不会宠坏你的宝宝。为了让宝宝可以保证足够的睡眠量，建议这个时期的宝宝"先睡够，再睡对"。所以如果抱睡在并不困扰的情况下，可以增长宝宝睡眠的时间，确实是没有必要纠正的。如果家长吃不消抱睡，那也不需要刻意强求，可以试试看迷糊而醒着时就放床睡，或者哄睡着了放床睡。因为宝宝的内耳前庭觉发育未成熟的缘故，在放床时是会感觉到落差的存在。同时，宝宝在进入睡眠之后会先进入浅睡眠，再进入深睡眠，所以当刚睡着后就放床的话，宝宝会容易被放床的动作干扰，从而醒来。

（2）掌握放床技巧。放床时机要找准。为了尽可能地成功，最好可以在宝宝进入到深睡眠之后再尝试放床。深睡眠的表现为呼吸均匀平静,抬起宝宝的手臂再松开可以自然垂落的话,就表示宝宝进入到深睡眠阶段了。

放床避免明显的垂直落差。放的时候避免弯腰直接放下去,可以按照空中画Z字的方法,一点点降低,直到"安全着陆"。同时,为了方便,哄睡时也可以拿个垫子(比如哺乳枕)垫在宝宝身下,放床时连同垫子一起放。

先放屁股后放头,放到床上之后,先不要立即抽手,一只手仍然垫在宝宝的身下,另一只手轻拍宝宝。在拍的过程中,另外一只手慢慢地抽出。抽出之后,另一只手继续拍一会儿以巩固效果。哄睡时胳膊上垫个毛巾,这样可以防止放床时宝宝感受到温度的差异而醒来。

二、宝宝总是"莫名大哭"

案例
3-2

辰宝(2个月大)的妈妈是新手妈妈,她最近觉得很困惑。为什么宝宝喝好奶还是一直不停地哭闹,是没有吃饱吗?还是奶水量不足宝宝不够吃呢?

原因分析:

有研究表明,约有一半的新生儿一天之中哭闹的时间超过两小时,有1/5的新生儿无休止地号啕大哭反复发作。哭是小宝宝的本能反应。小宝宝还不具备语言表达能力,哭闹是他们表达感情、对外界刺激反应的重要方式,也是提出各种要求和意愿的表达形式,充满着丰富的感情色彩。宝宝不同的哭声表示自己不同的需求和反应,年轻的父母应该通过察颜辨声来熟悉和了解宝宝的这种独特的语言,根据宝宝哭声的高低、强弱、面部表情及手舞足蹈的程度来综合判断、细心观察,就能正确地理解和寻找啼哭声中所表达的真正含义和原因。宝宝哭泣所代表的信息是多层面的,大约可分为生理需求、心理反应、病理状况三种。当宝宝哭时一定要弄清宝宝的哭是属于何种原因,属于生理或心理需求的哭泣是正常的,要用关爱的态度去安抚和满足他们。如果是疾病引起的哭泣,就必须请医师诊治。

生理需求的哭往往是以下原因造成的——尿布脏了或湿了,喝奶时间到了,渴了,太热或太冷,太吵,光线太亮或太暗。宝宝这些基本生理需求的哭泣是比较好解决的,只要满足宝宝的要求就可以了。

心理需求的哭声比较小,有时会盯着大人或伸出双手,这表示宝宝只是想要抱抱,想要有人陪他玩。这时家长只要逗着、哄着他玩就会停止哭闹了。当大人拥抱时,能让宝宝感到满足与愉悦,所以父母应该在宝宝两岁前多抱抱他,让宝宝感受到关爱。

病理状况的哭。假如宝宝哭声比平常尖锐而凄厉,或握拳、蹬腿、烦躁不安,不论怎么抱也无法搞定,就可能是生病了。当身体不适引起疼痛的感觉时,不会说话的婴儿一定会用肢体语言和哭声来表达,而且哭声特别尖锐或凄厉。胃肠道系统、呼吸道、脑部问题、泌尿生殖系统、重金属和药物中毒、大人吸烟或吸毒等,都会引起宝宝的异常哭泣。

教育建议:

(1)通过观察,了解宝宝哭的原因。一般来说,我们应该在第一时间排除病理上的原因。如果是生理需要导致的哭闹,只要马上处理,就可让宝宝立即得到满足;如果是心理需求导致的哭闹,则需要来自成人的耐心安抚,一个拥抱、一个亲吻,甚至摸摸宝宝的小脑袋,都会让宝宝的安全感和自信心飙升。

肚子饿了是小宝宝哭泣最通常的原因,因此给宝宝喝奶是让宝宝停止哭泣最有效的方法,有时也可以喂一些水,因为小宝宝也可能是口渴了。宝宝尿湿了或大便后也会哭闹不停,这时妈妈只要给小宝宝替换干净的尿布,他舒服了自然就会停止哭闹。

(2)转移宝宝的注意力,也是让宝宝停止哭闹的有效办法。大部分宝宝对声音都会有反应,一些可发出悦耳声音、铃声的小玩具都会吸引宝宝的注意力,而让宝宝安静下来。小镜子也有同样的功效,看到镜中的自己,宝宝会因为好奇,觉得有趣而静下来。给宝宝一些色彩鲜艳的物品如图书,宝宝可能看得着迷而忘了哭泣,或是抱着宝宝到处走动,都是转移注意力的好方法。另外,模仿宝宝的动作、逗逗宝宝或是做鬼脸给宝宝看,都能引起宝宝发笑,停止哭泣。

三、宝宝爱吃"迷糊奶"

案例 3-3

咪咪妈妈是2个月宝宝的妈妈,她现在困惑的问题是咪咪醒着的时候从不找奶吃,饿了宁愿吃手都不吃奶,一吃奶就哭就打挺,只有想睡觉的时候才吃点迷糊奶,以前瞌睡多的时候吃得还多点,现在大了瞌睡少了一天吃得更少了,奶瓶也不吃,奶粉也不吃,喂点米乳也只吃一点点,这样长时间下去会不会影响生长发育啊?

原因分析:

所谓"迷糊奶"其实就是宝宝在快要睡着很迷糊的时候乖乖喝下的奶,实质上就是宝宝生理性厌奶。一般到宝宝4—6个月大时,喝奶量开始减少,胃口不佳,0—3个月与4—6月之间可能会发生常见的宝宝"厌奶"现象。家长为了保证宝宝的进食量不因此而减少,绞尽脑汁地为了让宝宝多喝点奶,"迷糊奶"也因此而来。事实上,厌奶期的宝宝只是奶量暂时减少,通常一个月左右就会自然恢复食欲。

另外,吃迷糊奶的原因也可能是母亲喂养方式的问题,有的家长为了哄孩子睡觉,形成了喝奶入睡的习惯,长此以往,宝宝形成了爱吃"迷糊奶"的习惯,这样的养育方式也不利于宝宝的健康和生长发育。

教育建议：

（1）让宝宝有适当的饥饿感。面对孩子的迷糊奶，成人可以采取的第一种方法就是让宝宝多饿一会儿。因为总得来说，饿了就吃，这是人类的常态，也是正常的生理特点。要让宝宝恢复它正常的喝奶程序，就要让他恢复饥饿感觉。一旦有了饥饿的状态，孩子喝奶也会趋于正常。

（2）按照需求给宝宝喝奶。改变一下孩子喝奶的方式，以前孩子的喝奶时间以及喝奶的奶量都是固定的，但是当孩子处在厌奶期，可以采用饿了就吃、按照需求来给他喝奶的方式进行，或者多和宝宝玩一些游戏，消耗他的体力。

（3）使用奶瓶喂养的家长，可尝试更换宝宝的奶瓶。有的时候宝宝不爱喝奶，是因为奶瓶需要吮吸力很大，家长可以更换一下更大孔眼的奶瓶，让宝宝吮吸更省力，毕竟如果奶瓶的孔眼太小，宝宝喝奶是很费力的。尽量选择防胀气的奶瓶，软嘴奶瓶也更适合小月龄的宝宝。

（4）顺其自然地让宝宝渡过厌奶期。成人都会担心，孩子总是不喝奶，或者是喝奶太少会长不高，影响身高发育，所以总会采取强迫的方式。其实采用强迫让宝宝喝奶的方式反而会让孩子的厌奶期无限制地延长，因为成人的焦虑，会给孩子一种恐惧的感觉，而采用顺其自然的方式，很有可能孩子在两周左右就会顺利地渡过厌奶期。

思考题

1. 0—3个月婴儿需要哪些营养？喂养、睡眠和大小便照料时要注意哪些问题？

2. 0—3个月婴儿认知发展的趋势与特点是什么？

4—6 个月婴儿的教育活动

第一节 4—6个月婴儿身心发展特点概述

一、4—6个月婴儿身心发展特点

此阶段婴儿的视觉、听觉、触觉、味觉和嗅觉各方面都有了较大幅度的提高。

视觉得以继续发展,4—6 个月的婴儿已经可以较准确地定位物体。视觉集中力较前一阶段成熟而稳定,实现可以准确瞄准物体并随物体移动的路线一致移动这一动作。视觉集中的时间和距离都在逐渐延长。视敏度快速发展,这一阶段的婴儿,能盯着一样物体仔细看,能看到约 75 厘米远的物体,视力标准 0.04。开始识别基本的色彩,4 个月的婴儿在颜色视觉方面开始趋于稳定,哪怕在光照条件差异很大的情况下,仍能保持颜色识别的正确。在 4—5 个月之后,颜色视觉已基本与成人接近,但对同一种类型颜色的差异区分并不明显,如粉红色和玫红色、浅黄色和深黄色。同时,与前 3 个月相比,这一阶段的婴儿可以注视更多的图案细节,喜欢复杂的图案。深度知觉产生,在"视觉悬崖"装置中证明,6 个月的婴儿已经有了深度知觉,婴儿深度知觉的发展与他们的运动经验有关,那些有丰富运动经验的儿童深度知觉发育得更快更好[①]。

在听觉方面,4—6 个月的婴儿对声音的定位能力也得到了大幅度提高。能在黑暗中准确地朝向发声物体,并开始对声音的愿景做出判断。对愉快优美的音乐较为敏感,能跟随音乐进行不同步但却不断重复的身体运动,以表达其愉悦之情。对于家人或他人呼唤其名字能有反应,在听到言语或夹杂在语言中不同的音素时会产生不同反应。能识别出母亲的声音,而且能判断出妈妈叫的是他的名字还是别人的名字。

在触觉方面,4—6 个月的婴儿开始感受到更多的触觉层面,除了一些敏感部位,他们的其他部位也越来越有感受力,变得更灵敏、更细致。他们不仅对温度、疼痛等有感觉,还开始对物体的质地、硬度等产生认识,也出现越来越多的口腔探索活动。

在味觉和嗅觉方面,4—6 个月的婴儿开始喜欢有别于甜味的味道,愿意接受咸味食物了,这一改变为他们接受固体食物做好了准备。他们的嗅觉也更灵敏,能辨别出更多气

---

① 周念丽.0—3 岁儿童观察与评估[M].上海:华东师范大学出版社,2013:12—13.

味,即使气味远一些淡一些,他们也能闻到。

动作发展方面,4—6个月的婴儿对头、颈部的控制进一步加强,能将手臂伸直支撑在支撑面上来托起头部和胸部,在6个月时还能在仰卧位把头抬离地面;俯卧时,可以抬头90度。可以靠着东西坐稳,自己坐着时身体会有些前倾;能够自己翻身;在大人帮助下能站起来。抓握动作进一步发展,抓握东西越来越牢,手指动作也变得越来越灵活。当他们抓住物体时,就开始用简单的方式摆弄起来。可以使用双手拿起面前玩具,将玩具从一只手换到另一只手时仍稍显笨拙;会将拳头放在嘴里,喜欢把东西往嘴里塞,会撕纸、玩手、扒脚。

认知发展方面,随着4—6个月婴儿的各种感知觉能力、头颈控制能力、手指抓握能力的发展,婴儿不仅能从更多的角度、更大的范围探索事物,也可以更加细致地观察事物。注意事物范围、维度的增长使婴幼儿对各种物品的平均注意时间变长。探索活动更加主动、积极。他们更加偏爱更有意义和复杂的视觉对象,物体越复杂注视时间越长。长时记忆能力有了较大发展,他们所习得和掌握的知识、技能可以保持数天甚至数周。视觉记忆有了明显的抗干扰能力,当婴儿一旦获得了某种视觉经验,就很难被后来的视觉经验影响或干扰。开始对熟悉和不熟悉的事物进行区分,并能从他们的表情和选择中加以辨别。[①]

语言能力方面,4—6个月的婴儿与之前相比更乐于表达自己的意愿。处于言语知觉的语音阶段,能辨别音色、语调、语气,能够从成人的话语语调、语气里察觉到此人的态度情绪。处于言语发音的连续音节阶段,会咿呀作语,开始发如 d、n、m、b 之类的音;尝试学习言语交际规则,出现交际规则的雏形,看见熟人、玩具能发出愉悦的声音;听到自己的名字会转头看。

在情感及社会性方面,4—6个月婴儿的情绪从愉快和不愉快两极(即安静和哭泣两种状态)的基础上逐渐分化出更为复杂的情绪,如快乐、好奇、愤怒、厌恶等。当婴儿感到快乐时,他们会睁大眼睛出现微笑;当父母与他们说话时,他会睁大眼睛注视着大人的面孔;当吃饱喝足之后,双眼会愉悦地打量着周围的世界不时地晃晃胳膊,偶尔还会发出咯咯的笑声;当将其独处或别人拿走他的小玩具时会表示反对;当婴儿饿了、渴了、尿布湿了就会满脸涨红地大哭以表达自己的愤怒情绪,如果这种不适感觉不能得到及时解决,他们的哭闹还会进一步升级;当婴儿独自一人感觉很无聊或遭受饥饿、疼痛等不适情况而成人未及时赶到采取措施时,就会感觉很悲伤,通常会很伤心地哭泣,甚至还可能伴有闭眼、号叫、蹬腿等动作;当一些鲜艳、新奇、运动的刺激物引发婴儿好奇时,他们会瞪着好奇的眼睛追视。

根据4—6个月婴儿的发展水平内容,观察要点如下:

---

① 周念丽.0—3岁儿童观察与评估[M].上海:华东师范大学出版社,2013:95.

表4-1 4—6个月婴儿发展观察要点

动作与习惯	语言与沟通	情感与社会	认知与探索
• 靠坐稳,独坐时身体稍前倾 • 俯卧抬头90°,能抬胸,双臂支撑,学习翻身 • 扶腋下能站直,扶其站起时,能在短时间内自己支撑 • 双脚会有意识地蹬踢,后期开始尝试爬行 • 双手能拿起面前玩具,能把玩具放入口中 • 能主动抓住玩具,开始将玩具从一只手换到另一只手,但仍显笨拙 • 双手能自己扶奶瓶吮吸	• 看见熟悉的人与陌生的人有不同的反应 • 会用目光找寻物品,如手中玩具掉了,会用目光找寻 • 咿呀作语,开始发辅音,如 d、n、m • 看见熟人、玩具能发出愉悦的声音 • 呼他名字会转头看	• 会对着镜子中的像微笑、发音,会伸手试拍自己的镜像 • 随着看护者情绪的变化而变化自己的情绪 • 看到看护者时,会伸手举起,期望被抱 • 能辨别陌生人,对熟悉的人有偏爱 • 开始怕羞,会害羞转开脸和身体 • 高兴时大笑 • 当将其独处或别人拿走他的小玩具时会表示反对 • 会用哭声、面部表情和姿势动作与人沟通	• 喜欢把东西往嘴里塞,会扯纸 • 开始注意看图书,常抓起书试着放进嘴里

二、4—6个月婴儿教养内容与要求[①]

这一阶段的婴儿动作能力发展迅速,并将逐渐形成一些固定的生活习惯。因此,要注重保证婴儿充足的睡眠时间,逐渐养成其自然入睡、有规律睡眠的习惯。按月龄逐步添加辅助食品,逐渐形成定时喂哺的规律。帮助婴儿学习翻身和靠坐,练习主动伸手抓握玩具、双手扶奶瓶等动作。提供婴儿辨认周围生活环境中的人、物和事的机会。帮助婴儿学习辨别亲近的人的声音,呼其名字时会转向发声的方向,用"咿呀"声与人交流。引发婴儿对熟悉的音乐有愉快的情绪反应。在盥洗中,引导婴儿乐意接受洗脸、洗手、洗屁股、洗澡。经常保持其手、脸等处皮肤的清洁干燥。

前沿视角
4—1

早期教育对 0—3 岁小儿生长发育的临床影响分析[②]

早期教育对于小儿生长发育的促进意义具体表现在:一方面,促进小儿体重增加与身高的快速增加,从而为后续的身体发育奠定更好的基础条件,促进小儿未来外在形象的改善,本研究显示,实验组干预后平均身高增加值(3.76±0.31)cm、平均体重增加值

[①] 上海市教育委员会. 上海市 0—3 岁婴幼儿教养方案[Z]. 上海市教育委员会办公室,2008:3—4.

[②] 王昕颖、鲍镜伊、梁艳军、赵宝权. 早期教育对 0—3 岁小儿生长发育的临床影响分析[J]. 中国实用医药,2020,15(04):167—169.

(3.26 ± 0.42)kg 均高于对照组的(2.97 ± 0.27)cm、(2.80 ± 0.36)kg,差异均具有统计学意义$(P<0.05)$。有学者指出实施早期教育干预措施,能够改善小儿体质与饮食生活的健康习惯,最终促进小儿在生理层面的生长发育。另一方面,对0—3岁小儿进行针对性的智力训练、情感训练及社会交往的训练,能够更好地促进小儿发育商的提升。对于0—3岁小儿实施智力方面的训练,是早期教育的核心,对于小儿的影响十分深远。叶三秀等学者认为早期教育能够促进0—3岁婴幼儿智能发育,从而为优生优育做出贡献,促进小儿后续的全面、高水平发展。本文研究结果显示,干预前,两组幼儿发育商评分对比,差异无统计学意义$(P>0.05)$;干预后,两组幼儿发育商评分均较干预前有所提高,且实验组幼儿发育商评分高于对照组,差异均具有统计学意义$(P<0.05)$。

综上所述,在0—3岁小儿生长发育的过程中实施早期教育,更加有助于小儿的体重增加、身高增高与小儿发育商增高。

第二节　早教机构中 4—6 个月婴儿的教育活动设计与指导

4—6个月的婴儿在各方面的发展水平上都较之前一阶段有大幅提升。随着各类动作技能发展,开始进入尝试爬行阶段,探索世界的范围不断拓展。同时,对外界的刺激与反应更为敏感且有分辨性。这些都为更丰富的教育活动设计与指导提供了婴儿身心发展基础。

4—6个月龄婴儿的教育活动设计与指导将继续围绕动作与习惯、语言与沟通、情感与社会、认知与探索四大领域展开。

一、动作与习惯

4—6个月婴儿动作发展主要表现为加强躯干的控制,与0—3个月的婴儿相比,他们明显能更多借助手臂力量进行更多的躯体下部与下肢的动作,例如独自坐着、尝试扶站等,下肢力量有明显的发展。

促进婴儿粗大动作的发展,设计有趣的集体游戏是极为有效的途径。因为模仿和好动是这一阶段婴儿行为的最大特点,让他们在听、看示范动作的过程中,与成人一同尝试运动活动的乐趣。

活动4-1: 小动物来锻炼

活动价值:

(1) 此月龄段的宝宝扶腋下能站直,扶其站起时,能在短时间内自己支撑。

（2）通过游戏发展宝宝腿部力量及前庭功能，激发宝宝愉快情绪。

活动准备：

儿歌《小动物来锻炼》，仿真娃娃。

活动流程：

视频　小动物来锻炼

1. 示范互动：可爱的小兔

（1）教师分别出示小兔、小鱼、小鸟，"宝宝，这是谁呀？"

（2）教师用仿真娃娃示范动作。

小兔跳跳：教师半蹲，双手扶住仿真娃娃的腋下，边念儿歌边做动作："小兔小兔地上跳，跳跳跳，跳跳跳。"

小鱼游游：教师双手扶住仿真娃娃的腋下腾空抱起，边念儿歌边做动作："小鱼小鱼水里游，游游游，游游游。"

小鸟飞飞：教师一手托住宝宝的胸前，一手托住宝宝的大腿，将宝宝俯卧状托起，边念儿歌边做动作："小鸟小鸟天上飞，飞飞飞，飞飞飞。"

2. 亲子互动：和小动物做游戏

（1）成人和宝宝一起跟着儿歌的节奏拍手，熟悉儿歌。

（2）成人扶着宝宝，跟着儿歌的内容做相应动作。

3. 亲子游戏：学学小动物

教师念儿歌，成人和宝宝共同做游戏。

活动提示：

（1）当教师出示小动物时，成人可重复说小动物的名称。

（2）小兔跳时，成人鼓励宝宝用自己双脚的力量蹬。小鱼游时，视宝宝的情绪状态，摆动的幅度可由小到大，速度由慢到快，还可以左右摆动。

二、语言与沟通

在原来的发音基础上，4—6 个月的婴儿会发出更多的重复连续的音节，他们的言语发音变得复杂，对成人的连贯、有韵律的儿歌语言会更加敏感。而且他们对成人话语能及时用自己的声音回应，形似"一问一答"的模式，同时也会用辅助动作来表达自己意愿。这也使得互动性的儿歌开始适合在这一月龄阶段进行运用。

针对这一月龄的语言发展特点，可以多与婴儿进行面对面的语言游戏，成人用嘴发出各种不同声音丰富婴儿对复杂音节的敏感度。可以结合一些语言简单、有重复性的、朗朗上口的儿歌与他们互动，让他们模仿和重复，这对其脑部发育十分关键。

活动 4-2：手指操

活动价值：

（1）此月龄段的宝宝，开始可将两手碰在一起，有时还会注视自己的小手。

（2）通过做手指操，锻炼宝宝手指的灵活性，促进其触觉发展，增进成人与宝宝的情感交流。

活动准备：

轻松愉快的音乐。

活动流程：

1. 示范互动：宝宝的小手

（1）教师介绍此活动的价值。

（2）宝宝躺在床上或软垫上，教师用语言逗引宝宝，并抚摸宝宝的小手说："这是宝宝的小手。"

（3）教师用自己的大拇指和食指逐一轻轻抚摸或捏压宝宝的每一个手指和足趾，边捏边念儿歌："大拇哥，二拇弟，中轱辘，四小弟，五小妹，爱看戏。"

2. 亲子互动：手指操

（1）成人拿起宝宝的小手说："这是宝宝的手，这是宝宝的手指。"捏住宝宝的两根食指，相碰，嘴里念："手指、手指碰碰。"

（2）成人用大拇指和食指逐一轻轻抚摸或捏压宝宝的每一个手指和足趾，边捏边念儿歌。

3. 亲子游戏：拍拍小手

（1）成人握住宝宝的手腕，将宝宝的两小手相对，跟着音乐拍手。

（2）成人的大手和宝宝的小手对拍。

活动提示：

（1）成人要用亲切的语言和宝宝交流，并跟着语言节奏做动作。

（2）成人捏压宝宝的小手时注意力度要适中。

三、情感与社会

4—6个月婴儿有了自我知觉，也因此有了一定的主动性，对自身的控制性和自我意识加强。同时，对情绪有了进一步的分化，外界刺激能激发他们更为复杂的情绪感受，并能够通过不同方式作出回应。而婴儿也逐渐发现自己的一些行为会引起他人的愉悦情绪，尝试通过自己的微笑或欢快的叫声吸引他人的注意。

面对这一月龄阶段的婴儿更为复杂的情绪变化，成人需要有更多细微观察与注意，在有需要时及时进行温馨交流与安抚。当注意到婴儿情绪变化带来的不适，可以用温和简单的话语和他们交流。

活动4-3：斗斗飞

活动价值：

（1）此月龄段宝宝，当成人逗引他时会出现微笑、摆动身体等反应。

（2）通过游戏激发宝宝愉悦的情绪，发展其手眼协调的能力。

活动准备：

仿真娃娃。

活动流程：

1. 示范互动：手指动一动

（1）教师用仿真娃娃示范：捏住娃娃的食指，把娃娃的两只手的食指尖对碰再分开，边做动作边说"碰碰、飞飞"。

（2）教师介绍活动价值。

2. 亲子互动：手指做游戏

宝宝躺在柔软的地毯上，成人用食指和拇指捏住宝宝的食指，把宝宝的两只手的食指尖对碰说"碰"，再把宝宝的两食指分开说"飞"。

3. 亲子游戏：斗斗飞

（1）成人抱着宝宝，拿起宝宝的小手对宝宝说："宝宝，这是宝宝的手，这是宝宝的手指。"

（2）成人握住宝宝的两根食指，边念儿歌，边做并拢和分开的动作。

儿歌："斗斗虫，斗斗虫，虫虫斗斗飞。"每念一个字时食指尖对碰一次，念到"飞"时，食指分开。

（3）游戏可重复做几次。

活动提示：

（1）成人要用夸张的语言和动作做"飞"，逗引宝宝。

（2）对宝宝来说，两只手指尖相碰的难度很大，成人要耐心引导。

四、认知与探索

4—6个月的婴儿已经分化出了更为复杂的情绪体验，如快乐、好奇、愤怒等。重要的是，他们能够通过不同的表情、动作、神情来表达表现不同的情绪体验。这就是萌芽状态的认知探索和表达表现形式，而表达自我情绪也是任何表达表现形式中最关注的内容。

针对这一月龄阶段的婴儿，最重要的是让他们能够表现出自己的感受，成人需要及时地捕捉与观察，并对婴儿的各种表现做出及时回应，让他们感到自己的表达表现受到重视，也从成人的反应中学到合理地表达自己。

活动 4-4：哈哈笑

活动价值：

（1）此月龄段宝宝会随着看护者情绪的变化而变化自己的情绪。

（2）通过活动激活其大脑神经中枢的相关区域，促进脑的发育，发展宝宝的感知觉，体验与家人游戏的快乐。

活动准备：

欢乐的背景音乐、帽子。

活动流程：

1. 示范互动：躲一躲　笑一笑

（1）教师介绍游戏内容及活动价值。

（2）教师出示仿真娃娃示范游戏。

教师怀抱着仿真娃娃，用帽子遮住脸，再把脸露出来说："妈妈笑了，宝宝笑了。"

2. 亲子互动：挠一挠　笑一笑

（1）成人怀抱着宝宝，模仿教师的动作，引导宝宝笑一笑，并说："妈妈笑了，宝宝笑了。"

（2）成人挠一挠宝宝身体敏感部位（如：腋下、腰部、手心、脚心）。

宝宝，小虫小虫爬到宝宝身上喽！小虫又爬到宝宝小脚上喽！小虫爬到宝宝小脸上喽！激发宝宝笑一笑。

3. 亲子游戏：说一说　笑一笑

在背景音乐的伴奏下，做"爬爬爬"的游戏，对宝宝进行全身按摩，逗引宝宝。

活动提示：

（1）成人要注重观察宝宝的情绪反应，不同的逗引动作是否能引发宝宝不同的情绪反应，以发展宝宝的感知觉。

（2）成人要跟着音乐的节奏在宝宝身上抓痒痒。

第三节　家庭中 4—6 个月婴儿的亲子教育活动

"亲子教育"是以亲缘关系为主要维系基础的，从而形成看护人与婴儿以互动为核心内容的亲子关系。它将游戏活动作为主要教育手段，遵循 4—6 月龄婴儿的身心发展特点而设计，从而提高家长的科学育儿水平，实现婴儿发展、家长指导能力提升的活动模式。

活动 4-5：爬爬乐《两只老虎》。

材料准备：

草地、小玩具、游戏儿歌

"两只老虎、两只老虎，跑得快，跑得快！一只没有耳朵，一只没有尾巴，真奇怪，真奇怪！"

玩法介绍：

玩法一：在干净的草地上或布单上，妈妈先教宝宝屈膝跪起，撅起屁股，再用手在宝宝腹部托一把，用手掌顶住宝宝的左右两脚掌，使宝宝蹬着妈妈的手掌向前爬。最好在宝宝面前放一个玩具，吸引宝宝的注意力。然后，妈妈也来与宝宝一起爬引逗宝宝来追。

玩法二：成人还可以戴上老虎的面具，唱着"两只老虎"的儿歌向宝宝"扑"过去，宝宝会对妈妈突然改变的表情和追逐的动作感兴趣。妈妈去捉宝宝，捉到宝宝后，挠宝宝的胳肢窝或后背，逗笑宝宝，引导宝宝快速爬行。

给家长的一段话

爬行不仅是婴儿动作发展的必经阶段，也关系到婴儿其他方面的发展。他们在爬行时有效锻炼了抬头动作，还有效拓展了他们的活动探索空间，对今后认知发展、脑部发育、乃至于动作协调发展都大有裨益。

因此，成人应积极创造环境引导宝宝进行爬行练习。宝宝如果不愿意向前爬可以慢慢引导，比如在前面逗引或在后面拍手鼓励。当宝宝不会爬时，成人可以用一块大毛巾托住宝宝的腹部，帮助宝宝向前移动。

活动4-6：捉迷藏

材料准备：

手绢、纱巾、塑料筐、小玩具若干。

玩法介绍：

玩法一：妈妈让宝宝躺着或靠被子坐着，然后让宝宝注意自己的脸，用手帕或手蒙住自己的脸，并逗引他说"妈妈在哪儿？"接着露出笑脸，同时说"喵……喵……妈妈在这里"。重复多次后，可叫宝宝用手去拉妈妈的手或脸上的手帕。

玩法二：逐渐地将手帕蒙在宝宝脸上，开始妈妈拉下手帕，然后叫他自己拉下手帕，互相捉迷藏。

玩法三：在筐里准备三样玩具，用手绢或纱巾遮住，让宝宝找找筐里有什么？

给家长的一段话

在有趣好玩的游戏中，引导婴儿主动探索世界，了解自身动作的因果关系，并初步尝试了解物体恒常性。成人在与宝宝玩游戏时可以逗引宝宝将丝巾拉下来，也锻炼宝宝手部动作的灵活性。如果宝宝找不到玩具，可以把盖布拉开一点点，让宝宝看到玩具。

第四节 4—6个月婴儿教育的常见问题及对策

一、宝宝什么都要咬

很多成人都会对宝宝的这些行为印象深刻：似乎很饿的样子，拿到什么就会咬什么；

超级喜欢自己的小手小脚,总是抱着自己的手和脚丫啃啊舔啊;抱着他的时候或者离他比较近的时候,张嘴就咬人;会喜欢吃一些奇怪的东西,比如墙皮。

案例 4-1

对豆豆(4个月)的妈妈来说,有一件事情很难理解。那就是几个月大的宝宝总是喜欢把整只手握成拳头放进嘴巴里,就像是在品尝美味的食物,翻来覆去地啃咬、舔舐。整只小手湿漉漉的,看上去很不卫生。妈妈曾经尝试把宝宝的手拿出来。可是宝宝很不情愿,有时候甚至会因为不让他吃手而大哭。

案例 4-2

妈妈抱着豪豪(5个月)吃奶,突然间,乳头上一阵钻心地疼痛袭来,妈妈几乎失去控制地惨叫了一声,低下头看看,原来是小家伙刚刚咬了一口。乳头都咬破了。

原因分析:

宝宝啃咬、舔舐物体是感知、探索世界的重要方式。豆豆拿手反复放入口中,是在探索、感知自己的身体。由于手指还不能完全分开活动,所以宝宝大多数是将整个手放入口中。这种情形一般发生在3个月左右的婴儿身上。就像情景中的豆豆,通过啃咬,手的大小、皮肤的质地、身体的气味等这些重要的、关于自己身体的信息被源源不断地传递到大脑中,丰富着宝宝的认知系统。出牙期间,宝宝需要摩擦牙床。宝宝到了4个月左右,一般会开始长牙。这时候,宝宝往往会感觉牙床不舒服,总是想要有东西来摩擦牙床。如果妈妈正在喂奶,那么乳头就成了宝宝的磨牙物。

教育建议:

(1)成人需要理解宝宝的口尝行为,并且创设适宜的教养环境,满足宝宝的这种需求。

给宝宝提供各种安全的、干净的、可啃咬的物品。在保证材料安全无毒的情况下,成人可以给宝宝提供不同重量、材质、气味的物品。但需要检查物品是否有破损,是否会有小的零件掉落,是否会因为啃咬而破裂,是否有尖角等。

在将物品给宝宝之前,成人可以用水洗、水煮、酒精擦拭等方法对物品进行消毒处理,确保物品卫生。宝宝啃咬的时候,成人最好同时为宝宝语言描述这种物体的名称、质地、颜色等,帮助宝宝理解。

(2)提供各种适合宝宝小手抓握、捏拿、感知物体的游戏和机会,帮助宝宝顺利从用"口"探索转变为用"手"探索。

虽然宝宝处于口尝期,但宝宝的小手也在发育过程中。如果想让宝宝从用"口"探索顺利过渡到用"手"探索,那么就需要给宝宝的小手提供各种锻炼的机会。成人在给宝宝物品的时候,可以反复几次,让宝宝的手掌反复感知物品,然后再把东西完全交给宝宝。

保持宝宝小手小脚的清洁卫生,给宝宝充分感知自己身体的机会,为了满足宝宝啃咬手脚的需求,成人需要耐心反复地为宝宝清洁小手小脚,而且在房间里设置适宜的温度,给宝宝穿少量的衣物,让小手小脚暴露在空气中,可以自由活动。

(3)理解宝宝出牙的感受,缓解宝宝出牙的不适。

如果宝宝喜欢反复摩擦牙床,成人可以给宝宝提供磨牙饼干。成人最好每天早晚都能够用纱布裹在手指上,蘸取淡盐水,来回擦拭宝宝的牙床,这样做不仅可以舒缓宝宝的不适,还可以有效帮助宝宝顺利出牙。

二、 宝宝想吃辅食

案例
4-3

毛毛的妈妈说:我的宝宝每天喝1000毫升奶还会感觉饿,是不是可以添加辅食了? 可是我的宝宝只有5个半月,添加辅食会不会太早?

原因分析:

如果发现宝宝经常因饿了而哭闹不止,而且喂了好几次奶宝宝都吃不饱,或者宝宝便便的次数也增加了,说明此时母乳已经不能满足宝宝的需求了,妈妈可以在这时候给宝宝添加辅食,这样才能有足够的营养来保证维持宝宝身体的正常发育。虽然宝宝已经添加辅食了,妈妈也不要急着给宝宝断奶,还是要以母乳或配方奶粉为主食。母乳喂养不仅可以增强宝宝抵抗力还可以促进母体子宫恢复、降低乳腺癌发生几率。所以有条件的妈妈在添加辅食的同时可以坚持母乳喂养。

教育建议:

宝宝通常在4—6个月开始添加辅食,最好是在满6个月再开始添加辅食,因为5—6个月时,胰腺分泌的胰淀粉酶也开始增多,又可以消化掉一部分淀粉,而且,大多数宝宝在这个时期开始长牙,咀嚼能力也增强了,但不是必须到6个月才能添加辅食,妈妈可以通过观察宝宝的表现,决定添加辅食的时间。一般情况下,宝宝想要吃且能够吃辅食时,会表现出信号。具体表现如:①抓到东西往嘴里送。②对大人的食物表现出很感兴趣,会目不转睛地盯着食物,甚至会用手去抓碗里的食物。③宝宝的吞咽功能完善,挺舌反射消失。④宝宝烦躁情绪增加。⑤常因为饿肚子而苦恼。

那么如何为宝宝添加辅食? 母乳喂养的宝宝平常看到我们吃的食物是一点兴趣都没有的,妈妈可以试着喂下宝宝,如果宝宝用舌头把食物顶出去的话,就先不要添加辅食,反之，如果宝宝不再对食物排斥的话，说明是时候给宝宝添加辅食了。

刚开始添加辅食时，不宜一下就给宝宝吃很多的辅食，要讲究循序渐进、由少到多、由稀到稠、由细到粗，其次给宝宝添加辅食要以汤汁状和糊状为宜，能让宝宝更容易接受辅食。

宝宝消化能力的完善是先从消化大分子的糖类——淀粉开始的，所以最先要添加的辅食应该是米粉，再是蔬菜泥和水果泥。后两种辅食的添加从宝宝的消化能力上来看，其先后顺序没有太多的要求。但是，就口味来说，水果味道较好，宝宝会更喜爱吃水果泥。如果先给宝宝吃水果泥，再给他吃蔬菜泥就有些困难。有些宝宝不爱吃蔬菜的习惯就是因为婴儿期先吃了香香甜甜的水果泥而导致的。从这个角度来说，妈妈应该先给宝宝吃蔬菜泥，而且不要急着给宝宝吃特别甜的水果泥，如香蕉泥、葡萄泥。

三、不会翻身的宝宝

案例
4-4

子浩妈妈最近一直被一件事情困扰：子浩已经6个月了，还不会自主翻身，每次翻身翻到侧卧时，如果没有大人帮助，就很难自己翻成俯卧。看着同龄的宝宝都会从仰卧很自然地翻过身去，甚至有的宝宝还会连着翻身了，子浩妈妈有点着急了！了解原因才知道宝宝总喜欢大人抱着，一个人躺在床上一会儿就会哼叽、哭闹，家里老人多，奶奶爷爷听不得子浩的哭声，所以只要一醒，就抱起来逗他玩，很少有让宝宝自己锻炼的机会。

原因分析：

宝宝越动越聪明。1岁以下的小宝宝需要经历俯卧抬头、竖头、翻身、坐、爬行、站立、学步等运动阶段，不同的运动阶段带给宝宝不一样的体验，从而促进宝宝大脑发育。一直抱在怀里的宝宝就会错失这样的成长机会。1岁内的宝宝骨骼很柔软，经常抱着脊椎总是呈弯曲形状，时间久了对宝宝的骨骼生长不利。另外，1岁内的宝宝正处于快速生长期，骨骼和肌肉生长需要大量的锻炼，如果长期抱在怀中，会导致运动量不足，肌肉发育不佳。

教育建议：

（1）适龄宝宝多俯趴。

宝宝可以踢、扭、滚、推、伸展、抬头、眼睛从近点到远点地追踪物体，用胳膊、手、腿、脚、躯干和头等部位去感受物体的外形。当宝宝趴着时，他会尝试着用力支撑自己的头部，这就会锻炼他们肩部、颈部和腰部的肌肉，这会为他日后超强的运动能力打下基础。研究显示：宝宝趴着的时间越多，他就能越早学会翻身、爬行、独坐。如果宝宝不喜欢趴着怎么办？在他跟前放置符合他月龄且他喜欢的小玩具。

爬可以锻炼宝宝的胸、腰、腹、背以及四肢的肌肉，促进骨骼生长，为他以后站和走打下良好的基础。宝宝在爬行时，视觉和听觉也能得到发展，同时对大脑控制眼、手和脚协调的神经发育有很大的促进作用。把宝宝喜欢的食物或者玩具放在他够不到的地方来鼓励他爬吧。

（2）适时给宝宝做适合宝宝年龄的婴儿操。

宝宝出生时，因为神经系统发育不成熟，支配屈肌和伸肌的神经发育不平衡，没有能力完成主动运动，可以通过轻柔的被动操帮助宝宝进行运动体验。2—6个月的宝宝可以每天做被动操。

思考题

1. 4—6个月婴儿动作发展的趋势与特点是什么？婴儿动作培养的内容与策略是什么？

2. 4—6个月婴儿认知发展的趋势与特点是什么？

第五章

7—9个月婴儿的教育活动

第一节 7—9个月婴儿身心发展特点概述

一、7—9个月婴儿身心发展特点

（一）7—9个月婴儿动作与习惯方面的发展特点

在大肌肉运动的发展上，到7个月时婴儿已经不需要任何支撑就能坐稳。到9个月时，婴儿终于获得力量和平衡，可以开始安全地操控物体、旋转、转动，坐立时完成各种协调工作。婴儿动作发展的另一个重要阶段是他能够让自己处于一个直立的位置，比如，在发展到第7个月时学会攀爬，大约8个月大时可以借助一个安全的家具，尝试着站立起来。精细动作的发展上，在7—8个月大时，婴儿学会使用食指和大拇指，这通常被认为是低级的钳取技能。随着抓取技能不断发展，7—8个月婴儿可以自己拿薄脆饼吃、从桌上拿东西，而且会用手传递物体。[1]

（二）7—9个月婴儿语言与沟通方面的发展特点

这一时期的婴儿声音能力在发展，变得更加精准。他开始重复从周围环境听到的声音，并且会模仿声音，开始更多地试验节奏和音调，约8个月大时，咿呀语过渡到另一个叫做变化性重复音节的阶段，在这个阶段婴儿将辅音和元音的形式多样化（如 dah-de，ba-be）。[2] 可以说，这时期一些常用的词婴儿已经可以理解了。

（三）7—9个月婴儿情感与社会性方面的发展特点

1. 7—9个月婴儿情感方面的发展特点

这一时期的婴儿，识别和理解某种特定表情的能力已经比较明显，这时候他们开始关注他们的父母对于不确定情境的情绪反应，并以此调整自己的行为。[3] 这一行为被称为"社会参照"，并且随着年龄的增长，这种社会参照行为会越来越频繁。

---

① ［美］彭妮·劳·戴纳. 婴幼儿的发展与活动计划［M］. 吕萍，等，译. 北京：北京师范大学出版社，2010：111—112.
② ［美］彭妮·劳·戴纳. 婴幼儿的发展与活动计划［M］. 吕萍，等，译. 北京：北京师范大学出版社，2010：180.
③ ［美］David R. Shaffer. & Katherine. 发展心理学：儿童与青少年［M］. 邹泓，等，译. 北京：中国轻工业出版社，2005：394.

2. 7—9个月婴儿社会性方面的发展特点

在7—9个月间,对与某个特定个体(一般是母亲)分离时开始表现出抗拒行为。这时候婴儿已经能爬了,他们常常试图追随着妈妈,缠着她,在妈妈回来时热情地欢迎她。他们也变得对陌生人有些警觉了。① 这一阶段可被称为分化的依恋阶段,即在7—9个月时,婴儿只对一个密切接触者形成依恋(一般是母亲)。因此,这一时期的婴儿,对成人的语言及动作已有所敏感,即他们已渐渐能够意识到成人的意图,并且,也在努力模仿着周围人们的语言、动作,对于自己的需求也逐渐能够表达出来。

人际关系领域是社会性发展的重要方面,对婴儿而言,人际关系发展的首要因素是婴儿形成自我区分。最初,婴儿认为自己是母亲的一部分,因此,直到他认为自己是一个独立的个体时,人际关系才开始发展。另一个必要的因素是婴儿形成了自我恒常的概念,这个概念类似于客体永久性,大概在8—9个月时形成。当婴儿建立了自我区别和自我恒常两个概念后,就开始意识到不管自己处于何种环境、与何人交往、发生何种互动方式,自己都是一个独立的个体。在这个过程中,"自我—他人"的观念就形成了。这一观念的形成是自我概念其他方面发展的必要条件,并为其他复杂的社会认知发展提供了基础。②

(四)7—9个月婴儿认知与探索方面的发展特点

婴儿是携带专门的用于认识世界的策略来到人世的。③ 到了7—9个月时,他们的感知觉能力,已经在眼睛、鼻子、耳朵、舌头、嘴巴、皮肤等身体器官发展的基础上有了进一步的提升,加深了对世界的认识。这一时期的婴儿,已经可以用眼睛观察周围人的活动,听觉能力也有所发展,他们已经能迅速分辨出声音是否熟悉,但是,在触觉的发展上,仍然以口腔探索为主。

7—9个月婴儿认知发展的一个重要成果是"客体永久性"的产生。"客体永久性"即当客体(人或物)被部分或全部掩盖起来时,婴儿能将其找出来。这一时期,婴儿的客体永久性刚开始发展,婴儿还需要借助一定的感知觉线索才能找到客体。因此,他们开始对拥有物品有所知觉,从他手里拿走东西变得不那么容易了。

婴儿在8个月左右时,认知方面的发展会发生相应的转换,特征就是从先前的偶然发现变为有目的的行为。这一时期,婴儿的焦点在物体上,而不在自身,使用物体可视为客体永久性的焦点,这些物体意义非凡,他们被看作是婴儿区别自我和客体的标志。④

7—9个月婴儿认知与探索发展出现显著差异,尤其在表现与表达方面的发展,主要包括:音色感知、节奏感知、音乐力度感知、音乐速度感知、手工材料感知、色彩感知方面的发展。

1. 7—9个月的婴儿音色感知能力的发展特点

7—9个月的婴儿几乎能像成人一样听音乐和关心各种声音。他们不仅能区分音色

① [美]David R. Shaffer. & Katherine. 发展心理学:儿童与青少年[M]. 邹泓,等,译. 北京:中国轻工业出版社,2005:403.
② [美]彭妮·劳·戴纳. 婴幼儿的发展与活动计划[M]. 吕萍,等,译. 北京:北京师范大学出版社,2010:201.
③ [英]鲁道夫·谢弗. 儿童心理学[M]. 王莉,译. 北京:电子工业出版社,2010:60.
④ [美]彭妮·劳·戴纳. 婴幼儿的发展与活动计划[M]. 吕萍,等,译. 北京:北京师范大学出版社,2010:152.

图5-1 艺术表达与表现的分类

具有细微差别的两个声音,而且不断地试图模仿各种声音,尽管这时候的"咿呀学唱"以元音为主。例如,在成人对着他们唱歌的时候,他们也可能跟成人咿呀学唱,或者伴随着动作玩耍。

2. 7—9个月的婴儿节奏感知能力的发展特点

7—9个月的婴儿开始模仿发声,会连续发"ma-ma-ma、ba-ba-ba"等没有实际意义的音节节奏,会玩弄敲击玩具使其发出声响,但此时还处于无意的节奏状态,是一种本能的喜欢和游戏阶段;此阶段懂得关注自然界的音响,如车声、雷声、动物叫声,会突然转头观看或倾听,开始关注大自然中不同声音并寻找声源。

3. 7—9个月的婴儿音乐力度感知能力的发展特点

7—9个月的婴儿触觉发展已遍及全身,会用身体各个部位去感受刺激、探索环境。他们喜欢扔东西,把一件玩具扔到篮子里,喜欢敲悬垂物,拿起物体敲敲打打是婴儿成长过程中的一种探索行为,家长可以和婴儿经常玩敲打游戏,指导示范用不同的敲击力度敲击各种物品。

4. 7—9个月的婴儿音乐速度感知能力的发展特点

7—9个月的婴儿更加能干,他们的手部动作渐趋精细,手眼协调能力也基本能使他们将手中的玩具很快从一只手换到另一只手,来回玩个不停,小指头开始灵活,并且喜欢不厌其烦地用手里的玩具敲打桌面,此时可以引导他们以不同速度敲打。在他们小手有点灵活时,可以引导他们玩撕纸游戏,教他们以不同速度撕纸、滚球、拍手、招手、握手等动作。

5. 7—9个月的婴儿色彩感知能力的发展特点

7个月后的婴儿视力标准约为0.1,视觉功能进入能分辨人物细微差别的阶段,能分清爸爸妈妈、生人和熟人的脸,出现认生现象。8个月的婴儿眼睛和手的协调性逐步发展,看到色彩鲜艳、形象可爱的玩具,会高兴地手舞足蹈,并伸手去抓握、去玩。但此时,大部分婴儿尚未出现特别钟爱的颜色,仅有小部分婴儿会表现出喜欢红色或黄色的倾向。

6. 7—9个月的婴儿手工材料感知能力的发展特点

这一时期的婴儿已经能初步感知不同纸质材料的不同特点,此时,成人可以将软泥类材料搓成粗条拿给他们,让他们抓着一头摇动或敲打,感知橡皮泥会晃动、变形的特点。

根据7—9个月婴儿的发展水平内容,观察要点如下:

表5-1　7—9个月婴儿发展观察要点①

动作与习惯	语言与沟通	情感与社会性	认知与探索
• 独坐自如 • 扶腋下能站,站立时腰、髋、膝关节能伸直 • 会趴着,手脚并用地爬 • 能用拇指和食指捡起小物体 • 能拨弄桌上的小东西(爆米花、葡萄干等) • 会将物品从一只手换到另一只手 • 有意识地摇东西(如拨浪鼓、小铃等),双手拿两物对敲	• 会用很长的时间来审视物体 • 注意观察大人行动,喜欢模仿大人动作 • 会寻找隐藏起来的东西,如拿掉玩具上的盖布 • 能分辨地点 • 尝试做出一系列的有计划的行为。完成一件事,如从椅子上起来,爬向玩具,挑出彩球 • 能反复发出"Ma-Ma"、"Ba-Ba"等元音和辅音,但无所指 • 试着模仿声音,发音越来越像真正的语言 • 会试着翻书,喜欢以前听过的故事	• 懂得成人面部表情,对成人说"不"有反应,受责骂不高兴时会哭 • 表现出喜爱家庭人员,对熟悉喜欢他的成人伸出手臂要求抱 • 喜欢玩躲猫猫一类的交际游戏,而且会笑得非常激动、投入 • 喜欢和看护者玩重复的游戏,如拍手、再见等游戏,交流情感 • 当从他处拿走东西时,会遭到强烈的反抗 • 见陌生人会表现出各种行动,如盯看、躲避、哭等	• 能感觉到音乐,并寻找声音的来源 • 能区分音色具有细微差别的两个声音 • 不断地试图模仿各种声音 • 喜欢拿着物品敲敲打打,并可以尝试用不同的速度、力度进行敲打 • 对色彩鲜艳、形象可爱的玩具更感兴趣 • 对不同类型的纸感兴趣,喜欢撕较柔软的纸

二、7—9个月婴儿教养内容与要求

7—9个月婴儿的教养内容与要求包括:逐步形成婴儿定时睡眠(白天2—3次,一昼夜13—15小时)的习惯;逐渐提供各类适宜的食物,让婴儿初步适应咀嚼、吞咽固体食品,尝试用杯喝水、用勺喂食;鼓励婴儿配合成人为其穿衣、剪指甲、理发和盥洗等活动;让婴儿练习独坐、爬行、扶站,以及拿捏小物件,两手配合倒物等动作,这四方面,是7—9个月婴儿在动作与习惯方面的教养内容与要求。在认知与语言方面的教养内容与要求有:用简单的指令刺激婴儿用表情、动作、语音等做出相应的反应;②引导婴儿在当客体(人或物)被部分或全部掩盖起来时,能将其找出来;③鼓励婴儿挑选自己喜欢的玩具;运用语音

---

① 上海市教育委员会. 上海市0—3岁婴幼儿教养方案[Z].上海市教育委员办公室,2008:13.
② 上海市教育委员会. 上海市0—3岁婴幼儿教养方案[Z].上海市教育委员办公室,2008:4.
③ 王振宇,徐小妮. 0—3岁婴幼儿教养教程[M].上海:复旦大学出版社,2018:100.

与表情等,使婴儿能听懂成人对自己的召唤,懂得一些常用词语的意思,并学会用简单的动作表示。① 在情感与社会性方面的教养内容与要求包括:引导婴儿理解常用的情绪符号,并对成人表示肯定或否定的面部表情有相应的反应;培养婴儿对教养者依恋和喜爱的情感;引导婴儿关注镜子中自己的影像;鼓励婴儿之间相互观察,并有意识地引导婴儿发出友好交往的行为。7—9个月婴儿在艺术认知与探索方面的教养内容与要求主要是:经常让婴儿重复听些简单的乐曲或歌曲,让其对熟悉的音乐产生愉悦的情绪体验;②引发婴儿跟着音乐节律随意摆动身体。③

以上是对7—9个月婴儿的总体教养内容与要求,下面分述在早教机构中7—9个月婴儿的教育活动设计与指导及家庭中7—9个月婴儿的教育活动设计与指导。

第二节　早教机构中 7—9 个月婴儿的教育活动设计与指导

早教机构中7—9个月婴儿的教育活动设计与指导要从动作与习惯、语言与沟通、情感与社会及认知与探索四大领域分别开展,涉及的内容要全面、均衡,重要的是要具有互动性,即活动要有利于教师、家长和婴儿的相互配合与相互协调,例如,制定多元的活动目标、邀请多元的活动主体,实现各主体之间的理想互动。

一、动作与习惯

运动方面,在大肌肉动作的发展上,该阶段婴儿已经能够独坐自如,并会趴着或手脚并用地爬,精细动作的发展表现为能用拇指和食指捡起小物体,能拨弄桌上的小东西,会将物品从一只手换到另一只手,有意识地摇东西(如拨浪鼓、小铃等),双手拿两物对敲等。

针对其发展特点及教养要求,在练习爬行方面,7—9个月婴儿需要个体在四肢撑地,支撑全身力量的同时,协调手脚向前运动。这时,教师或者家长可以为婴儿创设环境条件,激发婴儿爬行的动力。

活动 5-1: 摇木马、坐大龙球

活动价值:

此月龄段的宝宝已能独坐自如,不用手支撑独坐10分钟左右,且在坐位时能够灵活地移动和控制自己的身体和四肢,如转动身体,拿取身后的东西,或身体前倾,再恢复原状。通过活动让宝宝坐一坐、趴一趴,锻炼其独坐的能力和身体的平衡控制能力。

---

① 郑琼. 0—3岁婴幼儿亲子活动设计与指导[M]. 福州:福建人民出版社,2013:23.
② 青岛市教育局办公室. 青岛市 0—3 岁婴幼儿教养方案指导纲要(试行)[Z]. 青岛市教育局办公室,2015:4.
③ 上海市教育委员会. 上海市 0—3 岁婴幼儿教养方案[Z]. 上海市教育委员办公室,2008:4.

活动准备：

大龙球，小木马。

活动流程：

1. 示范互动：可爱的小木马

（1）教师介绍游戏内容及活动价值。

（2）教师用仿真娃娃示范坐大龙球。

请娃娃坐在大龙球上，教师双手扶住娃娃的髋部，左右摇动大龙球，帮助宝宝上下弹颤。

2. 亲子互动：坐大龙球

（1）家长与宝宝玩玩大龙球。

（2）家长把宝宝放在大龙球上，双手扶住宝宝的髋部，微微摇晃或转动，边摇边说："小宝宝，真勇敢；大龙球，当小船；摇呀摇，摇呀摇；一会儿小船到岸了。"

3. 亲子游戏：摇木马

家长将宝宝抱坐在小木马上，双手扶着小木马的耳朵，待宝宝坐稳后，轻轻前后晃动，边晃动边说："小木马，摇一摇，晃一晃，宝宝骑马真神气。"

活动提示：

（1）如果宝宝没有注意到大龙球，家长可用语言、动作提醒宝宝关注到玩具，激发宝宝游戏的兴趣。

（2）家长尽量让宝宝自己控制身体平衡，先练习坐在大龙球上，再过渡到轻轻摇晃。摇晃时，家长要关注宝宝的情绪，控制游戏的时间与摇晃的幅度。

活动 5-2：我会玩

活动价值：

此月龄段宝宝会有意识地摇东西，双手拿两物对敲，能用拇指和食指捡起小物体，喜欢把东西扔掉再捡起。通过活动发展宝宝两手对敲能力、拇指和食指对捏拿物的能力及手眼的协调性。

活动准备：

每人四块小积木，两个小海洋球，一个箩筐。

活动流程：

1. 示范互动：碰一碰

（1）教师出示两块小积木，让宝宝认一认，并告诉宝宝小积木会唱歌。

（2）教师示范：拿起两块小积木对敲，发出声响。一边敲一边用儿歌引导宝宝："小积木，碰一碰，小积木，敲一敲，唱支歌儿真好听。"

（3）教师向家长讲解引导宝宝对敲积木时的注意点及此活动的价值。

2. 亲子互动：敲一敲

（1）家长出示积木，让宝宝自由摆弄。

（2）家长用儿歌引导宝宝："小积木，碰一碰，小积木，敲一敲。"

（3）家长出示小球，吸引宝宝，并用儿歌："小球，小球碰一碰，小球，小球敲一敲。"引导宝宝双手对敲手里的小球。

3. 亲子游戏：玩具回家

家长示范把玩具放进箩筐中，并告诉宝宝玩具要回家睡觉了，引导宝宝把积木和球放进箩筐里。

活动提示：

（1）家长可模仿积木敲击的声音，引发宝宝的兴趣。

（2）家长要提醒宝宝握住积木的后半部分，以免伤到手指。宝宝双手对敲有困难时，家长可用自己手中的积木敲击宝宝手中的积木。

（3）当宝宝把玩具放进箩筐里时，家长要及时表扬。

二、语言与沟通

7—9个月婴儿有些已经会发出"爸爸、妈妈"等的发音，并且语言将能够发展得更加复杂多样。这一时期的婴儿认知伴随着生理心理各方面的发展，表现出各项认知能力的扩展，特别是注意的有意性也在增强。这时，可以用简单的指令刺激婴儿用表情、动作、语音等作出相应的反应，也可以引导他们了解事物间简单的因果关系。

针对7—9个月婴儿语言与沟通的发展特点及教养要求，可对婴儿开展指导，比如，想通过简单的指令刺激婴儿用表情、动作、语音等作出相应的反应，可以询问婴儿鼻子在哪里时，引导他动一动自己的小鼻子或者用手指指鼻子；再比如，在"客体永久性"的发展上，由于7—9个月婴儿的"客体永久性"刚刚开始发展起来，他们还需要借助于一定的感知觉线索才能找到客体，这时，我们可以当着婴儿的面把他喜欢的玩具藏在盒子里，观察婴儿能否找到玩具。

活动5-3：里面有什么

活动价值：

此月龄段的宝宝喜欢尝试、操作、探索，试图找出事物间的某种联系。通过活动激发宝宝的好奇心和参与活动的兴趣，使宝宝了解简单的因果关系。

活动准备：

一个空的圆形罐头盒，内藏一个小铃铛，各种玩具。

活动流程：

1. 示范互动：滚动的小盒子

（1）教师介绍游戏玩法和活动的价值。

（2）教师出示圆形的罐头盒，将罐头盒在宝宝面前滚动，引起宝宝注意。教师可边引导边对宝宝说："小盒子，圆又圆，滚过来，滚过去。"

2. 亲子互动：好玩的圆盒子

（1）家长与宝宝面对面坐：家长出示罐头盒,让宝宝随意摆弄,摇一摇听听声响。

（2）家长引导宝宝用手推,使罐头盒在地上滚动,并对宝宝说:"小盒子,圆又圆,滚过来,滚过去。叮叮咚咚,看看里面有什么?"

3. 亲子游戏：盒子里的秘密

（1）家长让宝宝自己动手将罐头盒打开,找找里面有什么。

（2）家长引导宝宝将铃铛放入罐头盒里,并盖上盒盖摇一摇,让宝宝摆弄。

（3）家长和宝宝一起用脚蹬踢罐头盒。

（4）游戏反复进行。

活动提示：

（1）家长可模仿罐头盒滚动发出的声响,吸引宝宝的注意。

（2）家长可一边陪宝宝游戏,一边用语言引导宝宝关注滚动中的罐头盒,如:"宝宝看,盒子滚远了。"

（3）家长可帮助宝宝一起打开罐头盒,看看里面有什么,并告诉宝宝物品的名称,满足宝宝的好奇心。

活动5-4: 找宝贝

活动价值：

此月龄段的宝宝能自发地摆弄物品,尝试换手拿物,并能有意识地摇东西。通过活动让宝宝听听、摇摇、找找玩具,锻炼其钳形抓握能力及换手取物能力,发展其多种感知觉。

活动准备：

餐巾纸盒若干,大小不一、形状不一的小玩具若干(如丝巾、小球、铃铛等)。

活动流程：

1. 示范互动：盒子里有什么

（1）教师出示有洞的、装有玩具的盒子,并摇晃盒子引起宝宝的注意。

（2）教师从盒子中抽出丝巾,激发宝宝的兴趣。

（3）教师向家长介绍此游戏的玩法和活动的价值。

视频 找宝贝

2. 亲子互动：玩玩盒子

家长让宝宝独坐,提供小盒子,鼓励宝宝随意摆弄:"宝宝,这是小盒子,转转小盒子。"

3. 亲子游戏：找找玩具

（1）家长鼓励宝宝找找小盒子里面有什么。如:摇动小盒子,模仿其发出的声音,激发宝宝探索并拿出盒子里面的玩具。

（2）家长可提示小盒子有一个小洞,鼓励宝宝把手伸进盒子里拿出玩具。

（3）家长与宝宝一起玩盒子里的玩具。

活动提示：

（1）家长要关注宝宝摆弄的动作,鼓励宝宝尝试多种方法摆弄(如,倒、翻或摇)。

（2）家长可利用家中的餐巾纸盒、饼干盒、奶粉罐等盒子，内放置各种玩具，让宝宝找找、敲敲，探索发现拿出小物体的各种方法。

三、情感与社会

这个时期婴儿的情绪反应不再仅仅局限于生理需要，而是更多地伴随着心理发展而产生，而且婴儿的快乐，不再只是因为生理需求的满足，而是更多地因为与成人交流的互动性以及自主探索的体验感。特别值得一提的是，这个阶段的婴儿已经学会了情绪的社会参照，即根据他人的情绪反应来处理自己不确定的情况。在社会性的发展上，伴随着各项能力的发展以及活动范围的逐渐扩大，其社会性也进一步发展，表现在：婴儿与成人的交流逐渐变得更加地主动，能够通过语言或者动作来配合与成人的交往等。

针对7—9个月婴儿的发展特点及教养要求，教师展开引导时可参照如下方式，例如，为加强婴儿对社会交往中各类情绪符号的理解，教师可组织家长开展多种"表情游戏"，如请家长示范开心、惊讶、生气等表情时，一起配合相应的语言指令和解释，引导婴儿观察。再如，在鼓励婴儿之间相互观察，并有意识地引导婴儿发出友好交往的行为时，可以鼓励婴儿与同伴打招呼、握握同伴的手、轻轻地拥抱等。

活动5-5：照镜子

活动价值：

此月龄段的宝宝会向镜中人微笑，开始能喃喃地发出单调的音节。通过活动引导宝宝摸摸、认认自己的五官，加强宝宝的自我认知。

活动准备：

小镜子若干面。

活动流程：

1. 示范互动：照一照

（1）教师出示镜子，逐一让宝宝照一照，并问宝宝："镜子里面是谁？"引起宝宝的兴趣。

（2）教师介绍此活动的玩法和价值。

2. 亲子互动：学一学

（1）家长让宝宝自由摆弄镜子，并有意识地引导宝宝照镜子。

（2）家长和宝宝面对镜子，家长指认自己的五官，再引导宝宝指指自己的五官。

（3）家长、宝宝面对镜子，家长做各种动作：眨眼睛、吐舌头等，引导宝宝模仿。

3. 亲子游戏：玩一玩

请家长把宝宝放在膝盖上面对自己坐好，跟着教师边念儿歌边做游戏。

儿歌：照镜子，照镜子，

　　　里面有个好宝宝。

我哭他也哭,呜——

我笑他也笑,哈哈——

活动提示:

(1)当教师提出问题"镜子里面是谁"时,家长可代替宝宝说:"是我。"加强宝宝的自我意识。

(2)当家长和宝宝照镜子时,家长可以握住宝宝的手,帮助他指认面部五官。

(3)家长要用夸张的语言、动作、表情和宝宝进行交流,引起宝宝的活动兴趣。

活动5-6: 抱抱

活动价值:

此月龄段的宝宝已经表现出喜爱家庭成员的情感,对熟悉喜欢他的成人会伸出手臂要求抱抱。通过活动引导宝宝体验亲子情感,尝试理解成人的语言,并意识到"抱"、"妈妈"、"宝宝"等语言的意义。

活动准备:

袋鼠妈妈和小袋鼠的图片,音乐《袋鼠妈妈》。

活动流程:

1. 示范互动:伸手抱

(1)教师介绍游戏玩法与活动价值,并引导宝宝观察图片,学说:"抱。"

(2)教师示范指导宝宝伸手要抱。

教师对着宝宝说:"宝宝,老师抱抱。"边说边拍手,张开双臂。当宝宝伸出双手后,及时将其抱在怀里。

2. 亲子互动:要抱抱

(1)家长对着宝宝说:"抱抱",同时张开双臂,并主动拉起宝宝的手,让宝宝伸出双手。

(2)家长向宝宝拍手,"宝宝,妈妈抱一抱。"引导宝宝张开双臂。

(3)家长问宝宝:"宝宝,要抱吗?"引导宝宝注视成人的口型,并模仿发音"抱",同时伸手表示拥抱。

3. 亲子游戏:袋鼠妈妈

家长抱着宝宝跟着音乐做上下弹颤、转圈、拥抱等动作。

活动提示:

(1)当宝宝不能理解时,家长边说抱,边帮助宝宝张开双臂拥抱成人。

(2)当宝宝身体前倾或张开双臂时,表示已经理解成人的意思,家长要及时给予回应、鼓励。

(3)整个活动过程中,家长注意观察宝宝的情绪,要在宝宝心情愉悦时进行。

四、认知与探索

7—9个月婴儿视觉集中能力有大幅提高,听觉定位能力更加精确,触觉的探索仍以口腔为主,味觉和嗅觉等也在发展,感知觉的发展已经有了明显提升,这使我们观察的角度和维度也增加了。

7—9个月婴儿已经能感觉到音乐,并寻找声音的来源,也能够能区分音色具有细微差别的两个声音,并且不断地试图模仿各种声音。他们也喜欢拿着物品敲敲打打,并可以尝试用不同的速度、力度进行敲打。这一时期,他们对色彩鲜艳、形象可爱的玩具更感兴趣,对不同类型的纸感兴趣,喜欢撕较柔软的纸。

针对7—9个月婴儿的上述特点及教育发展要求,教师或者家长可以通过肢体动作的示范,让婴儿感受音乐节奏,也可以让婴儿跟随摇串铃、沙球等做一些力所能及的肢体动作来感受音乐的节奏和快慢,引发婴儿跟着音乐节律随意摆动身体。

活动 5-7: 小手在哪里

活动价值:

此月龄段的宝宝会注意观察大人行动,模仿大人动作,如拍手。喜欢与看护者玩重复的游戏。通过活动引导宝宝认识自己的小手,尝试理解家长的话并用动作表示,提高宝宝语言理解能力。

活动准备:

仿真娃娃、《小手拍拍》音乐。

活动流程:

1. 示范互动:认认小手

(1)教师介绍游戏玩法和活动的价值。

(2)教师示范:教师把仿真娃娃放在腿上面对面坐,拉着娃娃的手,说:"小手小手在哪里? 小手小手在这里。"

(3)教师说:"宝宝的小手在哪里?"引导家长边说"在这里",边帮助宝宝把小手举起来。

2. 亲子互动:小手在哪里

(1)家长与宝宝面对面,家长摸摸、亲亲宝宝的小手,逗宝宝开心。

(2)家长轻轻拉着宝宝的小手,说:"小手小手在哪里? 小手小手在这里。"

(3)反复几次后,家长可问宝宝:"小手在哪里? 伸出来让我看看和亲亲。"

3. 亲子游戏:小手拍拍

(1)家长握着宝宝的手跟着音乐做拍手的动作,边做边说:"拍拍手"。

(2)家长说:"宝宝拍拍小手。"鼓励宝宝做拍手的动作。

活动提示:

(1)家长可以握住宝宝的手一起与教师互动。家长的语言要清晰、嘴型要夸张,语速要慢。

（2）家长说"拍拍手"，当宝宝做出正确的反应时，家长可以用高高举起或拥抱表示鼓励，让宝宝建立动作与语言之间的联结。

活动 5-8： 大脚踩小脚

活动价值：

7—9个月的宝宝可以通过肢体动作感受音乐的节奏和快慢。活动中，通过音乐节奏的变化，让宝宝感受音乐的快慢，并通过肢体动作表现出来，还可以帮助宝宝感受开步走时身体的平衡感。

活动准备：

音乐《宝贝走走走》、塑料圈、串铃。

活动流程：

1. 示范互动：感受音乐《宝贝走走走》

（1）老师播放音乐，并边摇晃串铃边跟随音乐摇晃身体。

（2）家长把着宝宝的双手跟着老师一起通过摇晃肢体来感受音乐。

2. 亲子互动：听音乐踏脚走

（1）老师组织家长脱鞋让宝宝同向踩在脚背上，家长扶宝宝双手随音乐节奏向前走。

（2）家长站在宝宝对面，让宝宝双脚站在家长大脚上，大脚和小脚一起向前走。

3. 亲子游戏：跨圈走

（1）老师在地上放几个小圈，示范跨步动作。

（2）家长引导宝宝关注到脚下的圈圈，并稍抬脚步带动宝宝一起跨过去。

活动提示：

（1）音乐节奏慢的动作幅度可以大点、舒缓一点；音乐节奏快的动作幅度可以小点、紧凑点。这样有助于引导宝宝通过肢体动作来感受音乐节奏。

（2）家长可根据宝宝的发展程度调整辅助的方式。在踩家长脚背时，月龄小、能力弱的可以扶着宝宝的腋下走；月龄大、能力强的可以拉着宝宝的小手走。

（3）听音乐做游戏，感受音乐的停顿。在这首曲子中，和着音乐有简单、重复的歌词提示，家长可以边哼唱边引导宝宝一起做相应的"走动"、"停顿"的动作，让宝宝在感受音乐节奏的同时，逐步尝试听指令做动作。

第三节　家庭中 7—9 个月婴儿的亲子教育活动

7—9个月的婴儿各方面发展都非常迅速，随着大肌肉的发育，他们渐渐学会了坐，学会了手膝爬行等,不过,随着小肌肉的发育,精细动作的发展也取得了长足进步。这一时期,他们能够运用手指、手掌和手腕完成一系列的触摸、抓握和操作物体的动作,因此,发展重点可落在动手能力和手眼协调能力的训练上,所以,家庭中家长可以运用纸巾、仿真娃娃等常见物品来展开亲子活动。

活动 5-9: 好玩的纸巾

材料准备:

一盒抽纸巾、小筐。

玩法介绍:

玩法一:家长与宝宝一起坐在地毯上,将一盒抽纸巾放在他面前,纸巾露出一张可以抽拿,观察宝宝的反应。

当宝宝看到纸巾,并做出伸手的动作时,家长要用语言鼓励宝宝,如:"宝宝拿纸巾"、"宝宝把纸巾放到小筐",引导宝宝反复抽拿纸巾,使其在反复操作的过程中逐渐形成有意行为。

玩法二:和宝宝一起玩纸巾,例如,抛撒纸巾给宝宝,或将纸巾团成小球,让宝宝抓玩。

给家长的一段话

玩法一的目的在于引导宝宝的有意行为,使其形成有意将手中的物品放开的意识与能力。这一行为要鼓励其反复进行,在反复的锻炼中形成有意行为。玩法二缩小了纸巾的体积,有利于动作的精细化发展。另外值得一提的是,宝宝玩纸巾时家长应注意观察宝宝的行为,避免其将纸巾放入口中。

活动 5-10: 小手挥挥

材料准备:

无。

玩法介绍:

(1)妈妈准备带宝宝去户外玩耍。

(2)爸爸送到门口,说:"再见!"妈妈扶宝宝的手做挥手动作,跟爸爸说:"再见!"

(3)每次户外活动时,家长应主动带宝宝与小伙伴互动,要回家时,提醒宝宝与小伙伴再见,并做"再见"动作。

(4)当家人要外出或客人要离开时,抱宝宝送到门口,并提醒宝宝做"再见"动作。

给家长的一段话

此月龄段的宝宝,已经开始会注意观察成人的行动,并开始模仿,并且非常喜欢与成人玩重复的游戏。玩法一旨在通过引导宝宝认识自己的小手,尝试理解成人的话并用动作回应来提高宝宝的理解能力,这个游戏建议家长与宝宝面对面坐更利于亲子交流,促进活动的展开。活动二的目的是通过训练交往动作,使宝宝理解交往语言,促进婴儿的社会性发展。当宝宝学会做挥手"再见"动作时,家长要及时给予表扬。

第四节 7—9个月婴儿教育的常见问题及对策

7—9个月的宝宝进入了生理、心理发展的新阶段。宝宝每天都在以点滴的进步给父母惊喜:长高了、会坐了、能爬了……可是也会给父母带来新的烦恼:宝宝不喜欢吃辅食怎么办? 宝宝爬不好怎么办? 宝宝怕生怎么办? 成人了解这一月龄段宝宝的发展特点、掌握科学的育儿方式便可以让这些养育难题迎刃而解。

一、不喜欢吃辅食

案例
5-1

又到了喂奶时间了。刚碰到妈妈的乳头,豆豆(7个月)就如饥似渴地吃了起来。喂了一会儿,妈妈把豆豆抱了起来。可是,豆豆似乎还没有吃饱。这时,妈妈准备了蒸蛋给豆豆,妈妈给豆豆喂了一勺蒸蛋,可是,没等豆豆嘴巴里吧唧几下,便将蒸蛋吐了出来。接下来,任凭妈妈怎么喂,豆豆也不肯吃了。

原因分析:

宝宝7个月以后,成人便可以给其添加辅食了。但是,对于从未接触过这些新"食物"的宝宝来说,很容易产生抗拒反应。究其原因,有以下几种可能:第一,添加的辅食不符合月龄段,宝宝一时难以适应。宝宝尝试、接受和适应新事物需要一个循序渐进的过程,如果每天给宝宝添加不同种类的辅食,宝宝的味觉难以同时习惯、适应不同的味道。第二,对于习惯吮吸母乳的宝宝来说,添加辅食是练习咀嚼食物的开始。对于没有吃过的食物,宝宝可能还没有掌握咀嚼食物的要领而产生排斥心理。第三,长期只吃一种辅食。长期只给宝宝吃一种辅食,往往由于味觉的单调而让宝宝产生厌倦心理。对于0—1岁的宝宝来说,处于味觉发展的敏感期,循序渐进地尝试不同食物的味道可以刺激其食欲,使其自然地产生对食物的兴趣。

教育建议:

针对上述原因,成人可以从以下方面着手给宝宝添加辅食:

(1)循序渐进地给宝宝添加辅食。遵循从单一到多样、从少到多、由细到粗、从泥到碎的原则。7—9个月的宝宝可以添加的辅食有：菜汤、营养米粉、水果泥、菜泥、蛋黄等；8—9个月的宝宝可以添加的辅食有肝泥、蒸蛋、肉末、烂粥面、碎菜等；10—12个月的宝宝可以添加的辅食有软饭、面条、馒头、碎肉等。

（2）从米糊开始添加辅食。母乳是宝宝最喜欢、最容易接受的食物，成人可把米糊和母乳混合成半流质的糊糊，一点点喂给宝宝吃。当宝宝拒绝时，不要强迫宝宝，可以过段时间再次尝试，耐心等待宝宝适应新食物的味道。

（3）尝试不同的烹调方法。同一种食物，不同的烹调方法带来不同的口感。例如，对于长牙后的宝宝，相对于软烂的苹果泥，可能更喜欢薄薄的苹果片带来的爽脆感。

（4）给宝宝准备专门的餐具。用大碗盛满食物，视觉上会给宝宝压迫感。而用宝宝专用的可爱小碗盛装食物，却给其完全不同的视觉感受和心理感觉。每次少盛一点，吃完再添，可以给宝宝带来成就感和愉悦感。

二、不愿意爬行

案例 5-2

悠悠9个月了，长得白白胖胖，甚是可爱。可是最近爸爸妈妈却开始为他着急起来。原来，和悠悠差不多大的宝宝都开始爬了，悠悠却丝毫没有这种迹象。妈妈把他放在床上，逗引他向前爬行，悠悠双肘刚支撑起来，没多久就一屁股趴在床上不动了。任凭爸爸妈妈怎么逗引悠悠，他都没有爬行的兴趣。

原因分析：

8个月左右，在前期抬头、翻身、坐等大动作的基础上，大部分宝宝开始出现爬行的动作。然而，仍有很多宝宝到了9、10个月迟迟不会爬。究其原因，主要在于以下几点：一是父母对于宝宝爬行重要性的认识不足。很多父母以为宝宝此时不会爬不要紧，到了1岁左右直接练习行走是更加聪明的表现，其实不然：会爬的宝宝更聪明。爬行不仅可以锻炼其身体的灵活性、协调性，扩大宝宝的探索范围，丰富感知经验，更能使其获得成就感和愉悦感。对于宝宝不会爬行的现象，父母不应听之任之，而要积极采取措施和方法促进宝宝的爬行。二是和父母的教养方式有关。很多父母喜欢把宝宝整天抱在怀里或是放在婴儿床上，这使得宝宝无形中丧失了诸多练习爬行的机会。宽敞、平坦的地面、大床、草地等场地则更容易激发宝宝自由爬行的兴趣。三是前期基础动作发展不足。宝宝爬行动作的发展不是一蹴而就的，而是前期颈部、躯干、肩部、双腿、双手等肌肉力量协调配合的结果。若宝宝在前几个月中某一项基本大动作（抬头、翻身、坐）发展不足，则会影响爬行动作的发展。

教育建议：

（1）父母要重视宝宝的爬行，了解爬行对于宝宝动作、认知、自我意识等方面发展的诸多益处，抓住 8—10 个月这一爬行发展的关键期，让宝宝多练习爬行。当宝宝还不会爬时，成人可以多引导宝宝"趴着玩"，锻炼其颈部、背部和手臂肌肉，多鼓励其练习翻身，锻炼手臂和膝盖力量，为爬行打下基础。

（2）成人提供"爬行"示范。此时的宝宝天生喜爱模仿，成人在宝宝边上做出爬行动作，积极引导宝宝模仿，可以激发其爬行的兴趣。成人还可以在前方放置一个吸引宝宝的小玩具，逗引其向前爬行够取玩具。

（3）当宝宝不能腹部离地爬行时，家长可以用一块大毛巾从下方横穿宝宝的腹部，将其提起来，为其身体提供支撑，让其手膝着地爬行；当宝宝出现倒爬的情况时，成人可以用手抵住宝宝的双足，给其一个向前的力量，使其慢慢找到向前爬行的感觉。

三、"怕生"

案例 5-3

喵喵 8 个月大了。这天，喵喵的阿姨来看她。阿姨刚把喵喵抱过来，喵喵吓得"哇"一声就哭了起来。妈妈和阿姨都百思不得其解，前几个月阿姨来看喵喵时，喵喵并不怕生，看见人就笑，谁都让抱。现在却突然认生了，只要是不熟悉的人抱，喵喵就非常抗拒，又哭又闹，这下可让爸爸妈妈在亲友面前尴尬极了。

原因分析：

喵喵的"怕生"其实是 7—10 个月宝宝的一种正常心理现象。陌生人焦虑是宝宝心理发展的一个里程碑，出现在宝宝对特定依恋对象（如妈妈）形成稳固的安全依恋关系之后。在生命最初半年，宝宝的安全依恋关系还未最终形成，对周围人亲近、友好的举动都能接纳。然而，在第一年的后几个月中，随着宝宝认知能力的发展及亲子依恋关系的形成，宝宝开始能够区分熟悉的人和陌生人，表现出对陌生人的排斥、退缩和害怕。他会担心、忧虑和害怕陌生人，这其实是宝宝智力发展的结果。随着宝宝认知、情感的进一步发展和生活经验的积累，到 15 个月左右，陌生人焦虑现象会逐渐消失。

教育建议：

成人要以轻松的心态应对这种情况，给宝宝一个适应的时间。宝宝会根据父母对陌生人的态度来对陌生人做出反应。因此，父母友好地接待宝宝不熟悉的亲友，会使宝宝逐步放松下来，模仿爸爸妈妈的态度去应对陌生人，慢慢适应陌生人在场的情况。成人还可以提醒亲友先和宝宝保持适当的距离，不要急着拥抱或是亲吻宝宝，可以先和宝宝一起玩其喜欢的玩具，让宝宝在游戏中自然地和陌生人熟悉起来。

思考题

1. 7—9个月婴儿动作发展的趋势与特点是什么？婴儿动作培养的内容与策略是什么？

2. 请你围绕婴儿大肌肉动作学习与发展核心能力设计一套适合7—9个月龄段婴儿的体操。并说明为什么要这样设计？

第六章 10—12 个月婴儿的教育活动

第一节 10—12 个月婴儿身心发展特点概述

一、10—12 个月婴儿身心发展特点

（一）10—12 个月婴儿动作与习惯方面的发展特点

10—12 个月婴儿能独自坐立较长的时间，会迅速地爬行。自由自在地爬行是婴儿动作发展的一个重要里程碑，对大脑发育、感统觉综合训练和平衡掌握有很大帮助。应鼓励婴儿在学步前多多爬行，因为爬行是一项综合性的运动，更有利于婴儿早期通过爬行来探索世界，并发展初步的自我意识。

这一时期的婴儿，在爬行之余，还积累了一些直立和站立的平衡感，一旦感到安全，就要开始小心地迈步了。比如，11 个月大的婴儿可以抓着家具徘徊，也可以举起一只手或双手做平衡以方便步行。精细动作的发展上，10 个月左右的婴儿能够开始使用指尖和大拇指去拾取小物体，这被称为高级的、熟练的钳取技能。图 6－1 说明了这个发展过程。

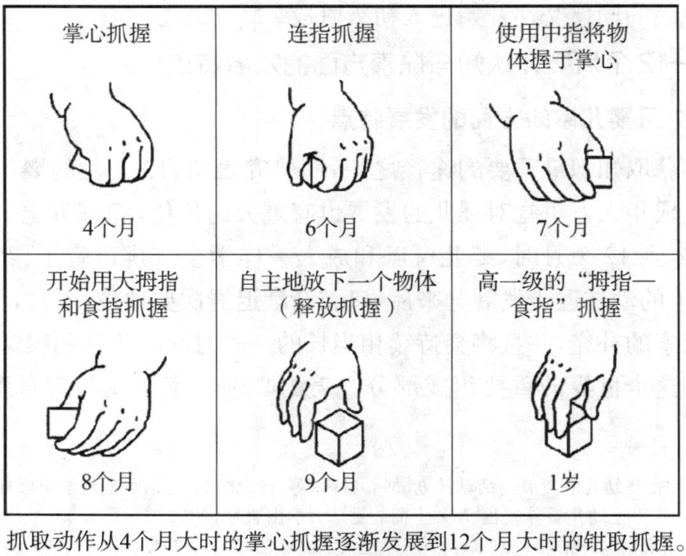
掌心抓握
连指抓握
使用中指将物体握于掌心
4个月
6个月
7个月
开始用大拇指和食指抓握
自主地放下一个物体（释放抓握）
高一级的"拇指—食指"抓握
8个月
9个月
1岁

抓取动作从4个月大时的掌心抓握逐渐发展到12个月大时的钳取抓握。

图 6－1　抓取技能的发展

并且,婴儿在发展到9—10个月大时就能够自主地释放手里的物体。随着抓取技能的发展,10—11个月大的婴儿,开始对将物体从盒子里拿出来并放回去感兴趣。1岁左右,婴儿倾向于使用哪只手就会表现出来。[①]

(二) 10—12个月婴儿语言与沟通方面的发展特点

10—12个月的婴儿处于学话的萌芽期,这段时期婴儿发音器官的不断发育完善,使婴儿能发出更复杂的音节,并且可以将不同音节的音连起来发,同时他们的声调也发生了变化:从之前的单调变得抑扬顿挫,形成了语调。

10—12个月的婴儿仍然是接收和理解语言大于表达语言,而且在以后相当长的时间里都是如此,但这并不影响他与别人的交流。因为自此阶段始,婴儿会发展手势语和体态语,如用摇头表示"不",用更加精准的表情动作表达内心的感受等。这一社交能力在婴儿语言熟练之前,会呈现出快速且复杂的发展,甚至会超越成人的水平。语言和认知的发展还使婴儿的生活增添了一个新的活动内容:他开始对看图画书感兴趣。[②] 婴儿观看图画书还会配以动作,同时还会发出不同语调的声音。

(三) 10—12个月婴儿情感与社会性方面的发展特点

1. 10—12个月婴儿情感方面的发展特点

这一时期,婴儿的情绪的社会参照水平在逐渐发展,婴儿对他人情绪表情的分辨已经越来越熟练,同时,如何来利用这些情绪信息来指导自己的行为也开始变得得心应手。

2. 10—12个月婴儿社会性方面的发展特点

10—12个月婴儿出现了明显的依恋情结,如不愿意离开妈妈、情绪会随着妈妈而波动等。并且更加愿意与熟悉的成人交往,对于陌生人、怪模样的物体反应很大,表现出害怕。婴儿的自我概念更加成熟,喜欢受到表扬,会为了得到表扬去做成人赞赏的事情和动作。[③] 这一时期的婴儿,喜欢与成人接触,也开始能够顺从成人的要求,与成人的交往也变得自主了。他们的同伴交往开始进入初级阶段。

(四) 10—12个月婴儿认知与探索方面的发展特点[④]

1. 10—12个月婴儿感知方面的发展特点

视觉是人类获取知识最重要的途径之一,而研究表明,12个月的婴儿视力已经接近成年人。听觉对婴儿的发展也有重大的价值,随着听觉能力的不断发展,到12个月时,婴儿可以和成人一样学会分辨声音了。

视频视崖实验

在触觉方面,当手的动作逐步发展起来后,口腔渐渐退居次要地位,不过,婴儿期仍会将口腔探索作为手探索的补充,并且将会持续相当长的一段时间。味觉和嗅觉虽居次要地位,但也是婴儿感知这个世界的重要组成部分。美国心理学家沃克和吉布森设计的经典的

① [美]彭妮·劳·戴纳. 婴幼儿的发展与活动计划[M]. 吕萍,等,译. 北京:北京师范大学出版社,2010:111—112.

② 王振宇,徐小妮. 0—3岁婴幼儿教养教程[M]. 上海:复旦大学出版社,2018:104—105.

③ 周念丽. 0—3岁儿童观察与评估[M]. 上海:华东师范大学出版社,2013:224.

④ 陈雅芳,徐华莉. 0—3岁儿童艺术启蒙与指导[M]. 上海:复旦大学出版社,2014:15、29、47、60、90、106、121.

"视崖实验",证明此时期的婴儿也已具备深度知觉。

10—12个月婴儿触觉定位越来越清晰,开始能分辨出所接触的不同材质。如果婴儿接触的是美好舒适的触觉刺激感受,他们注意力比较容易集中。反之,如果婴儿接触到的是负面的触觉刺激,则会造成婴儿情绪不稳。父母要经常给婴儿轻柔的安抚,让婴儿产生安全感,稳定情绪。

2. 10—12个月婴儿认知方面的发展特点

10—12个月的婴儿在认知方面有很大的进步,注意、记忆、思维都有着巨大的发展。这个月龄段的婴儿,已经可以注视一个东西超过10秒了,因为有了初步的记忆能力,对于面部表情的模仿也开始发展。他们还知道了常用物品的摆放位置及其基本功用,并且能够在看到物体藏的位置后找到该物体,"客体永久性"的概念也基本建立。但是,他们问题解决的行为还缺乏灵活性,不能实现"手段—目的"之间的协调。他们也已经能够利用工具来解决问题了,利用工具的行为带有计划性、目的性。

3. 10—12个月婴儿声音与乐感方面的发展特点

10—12个月婴儿不仅喜欢模仿成人语言和发音,而且对生活中各种音色的声音感兴趣,并试图去模仿,但是这个时期的婴儿模仿能力有限,他们虽然已经能对不同音色、具有细微差异的声音作出区分,但基本不能准确地模仿不同音色的声音。总的来说,一岁前是音色感知能力发展的重要时期,这种发展主要体现在婴儿对声音越来越感兴趣,尤其对不同音色声音的兴趣越来越浓,从能辨别音色差异大的声音逐渐过渡到能辨别音色具有细小差异的声音,从单纯地通过听区分音色发展到试图用动作、玩具发出或用声音模仿不同音色的声音。

10—12个月婴儿经常模仿成人发音,如有意识地发出"爸爸"、"妈妈"等音,会用固定的音节称呼一些东西,有节奏地模仿动物叫声,如"汪汪"、"叽叽"、"咩咩"等,开始关注成人的表情、模仿说话、模仿语言节奏和动作等。

0—1岁婴儿具备了倾听能力,他们喜欢成人的爱抚与陪伴,喜欢倾听母亲和家人的说话声音,喜欢倾听旋律优美的音乐,许多日常生活中的优美的节奏都可以成为婴儿倾听感受的内容。如自然界中的节奏:风雨雷电、流水声、动物的不同叫声、交通工具发出的声音、成人劳动和人们生活发出的不同声音,婴儿在出生后的头一年里,家长可以有目的、有意识地培养倾听,并将柔和优美的、节奏感强的声音融到婴儿的日常生活中。

10—12个月婴儿的两只手活动自如。能拿起乐器敲打,使其发出声音,同时做不同的动作,婴儿能用双手左右移动握玩乐器或玩具,使其发出速度不同的声音。

4. 10—12个月婴儿色彩方面的发展特点

10个月后的婴儿开始喜欢看图画,被图画里形形色色的图案所吸引,会伸手拍打图画上的物品,嘴里不时发出各式各样的声响。6个月—1岁是婴儿的探索敏感期,可以让婴儿多接触黄色和红色的物品,这两种颜色比较醒目,能够刺激婴儿的视觉感官,有助于促进婴儿各方面能力的发展。

5. 10—12个月婴儿涂鸦行为方面的发展特点

0—1岁的婴儿常用手抚摸、抓握他周围能拿到的东西。到了1岁左右,他们开始把抓到的东西把弄着玩,偶尔也会把手里的东西当作画画的"工具"在纸上按压,或咚咚地敲打。这种淘气的结果将成就婴儿第一次的"涂鸦"作品。但是,应该说明的是,此时的涂鸦行为不是婴儿有了要去绘画的意图才画画。这种绘画不是一种文化活动,而是手的运动的结果。一般来说需要等婴儿1岁左右,手的抓握精确性越来越好,且手臂能以肩为轴地运动后,才开始动作极其笨拙地画出很多点,由此真正出现涂鸦行为。这一行为的出现,让婴儿明白,不但能使用自己的手和脚,还能使用画笔在白纸上留下点或线的痕迹,这足以让他们为之兴奋。因此,婴儿还会一次又一次地涂鸦,而且还会在墙上、桌上等地方涂鸦。

6. 10—12个月的婴儿手工材料感知能力的发展特点

一岁左右的婴儿由于手臂开始能以肩为轴运动后,除了常见的抓握纸张动作外,开始出现了撕纸等感知纸质材料的动作。可以说,会撕纸是婴儿精细动作发展的一个标志。这一时期的婴儿已经能初步感知不同纸质材料的不同特点。9个月以后,他们已经会用食指和拇指捏取小物件,成人可以将软泥材料分成大小适中的泥块,让他们抓捏,感知其软硬度。

根据10—12个月婴儿的发展水平内容,观察要点如下:

表6-1 10—12个月婴儿发展观察要点

动作与习惯	认知与语言	情感与社会	认知与探索
• 会用四肢爬行,且腹部不贴地面 • 自己扶栏杆站起来,自己会坐下 • 自己扶物能蹲下取物,不会复位 • 独自站稳,自己扶物可迈步 • 独走几步即扑向成人怀里 • 手指协调能力更好,如打开包糖的纸 • 能用手抓笔,点点涂涂 • 对发出声响的玩具感兴趣	• 会用手指向自己感兴趣的东西 • 故意把东西扔掉再捡起,把球滚向别人 • 手眼逐渐协调,会将大圆圈套在木棍上,从杯子中取物放物 • 感知分辨能力进一步提高,如区分动物和车、把红色的物体归为一类 • 喜欢凝视图画 • 能懂得一些词语的意义,如问:"灯在哪儿呢",会看灯;向其索要东西知道给 • 能按要求指向自己的耳朵、眼睛和鼻子 • 能说出最常用词汇,如"爸爸"、"妈妈" • 出现难懂的话,自创一些词语来指称事物 • 用动作表示同意或不同意(点头、摇头) • 尝试使用工具解决问题,如用一根棍子拨回物体	• 发声时,会模仿他人的手势,面部伴有表情 • 喜欢重复的游戏,例如玩拍手游戏、躲猫猫 • 显示出一定的独立性,如不喜欢大人搀扶和被抱着 • 更喜欢情感交流活动,还懂得采取不同的方式 • 能玩简单的游戏,开心时发笑 • 准确地表现出高兴、生气和难过 • 以哭引人注意 • 对主要照料者表现出明显的喜爱,开始听从看护者的劝阻 • 对同龄人表现出极大的兴趣,会互相凝视或彼此触摸	• 对生活中各种音色的声音感兴趣并试图去模仿 • 可以有节奏地模仿一些声音 • 对喜欢的音乐表现出兴奋,对不喜欢的音乐则表现出不快 • 能用双手左右移动、握玩具或乐器,使其发出速度不同的声音 • 能够被图画里形形色色的图案吸引,并伸手拍打图画上的物品 • 开始出现撕纸等感知纸材料的动作

二、10—12个月婴儿教养内容与要求

逐步形成婴儿定时睡眠(白天2—3次,一昼夜13—15小时)的习惯;逐渐提供各类适宜的食物,让婴儿初步适应咀嚼、吞咽固体食品,能够用杯喝水、用勺喂食;鼓励婴儿配合成人为其穿衣、剪指甲、理发和盥洗等活动。引导婴儿学习坐盆排便,对大小便的语音信号有反应,帮助其形成一定的排便规律;让婴儿练习独立站、扶走等,是10—12个月婴儿在动作与习惯方面的教育内容与要求。10—12个月婴儿在语言与沟通方面的教育内容与要求有:用简单的指令刺激婴儿用表情、动作、语音等做出相应的反应;能引导婴儿自创一些词语来指称事物;引导婴儿关注比较细小的物品,支持婴儿摆弄、观察玩具等实物;鼓励婴儿尝试使用工具解决问题。10—12个月婴儿在情感与社会性方面的教育内容与要求包括:增加亲子交流,引导婴儿注意周围人的表情,理解熟悉的成人肯定或否定的表情语言;多与婴儿玩重复的游戏;引导婴儿采取不同的方式参与情感交流活动;鼓励婴儿之间相互观察、相互触摸。10—12个月婴儿在认知与探索方面的教育内容与要求主要是:引发婴儿跟着音乐节律随意摆动身体;[1]引导婴儿在自己的角度辨认旋律;鼓励婴儿模仿音调并能唱出自己的声调;为婴儿购买单幅图画、撕不破的书籍;有意识地锻炼婴儿左右手的拇指与食指配合撕纸条的动作能力。

前沿视角
6-1

动作,婴幼儿思维的源泉[2]

现如今,很多家长开始重视0—3岁婴幼儿的早期教育。这本值得提倡,但令人遗憾的是,家长们过多地着眼于"智力开发",而对占了早期发展半壁江山的动作发展和运动的重要性并未引起足够的重视。很多父母花费大量财力购买市面上训练认知的书籍、图册、画板,花费大量的时间、精力训练孩子的智商。这些家长"一番苦心"的结果必定与初衷背道而驰!这是因为教育必须顺应个体发展的规律与需要,方是有效的教育。对一个0—3岁的婴幼儿来说,什么是他需要的?绝不是训练他们的思维、记忆。把他们从小培养成神童,这无异于揠苗助长。正如格塞尔的理论所说,婴幼儿有其特定的发展蓝图,在儿童准备好之前对他们进行的训练是没有意义的。对他们真正有意义的是有足够大的空间去探索这个未知的世界。无论是爬、滚、坐、跑,还是剪纸、洗手、拿东西、打招呼,无一不是孩子与这个世界进行交往的方式。他们在与物质环境相互作用时,会获得物理经验和数理逻辑经验;与社会环境交互作用时,会获得社会经验。这些经验会累积成他们生命的一部分,也将是日后发展最坚实的基石。

悲哀的是,很多父母一味夸大智力开发重要性的同时,却看不到动作发展对婴幼儿发展的重要意义。更有甚者,剥夺了孩子动作发展的机会。有的父母把孩子的一些尝试

---

① 上海市教育委员会.上海市0—3岁婴幼儿教养方案[Z].上海市教育委员办公室,2008:4.
② 周念丽,徐昒.动作,婴幼儿思维的源泉[J].社会观察,2015(11):35—37.

性行为视为搞破坏、加以训责,不让孩子碰这个,不让孩子碰那个。如此,孩子没有了动手的机会,没有了与未知世界沟通的桥梁,也失去了很多快乐。也有的父母,百般呵护孩子,很少给孩子提供户外活动的机会,只让孩子在路上规规矩矩地走,在家里安安静静地玩玩具,生怕孩子磕着、碰着……可这真的是为了孩子长远的健康着想吗? 正如温室里的花朵经不起一点日晒雨淋,没有一个强健的体质又怎能健康快乐地成长,怎么掌握各项能力迎接生命中的更多挑战呢?

动作的价值在于把儿童自身与外界环境紧密地联系在一起。正是因为有这些动作和动作的协调,才会有儿童与环境之间的相互作用。而正是这种相互作用,才使儿童掌握了知识、发展了思维。如果没有这种相互作用,思维便失去了方向、内容和动力。因此,如果你想要让孩子得到知识、发展智力,你应该做的不是从小训练他的记忆、思维,而是为孩子提供足够的活动场所和活动内容,让他们自己动手、自己操作、自己发现;如果你想要激发、保持孩子的求知欲望和兴趣,就更应该让他们自己动手、自己操作和自己发现!

第二节　早教机构中 10—12 个月婴儿的教育活动设计与指导

早教机构中 10—12 个月婴儿的教育活动设计与指导也应从"动作与习惯"、"语言与沟通"、"情感与社会"及"认知与探索"四大领域分别开展,全面、均衡地设计各个活动,在保证活动具有互动性的前提下,突出活动的游戏性。游戏是孩子的天性,这一时期的婴儿,随着"客体永久性"的基本建立,已经能够理解很多游戏的本质或者意义,因此,游戏成为他们最喜欢的学习方式。

一、动作与习惯

在运动方面,10—12 个月婴儿大肌肉动作的发展主要表现为"蹲—站"动作越来越灵活,因而对行动自由的渴望越来越强烈,出现"扶物行走"动作。精细动作的发展主要表现为钳形抓握动作已经非常准确,手眼协调能力快速发展等。[①]

针对 10—12 个月婴儿上述特点及教养要求,教师可以从如下方面进行引导。例如,训练婴儿在有便意的时候蹲下来,并学习使用便盆,进行如厕练习。这一过程中,要求婴儿能够放松自己、控制大小便。这一行为既有生理成熟的条件基础,也是对婴儿内部控制的挑战,但如厕练习是婴儿走向独立的标杆之一。再如,为锻炼婴儿手眼协调能力,可以通过"剥糖果"游戏,激发婴儿的操作兴趣。

---

① 周念丽.0—3岁儿童观察与评估[M].华东师范大学出版社,2013:60.

活动 6-1：钻山洞

活动价值：

此月龄段的宝宝会用四肢爬行，且腹部不贴地面。活动中，通过借用爸爸妈妈的身体，创设富有情趣的爬行环境，激发宝宝爬行的兴趣，锻炼宝宝腹部离地、四肢爬行的能力。

活动准备：

柔软平坦的地毯、小虫钻洞运动器具、各种毛绒小玩具。

活动流程：

1. 示范互动：看一看、试一试

（1）教师将自己的身体摆出山洞造型，让个别宝宝玩"钻山洞"的游戏。

（2）教师针对个别宝宝"爬"的动作，向家长介绍此月龄宝宝爬行的特点。

（3）教师介绍此活动的价值。

2. 亲子互动：钻一钻、爬一爬

（1）教师引导家长将自己的身体摆出山洞造型，引导宝宝爬过山洞。

（2）两位家长面对面，双脚跪地，双手做成"山洞"，引导宝宝"钻山洞"，"小宝宝爬山洞，爬呀爬呀爬，爬过去喽！"教师引导宝宝爬过去。

3. 亲子游戏：找一找、爬一爬

（1）家长仰卧（俯卧）在地毯上，鼓励宝宝从家长的身上爬过。宝宝边爬，家长边说："爬呀爬，爬小山，宝宝的本领大又大。"

（2）家长告诉宝宝说："小虫钻洞里有好玩的玩具，宝宝快快去找一找。"鼓励宝宝爬过小虫钻洞。

活动提示：

（1）教师观察宝宝是否会腹部离地、用四肢爬行。如果宝宝腹部不能离开地面，教师用手或一条围巾，兜住宝宝的小肚子，帮助其腹部离开地面爬行。

（2）如果宝宝不愿意爬过小虫钻洞找物，家长可以在小虫钻洞的另一端，鼓励宝宝向前爬。

活动 6-2：剥糖果

活动价值：

此月龄段的宝宝手眼逐渐协调，能打开包糖的纸，会从盒中取出物品。通过"剥糖果"游戏，激发宝宝对小物体操作的兴趣，尝试用拇指、食指和中指三指的协调配合自由捏取、摆弄物体，发展其手眼协调能力。

活动准备：

糖果盒若干，内装糖果或巧克力若干。

活动流程：

1. 示范互动：好吃的糖果

视频 剥糖果

（1）教师出示糖果盒,并摇晃手中的糖果盒以引起宝宝的兴趣,对其说:"宝宝,看看里面有什么呢?"教师慢慢打开糖果盒。

（2）教师取出糖果,引导宝宝认一认糖果。

（3）教师示范用三个手指剥糖果,并告诉宝宝:"这是糖,糖是甜甜的。"

（4）教师介绍剥糖活动的价值。

2. 亲子互动:糖果在哪里

（1）家长鼓励宝宝打开糖果盒:"宝宝,把糖果盒打开,看看里面有什么?"

（2）家长引导宝宝认认、捏捏糖果,并告诉宝宝:"剥掉糖纸,才能吃到好吃的糖。"

3. 亲子游戏:动手剥一剥

（1）家长鼓励宝宝自己剥糖,并用语言引导宝宝:"糖果真好吃,宝宝剥一剥,找找糖果在哪里?"

（2）引导宝宝剥糖果给家长吃。"宝宝,把糖放进××嘴巴里。"

活动提示:

（1）家长可边做游戏边对宝宝说"这是糖。"在游戏中引导宝宝将物品和名称匹配,加强其语言理解能力。

（2）宝宝如有困难,家长可帮助宝宝剥开糖纸一角,让宝宝体验成功的快乐,当宝宝成功后要给予鼓励。

二、语言与沟通

在语言发展上,这一时期的婴儿,已经能够说出有意义的词,在语言发展过程中具有里程碑式的意义。针对10—12个月婴儿上述特点及教养要求,教师可以从如下方面进行引导。例如,可以在询问婴儿"鼻子在哪里"时,引导他动一动自己的小鼻子或者用手指指鼻子,用简单的指令刺激婴儿用表情、动作、语音等作出相应的反应;再比如,当婴儿对高处挂着的饰品感兴趣并对着饰品发出"高高"等类似的语言时,可以强化婴儿的这一行为,如可以立刻询问他:"'高高'在哪里?"他可能会看向饰品,这时还可以再用手指着饰品告诉他:"'高高'在那里!"来发展婴儿自创一些词语来指称事物的能力。

活动6-3：认五官

活动价值：

此月龄段的宝宝能按要求指认自己的耳朵、眼睛和鼻子。通过活动引导宝宝认认五官,发展宝宝的自我认知和反应能力。

活动准备：

人手一张广告纸,纸上剪一个洞。

活动流程：

1. 示范互动:说一说

（1）教师出示剪了一个洞的广告纸,告诉宝宝要请他们"看电影"。

（2）教师示范游戏玩法，将剪了一个洞的广告纸遮住自己的脸，只露出嘴巴，告诉宝宝：这是嘴巴，并让宝宝找找家长的嘴巴。

（3）教师介绍游戏的要点和活动价值。

2. 亲子互动：指一指

（1）家长运用广告纸，相应露出各个五官，引导宝宝逐一认识鼻子、眼睛、耳朵、嘴巴。

（2）家长引导宝宝逐一指认家长的鼻子、眼睛、耳朵、嘴巴。

（3）引导宝宝指认自己的五官。

3. 亲子游戏：找一找

家长一边念儿歌一边和宝宝一起指认五官。如"找呀找呀找眼睛，你的眼睛在哪里？""在这里，在这里，我的眼睛在这里。"（继续找耳朵、鼻子、嘴巴）

活动提示：

（1）家长和宝宝游戏过程中，指到某处时，可和宝宝说说这一部位的作用，如，鼻子可以闻出香香的气味，耳朵可以听到美妙的声音，等等。

（2）家长可根据宝宝的能力逐渐加快找五官的速度，发展宝宝的反应能力。

活动6－4：照片书

活动价值：

此月龄段的宝宝能说出最基本的语言，如"爸爸"、"妈妈"，除了能重复不同音节的发音外，还能发出不同的音调。通过看看说说"照片书"，让宝宝进一步熟悉亲人，并尝试发音。

活动准备：

家庭相册。

活动流程：

1. 示范互动：我的家人

（1）教师出示一本家庭相册，示范讲解看照片书的方法。在翻阅过程中鼓励宝宝发出"ma-ma"、"ba-ba"的音，熟悉主要的家庭成员。

（2）教师介绍此活动的价值。

2. 亲子互动：指指认认

（1）家长引导宝宝一起看相册，激发宝宝的兴趣："这是谁呀？"向宝宝逐一介绍爸爸、妈妈、爷爷、奶奶。

（2）家长边翻边说称谓，如："宝宝，找找妈妈在哪里？"宝宝指认正确时及时给予鼓励，再逐一指认爸爸、爷爷、奶奶等。

3. 亲子游戏：翻翻说说

引导宝宝自己自由翻阅照片书，并且尝试发音。如家长指着照片问："这是谁？"鼓励宝宝发出"ma-ma"、"ba-ba"的音。

活动提示：

（1）家长要选择色彩清晰、描述日常生活或宝宝熟悉的照片。

（2）家长先让宝宝看自己的照片，再翻到主要家庭成员的照片。

（3）宝宝发出的声音如果不清晰、不准确，家长不要急于纠正宝宝，而是不断示范正确的发音。

三、情感与社会

10—12个月的婴儿情绪已从基本情绪为重向社会情绪并重的方向发展，并且出现了明显的依恋情结，如不愿意离开妈妈、情绪会随着妈妈而波动等。更加愿意与熟悉的成人交往，对于陌生人、怪模样的物体反应很大，表现出害怕。婴儿的自我概念更加成熟，喜欢受到表扬，会为了得到表扬去做成人赞赏的事情和动作，[①]在社会性方面表现出很大的进步。

针对10—12个月婴儿上述特点及教养要求，教师可以从如下方面进行引导。例如，活动中增加亲子交流，引导婴儿注意周围人的表情，理解成人肯定或否定的表情语言；再如，可以选择简单游戏，如拍手游戏、躲猫猫等，多与婴儿玩重复的游戏。

活动6-5：学一学，做一做

活动价值：

此月龄段的宝宝能准确地表示愤怒、害怕、嫉妒、焦急、同情等情绪。在活动中逗引宝宝模仿家长的面部表情，体验表情变化的乐趣。

活动准备：

大镜子，音乐《表情歌》，人手一套"哭"、"笑"表情图片。

活动流程：

1. 示范互动：小脸变一变

教师介绍活动内容与价值。

教师分别出示不同表情图片。如："宝宝，这是什么表情呢？"（笑脸）教师引导宝宝学做笑脸等。

2. 亲子互动：学一学

家长引导宝宝观察图片上宝宝的表情。

（1）家长出示笑脸。"宝宝在干吗？"家长面对宝宝用夸张的口型说："笑"，同时引导宝宝笑一笑。

（2）家长出示哭脸。"宝宝怎么了？"家长面对宝宝用夸张的口型说："哭"，同时引导宝宝模仿哭的表情。

3. 亲子游戏：表情歌

（1）家长引导宝宝照着大镜子学做笑（和哭）表情。宝宝如果有困难，家长可以通过触碰腋下的敏感部位，引发宝宝的笑，并说："宝宝笑了"。

---

① 周念丽.0—3岁儿童观察与评估[M].上海：华东师范大学出版社，2013：183、224.

（2）在表情歌的伴奏下，对着镜子模仿笑和哭的表情。

活动提示：

（1）家长在引导宝宝学做各种表情时，自己的动作与表情需夸张。

（2）一次游戏时间不宜过长，当宝宝出现疲惫与厌倦情绪时，需逐步停止，让宝宝休息。

活动6-6：你好

活动价值：

此月龄段的宝宝会做挥手再见、招手欢迎的动作，喜欢玩拍手游戏。通过故事情境，帮助宝宝理解"你好"、"谢谢"等简单的语言，并能在成人的鼓励下学做"你好"、"谢谢"等动作。

活动准备：

动物手偶若干，故事《你好》的多媒体课件。

活动流程：

1. 示范互动：老师，你好！

（1）教师与宝宝打招呼："宝宝，你好！"家长引导宝宝作出相应反应，或挥手，或鞠躬。

（2）教师边讲故事，边逐一出示手偶太阳公公、小公鸡、小鸭子、小牛、小狗表演。

（3）教师向家长介绍此活动的价值。

2. 亲子互动：小动物，你好！

（1）教师将手偶发给宝宝，家长引导宝宝用动作表示"谢谢"。

（2）教师边讲故事边演示小动物，引导宝宝用动作表示"你好"。

（3）家长带着宝宝与同伴打招呼。

3. 亲子游戏：凯蒂，你好！

（1）家长与宝宝一起欣赏多媒体。

（2）家长引导宝宝有节奏地用动作与凯蒂打招呼。

活动提示：

（1）家长要有耐心，语言和动作同步进行，帮助宝宝理解词语对应的意义。

（2）家中来客人时，家长可帮助宝宝用挥手、招手等动作向别人打招呼，学说"谢谢"、"你好"。

四、认知与探索

随着感知觉发展水平的提高，10—12个月婴儿能够运用的感知通道越来越多，他们的每一次感知几乎都融合了多种感官的参与，但是，这一时期的婴儿发展重点应关注在视觉上。

随着"客体永久性"的基本建立，10—12个月婴儿在认知方面的发展也发生了一定的变化。他们注意的时间开始变长,记忆力也有了一定的提高,在"客体永久性"概念的建立下,物品消失时,他们也能够借助工具来找到物体,能够利用工具来解决问题了。

10—12个月婴儿开始对生活中各种音色的声音都感兴趣并试图去模仿,并且可以有节奏地模仿一些声音,能对喜欢的音乐表现出兴奋、对不喜欢的音乐表现出不快,还能用双手左右移动、握玩玩具或乐器,使其发出速度不同的声音。而且,他们能够被图画里形形色色的图案吸引,并伸手拍打图画上的物品,也开始出现撕纸等感知纸材料的动作。

针对10—12个月婴儿上述特点及教养要求,教师可以从如下方面进行引导。例如,成人可选择欢快或雄壮有力的音乐,在听音乐时,成人可以边听边拍手,平时也可以经常带婴儿玩节奏发音游戏,引发婴儿跟着音乐节律随意摆动身体。

活动 6-7: 小手小手拍拍

活动价值:

此月龄段宝宝喜欢重复的游戏,如挥手表示"再见"、玩拍手游戏。通过简单的音乐节奏,培养宝宝对拍手游戏的兴趣,并模仿简单的动作。

活动准备:

音乐《小手拍拍》。

活动流程:

1. 示范互动:学一学

(1)教师伸出自己的手拍拍、转转,引起宝宝的注意。

(2)教师结合儿歌吸引宝宝:"小手小手拍拍,我的小手伸出来;小手小手拍拍,我的小手抱起来;小手小手拍拍,我的小手转起来;小手小手拍拍,我的小手藏起来。"教师边唱儿歌边做动作。

(3)教师介绍此活动价值。

2. 亲子互动:做一做

(1)家长与宝宝一起玩"藏小手"的游戏。家长把手藏起来让宝宝找,宝宝把手藏起来让家长找。

(2)家长边念儿歌边与宝宝做游戏。

3. 亲子游戏:小手拍拍

家长和宝宝跟着音乐的节奏一起拍拍手。

活动提示:

(1)若宝宝听到"藏"、"伸"等动作没有反应,家长可握着宝宝的手一起做藏和伸的动作。

(2)家长的示范动作要夸张,节奏要慢,便于宝宝模仿。

活动 6-8: 小乐器在唱歌

活动价值:

此月龄段宝宝喜欢听音乐,跟着音乐摆动,并对乐器充满好奇感。在敲敲打打中,让宝宝感受不同乐器的声响,发展宝宝手眼协调能力,感受音乐节奏带来的快乐。

活动准备:

(1)小乐器:钢片琴、响筒、沙球、串铃、铃鼓、小鼓等。

(2)音乐《娃哈哈》,录音机。

活动流程:

1.示范互动:小乐器会唱歌

(1)教师敲击双响筒和蛙鸣筒,吸引宝宝的兴趣。

(2)教师用钢片琴弹奏歌曲《小星星》,引导宝宝随着音乐摆动。

(3)教师介绍此活动的价值。

2.亲子互动:叮叮咚咚

(1)家长用语言引导宝宝自由地选择各种小乐器敲敲打打。

(2)播放背景音乐,家长给宝宝提供示范,同宝宝一起随着音乐敲打小乐器。

(3)家长鼓励宝宝跟着音乐敲敲打打。

3.亲子游戏:我和乐器做朋友

(1)播放背景音乐《娃哈哈》。

(2)教师边敲击铃鼓边舞蹈。

(3)家长引导宝宝手拿铃鼓模仿教师边敲击边舞蹈。

活动提示:

(1)家长根据宝宝的喜好选择不同的小乐器敲打。如宝宝敲打不到乐器上,家长可握住宝宝的手腕和其一起敲打。

(2)由于宝宝动作不协调,很容易敲到自己或同伴,家长要关注宝宝的敲击动作。

第三节 家庭中 10—12 个月婴儿的亲子教育活动

1岁内的婴儿是非常活跃的,他们特别喜欢动来动去。在大肌肉的动作的发展上,他们从趴着玩到手足爬行,从扶站到独站,从扶走到独走。在精细动作上,敲打能力、手部灵活性、手指灵活性、手腕力度以及小肌肉动作等都在稳步发展。这一时期,教养者要为他们提供大量的玩具。家庭中也可以运用各类玩具或常见物品来展开亲子活动。

活动 6-9: 照顾娃娃

材料准备:

嘴巴可张开的玩具娃娃,干果(红枣等),布娃娃一个,小衣服,毛巾,小碗,小勺。

玩法介绍：

玩法一：

（1）家长将玩具娃娃放在宝宝面前，用语言引导宝宝："宝宝，这是玩具宝宝，他饿了，我们来给他吃果果。"

（2）家长向宝宝提供装有各种干果的筐，鼓励宝宝将果果喂给娃娃。家长可与宝宝一起做动作，边做边说："宝宝，喂果果给玩具宝宝吃。"

（3）游戏时，家长可提供嘴巴大小不同的玩具娃娃，尽量鼓励宝宝自己独立喂娃娃。喂完后，家长可拍手、唱歌，以激励宝宝。

玩法二：

（1）同宝宝一起用盒子给娃娃做一个小床，拿一块小毛巾给娃娃当被子，和宝宝一起哄娃娃睡觉，可以边哄边唱宝宝睡觉时喜欢听的儿歌，如《摇篮曲》。

（2）家长假装娃娃哭泣，边哭边说："宝宝饿了，宝宝要吃奶。"鼓励宝宝拿个奶瓶，让宝宝喂娃娃吃奶，边喂边拍打娃娃。也可以用小碗、小勺喂娃娃吃饭。

（3）家长假装娃娃不舒服，扭来扭去："娃娃可能尿尿了，娃娃不舒服，要换尿不湿。"让宝宝帮忙给娃娃换尿不湿，边换边夸宝宝："宝宝真能干。"

给家长的一段话

玩法一的目的是通过鼓励宝宝反复抓握、摆弄手中的小物体来锻炼宝宝的抓握、钳握和捏取的手指动作，以发展宝宝的手眼协调能力。家长还可以根据宝宝的实际发展情况，来自制各种材质的娃娃，如：瓶娃娃、篮子娃娃、盒子娃娃等，满足宝宝精细动作发展的需要。玩法二主要是通过让宝宝学习抱娃娃等动作，体验照顾他人的情感。照顾娃娃时，家长可逐步减少对宝宝的帮助，尽量让宝宝独立去做。

活动6-10：我的五官

材料准备：

小镜子若干面

玩法介绍：

（1）家长让宝宝自由地摆弄镜子，并有意识地引导宝宝。

（2）家长和宝宝面对镜子，家长指认自己的五官，再引导宝宝指认自己的五官："瞧，这是宝宝的鼻子（嘴巴、眼睛）。"

（3）家长和宝宝面对镜子，家长做各种动作：张大嘴、吐舌头等，引导宝宝模仿。

给家长的一段话

在玩之前可以增加剪过洞的纸游戏，借助剪过洞的纸这一工具可以引导宝宝认识五官，训练宝宝的反应能力。游戏时，家长可根据宝宝的水平逐渐加快找五官的速度，以更好地锻炼宝宝的反应的敏捷性。

第四节　10—12个月婴儿教育的常见问题及对策

随着宝宝身体各项机能的发展,这个月龄段的宝宝出现了新的发展特点,也给父母们带来了新的烦恼:宝宝每次吃饭总把桌子和身上搞得一塌糊涂怎么办?宝宝用学步车学走路会有危害吗?宝宝总是喜欢吃手指怎么办?针对这些常见问题,成人该如何应对呢?

一、吃饭弄得一塌糊涂

丁丁九个月了。现在的丁丁很喜欢自己吃饭。丁丁能自己拿着勺子将食物送入口中。但是丁丁的小手还不是很灵活,经常会将饭菜洒落出来,掉到桌子上、地上和身上。有时吃完一顿饭,妈妈要清理好久,还要给丁丁换衣服。妈妈觉得很是苦恼,这该怎么办呢?

原因分析:

随着宝宝手部精细动作更加灵活,这个月龄段的宝宝能够更准确地拿住东西,且手和眼的协调配合能力增强,像丁丁可以握住勺子,将食物放入口中。但是,宝宝手部精细动作的发展需要充分的练习机会,在长期、反复的练习中,宝宝才会越吃越好,不会将饭菜洒落出来。因此,无论是丁丁对自己动手吃饭的兴趣倍增还是丁丁吃得一塌糊涂都是很正常的现象。

教育建议:

(1)以一颗包容之心理解宝宝的这种行为。从成人清洁的角度看,宝宝每次吃饭后都要清理饭桌,是一件费力、麻烦的事。然而,从宝宝自身发展的角度看,这件小事中却蕴含着诸多教育价值。宝宝独立吃饭可以发展精细动作,使双手更灵活;更重要的是,这是一种独立能力、自理能力的培养。有了自己吃饭的习惯,宝宝更会倾向于"自己的事情自己做",这也是培养婴儿自尊心、自信心的重要途径。因此,成人要包容宝宝吃饭时弄得地上、桌上、衣服上一片狼藉。

(2)日常生活中,成人可以给宝宝提供一些发展手部精细动作的小游戏。例如,成人可以提供勺子、装有豆子的小碗、空碗给宝宝,让其用勺子把豆子从碗中舀到另一个空碗里,锻炼其手眼协调能力。随着宝宝手部精细动作愈加灵活,还可以把大口的碗逐步换成

小口的杯子、瓶子,加大游戏的难度。(安全提示:注意婴儿把豆子弄进嘴里和鼻子里,发生危险)

(3)每次给宝宝盛饭时,不要盛太多,以免宝宝打翻。每次放一点食物,等宝宝吃完了再添,不仅方便宝宝吃饭,更容易让其获得成就感。

(4)成人可以在宝宝吃饭前在餐椅下方铺一块一次性餐布,或者在宝宝胸前戴上围兜,以便收拾整理。

二、学步车之争

案例
6-2

小宝11个月了。当妈妈把小宝放在婴儿床上时,小宝已经不满足于躺着、坐着或爬来爬去了。小宝会用手扶着围栏,想要站起来,有时甚至能扶着支撑物走几步,可是一不留神,小宝就很容易摔倒。爸爸想给小宝买一个学步车,既能让小宝学走路,又不用担心小宝会摔倒在地上。可是妈妈不同意,妈妈说有朋友的孩子用学步车学走路,走路姿势很奇怪。到底能不能让宝宝用学步车学走路呢?

原因分析:

现在的学步车主要有两种,一种是推车式学步车,一种是围合式学步车。推车式学步车能帮助宝宝发展腿部力量,锻炼平衡能力。而宝宝使用围合式学步车时,是用脚尖移动的,走路姿势与自然走路的姿势差异很大。久而久之,容易形成前脚掌着地的"欠脚"走路姿势,还有可能走八字路、脚尖走路、弯曲走路等。另外,围合式学步车将宝宝固定在了一个狭小的空间里,使其失去了大量自由练习行走的机会,不利于锻炼腿部力量和平衡能力。因此,不建议给学步期宝宝使用围合式学步车,在加拿大等一些国家已经明令禁止生产、销售围合式学步车。

教育建议:

(1)购买学步车时,成人需注意以下几点:购买正规厂家生产的推车式学步车;使用前仔细检查零部件,并将高度调节到适合宝宝的高度;宝宝能够扶物侧走之后,才可以使用学步车。使用时,成人需在旁看护,以免发生危险。当宝宝能够熟练地使用学步车时,成人需及时撤掉,让宝宝在宽阔、平坦的地面上练习独立行走。

(2)成人还可以借助沙发、椅子、茶几等家具让宝宝练习站、走。例如,宝宝可以在沙发旁由扶站慢慢过渡到独站,接着开始尝试迈步行走。但这时还需要依靠支撑物的扶持来保持其身体平衡。因此,沙发可以继续"陪伴"在宝宝的学步期。但这一阶段也是宝宝容易摔跤的时期,成人需在旁随时提供安全保护。

(3)成人可以通过一些亲子游戏让宝宝体验行走的感觉。如,宝宝和成人同向前后站立,宝宝双脚踩在成人脚上,成人扶住宝宝腋下,通过双脚的行走带动宝宝体验行走的感觉。

三、喜欢吃手指

毛毛 12 个月了。妈妈发现毛毛最近特别喜欢把大拇指放在嘴里吮吸,睡觉前、睡醒后或是无聊时就喜欢吮吸大拇指。妈妈觉得这样不卫生,看到后就会阻止毛毛,把他的手拿出来,可是没过多久,毛毛又开始吮吸手指了。妈妈很是头疼,为什么毛毛这么爱吃手指呢?

原因分析:

首先,对于 12 个月的毛毛来说,他正处于"口唇期",喜欢通过"嘴"来探索外部世界。出于对自己身体的好奇,宝宝会把小手放进嘴巴里,以此感知、认识自己的双手。这一举动表明宝宝的大脑正在发育,同时也表明他对身体的支配能力在提高,可以准确地将手指放入口中。其次,对于这个月龄段的宝宝来说,母乳已经不是唯一的食物来源,妈妈的乳房自然也不是陪伴其入睡的最佳武器了。宝宝通过吮吸手指来适应这一过程。因此,这也是宝宝情绪调节、自我安慰的一种方式。如果成人因为不卫生而强行阻止宝宝吮吸,就会使其心理需要得不到满足,在后续发展过程中可能会出现咬指甲等不良习惯,还有可能使其脾气暴躁、缺乏安全感,影响心理的健康发展。

教育建议:

(1)成人要以包容、接纳的心态应对宝宝这一行为。成人要意识到,这只是宝宝特定时期的一种正常现象,随着月龄的增长,这种现象会慢慢消失。成人无需过度焦虑,更不应过分阻止。为了卫生起见,成人可以经常给宝宝清洁双手,勤剪指甲,或者用消毒过的安抚奶嘴替代。

(2)宝宝吮吸手指的背后是一种寻求情感慰藉的需要。成人在日常照料时,需要增加和宝宝的肢体接触,如亲吻、拥抱、抚触,给其安全、温暖、依恋的感觉,积极回应宝宝的各种需要,多和宝宝对话,在成人细致、体贴的呵护和关爱之下,宝宝就可以健康成长。

思考题

1. 10—12 个月婴儿动作发展的趋势与特点是什么? 婴儿动作培养的内容与策略是什么?

2. 请你围绕婴儿学步学习与发展核心能力设计一堂适合 10—12 月龄段的亲子活动指导课。请说明:为什么要这样设计?

第一节　13—18 个月婴幼儿身心发展特点概述

一、13—18 个月婴幼儿身心发展特点

13—18 个月的婴幼儿动作发展以移动运动为主。粗大动作的发展主要表现为行走动作日渐稳定、熟练，不再跌跌撞撞，能拐弯和转身而不跌倒。能上（下）楼梯，表现为在成人的搀扶下，把两只脚迈到同一台阶上再上（下）一层楼梯。精细动作更加灵活，例如，两手可以协调拿起玩具玩耍，能摆放拼板，能随意画不连续的线条，能尝试翻书，可以搭 2—3 块积木，喜欢填满和倾倒的游戏，能用勺子吃饭、端杯子喝水等。

13—18 个月婴幼儿语言发展的特点是：理解性语言的发展远超过表达性语言的发展。当成人对着自己说话时候，能注意听；对简短的一步指令能正确反应；对日常生活中常见的名词有正确反应（大约掌握 50 个名词）；喜欢重复最近刚学会的词语；通过词语或者声音辅助面部表情和动作表达需求，进入单词句阶段；伴有语言窄化和泛化的现象；能够对别人的话语有简单的语言或动作上的回应；能够专注听 20 秒阅读者讲简短的绘本；能分辨封底封面，会一页一页翻书；能够将家长声音和书中图片联系起来。

13—18 个月的婴幼儿情绪更加丰富，表达方式也更多样。情绪表达方面，恐惧感产生的范围扩大，既有生理上的不适、疼痛造成的恐惧，也有基于被惊吓的后天经历，如从台阶摔倒、被小狗追逐等。对主要照料者形成稳定的情感依恋关系，特别需要父母的陪伴，害怕与亲人的分离。情绪理解方面，知道社会约定俗成的礼仪并作出回应，如用挥手表示再见。情绪管理方面，会克服自己的害怕情绪，向陌生人表示微笑；会用动作表示自己的情绪，如高兴时拍手、摆手表示不要。自主意识增强，如对镜中的自己很感兴趣，听到自己的名字有肢体回应或语言回应，有自己很想要的东西和喜欢做的事。

13—18 个月婴幼儿社会性发展的主要特点为：亲子依恋中的依恋行为更加"清晰鲜明"，能通过微笑、哭叫、跟随等各种方式吸引母亲的注意。会与同伴从事更多的社会游戏，如一起扔球、轮流玩球，但同伴交往中的冲突行为也在增多，如争抢玩具、打人、咬人等。社会适应方面，看见陌生人产生羞怯感，会更加想要寻求依恋对象的保护。自我意识

更加强烈,如果与父母意见不合,会开始反抗。对物体的所有权意识增强,对自己的物品有强烈的占有欲。

13—18个月婴幼儿感知觉发展的各方面表现出积极性和能动性,水平接近成人,达到成熟阶段,具体包括视觉、物体知觉、听觉、触觉、嗅觉、味觉等方面。具体而言,视觉方面,13—18个月婴幼儿视力平均为0.2,能较清楚看清近距离事物的细节,视觉调节功能基本完善,喜欢凝视,醒着的17％的时间会凝视周围的物体和人。开始进入一个由感知到识别的阶段,能进行颜色配对。可以感知物体的距离、大小、形状,能知觉到完整的视觉形状。听觉方面,听觉定位能力发展完善,能够定位不同方向的声源,能主动聆听自己感兴趣的声音,甚至发出各种声音,能跟随音乐节奏摆动、摇晃身体。触觉、味觉、嗅觉这三方面的感受能力基本接近成人的水平,受环境及个体发展的影响,表现出较大差异。①

认知方面,13—18个月婴幼儿仍处于感知运动阶段,通过探索感知觉与运动的关系来形成行为图式,适应周围的环境,不能实现计划或预想行为的结果。注意力更加持久,注视时间超过15秒,对感兴趣的事物能保持5—8分钟的注意力,喜欢看书、听故事、听儿歌,对手机、电影、电视有较大兴趣。随着婴幼儿语言理解能力的发展,会将词语和实物联系起来,理解词语的实际意义。当成人说出某个词时,婴幼儿会将注意力集中到这个事物上,如"苹果"、"爸爸"。开始出现延迟模仿能力,延迟模仿是指当事物不在眼前时模仿其动作的能力。记忆力增强,能记住大部分常用物体的名称。

13—18个月婴幼儿认知与探索的特征具体如下:能准确分辨声源;能迅速分辨音色具有细微差别的不同声音,区分出环境中的许多声音;能模仿很多区分度明显的声音,如火车笛笛声、绵羊咩咩声等;能使用简单的打击乐器并按照一定规律敲打出节奏来,能用拍手、拍腿等方式模仿成人简单的节奏,或随音乐自由摆动身体,在音乐的强弱变化中,表现出身体晃动的力度有所不同。婴幼儿的好奇心与尝试会明显增加,能辨认一定的因果关系,并尝试以新方法使用物品。

根据13—18个月婴幼儿的发展水平内容,观察要点如下:

表7-1　13—18个月婴幼儿发展观察要点②

动作与习惯	语言与沟通	情感与社会	认知与探索
• 走得稳,能停,能走,也能改变方向 • 自己能蹲,不扶物就能复位 • 能一手扶栏上几级楼梯 • 开始能跑,但不稳 • 味觉、嗅觉更灵敏,触觉更敏感	• 反复摆弄物体,出现假动作,如用玩具电话做出打电话的样子 • 开始知道书的概念,如喜欢模仿翻书页 • 喜欢将容器填满和倾倒 • 知道简单的因果关系,在一堆物品中挑出与其他不同的物品	• 能在镜中辨认出自己,对陌生人表现出新奇 • 情绪不稳定,变得容易受挫,受挫折时常常发脾气 • 情绪易受感染,看到别的小孩哭时,表现出痛苦的表情或跟着哭 • 对玩具有自己的选择与偏爱	• 区分出环境中的许多声音,能模仿很多区分度明显的声音 • 能随音乐自由摆动身体

① 周念丽.0—3岁儿童观察与评估[M].上海:华东师范大学出版社,2013:27—28.
② 上海市教育委员会.上海市0—3岁婴幼儿教养方案[Z].上海市教育委员办公室,2008:15.

续　表

动作与习惯	语言与沟通	情感与社会	认知与探索
• 会用2—3块积木垒高,能抓住一支蜡笔用来涂画 • 能双手端碗,试着自己用小勺进食 • 模仿成人的动作,如敲击、扫地	• 喜欢重复别人说过的话 • 指认熟悉的物品和人,能用少量语汇表达一定的意思,如说"抱",表示要大人抱抱 • 开始出现两三个字组成的动宾结构的句子来表达意思,如"宝宝吃"、"妈妈抱"、"要去"等 • 模仿常见动物的叫声 • 喜欢听音乐,跟着摆动 • 用伴随表情和字词、动作进行交流	• 醒着躺在床上,四处张望 • 会依附安全的东西,如毯子等;个别孩子吮拇指习惯达到高峰,特别在睡觉时 • 喜欢单独玩或观看别人游戏活动 • 开始能理解并遵从简单的行为规则 • 对常规的改变和所有的突然变迁表示反对,表现出情绪不稳定 • 能在照片中辨认出家庭主要成员	

二、13—18个月婴幼儿教育内容与要求

13—18个月婴幼儿在生活自理方面的教育内容与要求为:停用奶瓶吸吮,提供杯子让婴幼儿喝水(奶),顺利度过离乳期;帮助婴幼儿学习用语言或动作表示大小便;提供适宜的坐盆,使其逐步形成一定的排便规律;提醒婴幼儿饭前洗手、饭后擦嘴;吃饭时自己学用小勺进食,形成定时、定位、专心进餐的习惯。13—18个月婴幼儿在大动作方面的教育内容与要求为:提供机会让婴幼儿练习独立行走、下蹲、转弯、扶栏杆上楼梯等。13—18个月婴幼儿在语言与沟通方面的教育内容与要求为:为婴幼儿提供其喜欢的玩具,让其进行摆弄和装扮等活动;鼓励婴幼儿模仿成人的单词或短句,学着称呼人、用单词句表达自己的需求;提供机会让婴幼儿感知生活环境中的花草和树木、人和物,指指认认,初步建立实物和图片、物体和词语之间的联系。在认知与探索方面教育内容与要求为:帮助婴幼儿充分感受色彩和形状,尝试涂涂画画;引发婴幼儿感受音乐节奏带来的快乐,跟着音乐做动作。①

婴幼儿安全成长全攻略

根据以上总体教养内容与要求,下面分述"早教机构中13—18个月婴幼儿的教育活动设计与指导"及"家庭中13—18个月婴幼儿的教育活动设计与指导"。

前沿视角
7-1

儿童早期语言天赋：来自国际研究前沿的证据②

语言是人类特有的一种高级神经活动,是儿童阅读、学习、智力及社会适应能力等多

---

① 上海市教育委员会.上海市0—3岁婴幼儿教养方案[Z].上海市教育委员办公室,2008：15.
② 官群.儿童早期语言天赋：来自国际研究前沿的证据[J].学前教育研究,2016(08)：32—40.

方面发展的重要工具。"孩子出生就有语言天赋"源于先天论的理论假说。最近美国纽约大学脑神经科学家的研究为此理论假设提供了实证依据。对单卵和双卵双胞胎的研究也发现,人类的语言获得是受基因决定的。正是语言基因决定了语言中枢的神经元数量以及神经联结的复杂程度和可塑性。这从生物遗传学角度说明,在某种程度上语言可被视为人类独有的天赋。当然后天环境和学习对幼童语言天赋集中爆发的作用也不可忽视。已有研究还揭示了跨语言的幼儿更容易区分人类几乎所有的语音。这是婴幼儿语言天赋爆发的第一"引爆点"。随着词汇量的快速增长,幼童开始语言创造。科学开发幼童语言天赋的主要策略包括从关键内容入手、多开展指认—命名或交谈等活动、尊重儿童语言习得的规律、善用母婴语言、让儿童从错误中学习、正视多语学习等。

第二节　早教机构中 13—18 个月婴幼儿的教育活动设计与指导

　　早教机构中 13—18 个月婴幼儿的教育活动设计与指导一方面要体现均衡性的特点,围绕动作与习惯、语言与沟通、情感与社会及认知与探索四大领域分别开展教育活动;另一方面又要体现阶段性特点,在各领域教育活动中体现 13—18 个月婴幼儿身心发展特点。如,13—18 个月婴幼儿处于语言发展的单词句阶段,初步具有开口说话的意识。教师在组织各领域活动时,均需渗透语言熏陶和培养的意识,在一日活动及生活中培养婴幼儿的语言能力。

一、动作与习惯

　　13—18 个月婴幼儿粗大动作的发展主要表现为逐渐学会稳步行走、两步一阶上楼梯。精细动作更加灵活,喜欢画画、翻书、搭积木,能用勺子吃饭、端杯子喝水等。

　　针对 13—18 个月婴幼儿上述发展特点,粗大动作方面,可以提供宽阔、平坦的地面让婴幼儿练习行走;经常带婴幼儿爬楼梯,锻炼其腿部力量。精细动作方面,提供拼板、蜡笔、图书、积木、瓶子等物体,发展婴幼儿手部精细动作;鼓励婴幼儿自己用勺子吃饭,端杯子喝水。下面为动作与习惯领域的教育活动设计实例。

活动 7-1：树叶飞飞

活动价值：

　　此月龄段宝宝能稳步行走,自己能蹲,不扶物就能复位。在捡树叶和抓树叶的活动中,让宝宝练习行走、下蹲、复位的动作,锻炼宝宝的腿部肌肉力量,发展身体协调性,为稳定行走奠定基础。

活动准备：

树叶若干，小篮子若干，宽敞的场地。

活动流程：

1. 示范互动：踩树叶

（1）教师踩在铺有落叶的地上，让宝宝仔细听，有"嚓嚓"、"嚓嚓"的声音，并试着让宝宝模仿这种声音。

（2）教师请一位宝宝跟着教师一起踩——踩地上的落叶。

2. 亲子互动：树叶飞飞

（1）请家长带着宝宝一起踩一踩地上的落叶，让宝宝自己在踩踏的过程中，发现树叶发出"嚓嚓"的声音。

（2）家长从地上捡起一片树叶往上抛，引导宝宝观察树叶飞舞。

（3）家长引导宝宝捡起一片树叶，站起来用力往上抛，边抛边说："树叶飞飞"或"树叶跳舞"等。

3. 亲子游戏：树叶回家

教师将小篮子放在场地四周，引导家长和宝宝一起蹲下捡树叶，然后站起来走到小篮子旁，把小树叶送到小篮子中。

活动提示：

（1）家长可以牵着宝宝的手一起边踩边说："踩，踩，用力踩。"引导其将"踩"这个词和实际的动作联系起来，理解这个词的意义。

（2）家长要注意保护宝宝，当他站不起来时，适当给予搀扶。

活动 7-2： 什么味道

活动价值：

味觉、视觉、嗅觉和触觉是宝宝感知觉体系中不可少的组成部分。此月龄段宝宝味觉、嗅觉更灵敏。活动中，通过闻闻、尝尝，引导宝宝分辨不同食物的味道，丰富其感知经验。

活动准备：

苹果汁、西瓜汁、葡萄汁若干杯，苹果、西瓜、葡萄等，一次性纸杯若干，透明杯子一个。

活动流程：

1. 示范互动：看一看

（1）教师出示果汁瓶，吸引宝宝的兴趣。

（2）把果汁倒入透明的杯子中，引导宝宝观察颜色，学说："红色"等。

（3）教师引导宝宝找找与果汁一样的颜色（在活动室、自己的身上等处找）。

（4）教师介绍此活动的价值。

2. 亲子互动：尝一尝

（1）家长示范闻西瓜汁，再品尝西瓜汁，并告诉宝宝："这是西瓜汁，甜甜的。"请宝宝模仿家长的动作闻闻、尝尝。

（2）依次认识苹果汁和葡萄汁，告诉宝宝："这是苹果汁，甜甜的。""这是葡萄汁，酸酸的。"

3. 亲子游戏：说一说

（1）教师出示各种果汁，让宝宝说说果汁的名称和味道。

（2）果汁与实物匹配。

教师出示果汁，请个别宝宝找出水果。

教师出示水果，请个别宝宝找出果汁。

教师出示果汁，请家长和宝宝一起找出相应的图片。

活动提示：

（1）宝宝说出果汁名称或味道后，家长要及时表扬；宝宝不能说出时，家长要耐心，可说说水果的特征、味道，引导宝宝匹配。

（2）在宝宝有了一定感知经验基础上，家长可让宝宝品尝醋、糖、盐的味道，促进感知觉的进一步发展。

二、 语言与沟通

13—18个月婴幼儿最大特点是语言的发展对认知的影响及记忆能力的发展。当成人说出某个词时，婴幼儿会将注意力集中到这个事物上，如"苹果"、"爸爸"。13—18个月婴幼儿理解词语的能力大大增强，能够理解常见的名词（如鸡蛋、杯子）及动词（如"走"、"坐"、"吃饭"）。语言表达方面，词汇量增多，且能用有限的词汇表达自己的需要，如婴幼儿说"果果"，表示自己要吃水果。

针对13—18个月婴幼儿上述特点，教育者可以提供机会让婴幼儿感知生活环境中的花草和树木、人和物，指指认认，初步建立实物和图片、物体和词语之间的联系。经常给婴幼儿念儿歌，听故事，培养语言能力的发展。鼓励婴幼儿模仿成人的单词或短句，尝试用单词句表达自己的需求。多和婴幼儿对话，向其介绍常见物品的名称及目前正在做的事情。下面为13—18个月婴幼儿语言与沟通领域教育活动设计实例。

活动 7-3：敲球

活动价值：

此月龄段宝宝手眼协调能力进一步发展，开始理解简单的因果关系。活动中，通过找找、敲敲，引导宝宝尝试找出相同的颜色，培养抓握能力，发展手眼协调能力。

活动准备：

人手一份敲球玩具、箩筐，背景音乐。

活动流程：

1. 示范互动：介绍活动材料

（1）教师出示小球告诉宝宝颜色，如："和太阳一样的颜色，红红的。"

（2）教师出示锤台，引导宝宝观察锤台上的洞洞。并请个别宝宝按洞口的颜色对应摆放小球。

（3）教师敲球，激发宝宝玩耍的兴趣。

（4）教师向家长介绍此活动的价值。

2. 亲子互动：找相同

（1）家长拿出小球，对宝宝说："把红红的球拿出来。"引导宝宝找出红球。

（2）家长将锤盒球门对准宝宝摆放，拿起小球，鼓励宝宝按颜色对应摆放在球洞上。

3. 亲子游戏：敲球台

教师播放背景音乐，家长和宝宝玩敲球台游戏。

（1）家长敲，宝宝接球，家长问："宝宝接住的是什么颜色的球？"

（2）宝宝敲，家长接球，家长问："哪种颜色球不见了？""你想敲哪种颜色的球？"

活动提示：

（1）家长告诉宝宝："红红的球找红红的洞。"若宝宝不会说颜色，家长可指着洞口的颜色，让他找相同的颜色。

（2）活动时，给予宝宝充分的自主游戏的时间和空间。如允许宝宝重复敲打积累经验，鼓励宝宝左右手交替练习。

活动 7-4： 小司机

视频 小司机

活动价值：

该月龄段宝宝会使用"我"，能用少量词组成的短语或短句子进行简单的叙述。通过活动让宝宝学用短句进行自我介绍，并体验交朋友的快乐。

活动准备：

塑料圈人手一个，音乐《开汽车》。

活动流程：

1. 示范互动：小司机

（1）教师出示塑料圈，让宝宝看看、想想、说说："圆圈圈像什么？……（方向盘）"引导宝宝模仿开汽车的动作。

（2）教师做司机，请宝宝做乘客，听着音乐一起游戏。当音乐停时，教师自我介绍："我叫×××，我是小司机。"

（3）教师向家长介绍此活动的玩法及价值。

2. 亲子互动：我是小司机

（1）先请模仿能力强的宝宝根据"我叫×××"或"我是小司机"的句式跟述介绍自己。

（2）请家长带领宝宝手握方向盘，跟着音乐开汽车。音乐停，让宝宝找一个朋友介绍自己。

3. 亲子游戏：开车啦

宝宝围成圆，顺着一个方向，做司机，跟着音乐开汽车，教师发出"车车"、"开车"、"灯灯"、"红灯"、"绿灯"等指令，让宝宝做相应的动作。

活动提示：

1. 家长可以和宝宝一起模仿开车的动作，提高宝宝的兴趣。

2. 家长和宝宝一起介绍，增强宝宝的自信心。

3. 家长与宝宝一起游戏，以提高宝宝听指令游戏的兴趣，培养规则意识。

三、情感与社会

13—18个月的婴幼儿情绪更加丰富，表达形式多样，如会用动作表示自己的情绪，高兴时会拍手，摆手表示不要。自主意识增强，如对镜中的自己很感兴趣，听到自己的名字会有意识回应成人，有自己很想要的东西和喜欢做的事。13—18个月婴幼儿社会性发展的主要特点是亲子依恋中的依恋行为更加"清晰鲜明"，对主要照料者形成稳定的情感依恋关系，特别需要父母的陪伴。另一方面，自我意识更加强烈，会开始反抗，对自己的物品有强烈的占有欲。

针对13—18个月婴幼儿的上述发展特点，教育者需多陪伴婴幼儿，利用亲子游戏、亲子阅读等多种形式增进亲子感情。积极回应婴幼儿的需求，多抚摸、拥抱婴幼儿，充分满足其安全感的需要。引导婴幼儿认识自己的身体、名字、所有物等，增强其自我意识。下面为13—18个月婴幼儿情感与社会领域的教育活动设计实例。

活动7-5：过家家

活动价值：

此月龄段宝宝知道自己的名字，乐意模仿母亲（主要教养者）做家务，如扫地等。通过"过家家"游戏，引导宝宝模仿成人的动作和语言，体验不同的角色，增进亲子之间的情感。

活动准备：

布娃娃，玩具电话，书，被子，音乐《别吵，小宝宝睡了》。

活动流程：

1. 示范互动：看一看

（1）教师说："娃娃要睡觉了，我们一起哄娃娃睡觉吧！"教师示范抱娃娃的动作，边摇边唱边拍。"娃娃睡着了，轻轻放床上，盖上小被子。"教师边说边做。

（2）教师向家长介绍此活动的价值。

2. 亲子互动：学一学

（1）家长说："宝宝，我们的娃娃也要睡觉了，我们一起哄娃娃睡觉吧。"

（2）家长示范抱娃娃的动作，动作要缓慢、轻柔。

（3）宝宝抱娃娃，跟着音乐哄娃娃睡觉。

（4）引导宝宝轻轻放下娃娃，为娃娃盖上小被子。

3．亲子游戏：玩一玩

（1）家长将电话机摆放在宝宝面前，随意拨弄电话号码，对着话筒说："喂，你好呀……"

（2）家长引导宝宝一起模仿"打电话"的动作。

活动提示：

（1）当宝宝出现装扮行为，家长要给予宝宝及时的帮助与表扬，让宝宝体验游戏的快乐。

（2）此月龄的宝宝注意力已逐渐从关注自身转向关注身边的人，出现了装扮行为，是宝宝社会性发展的最佳契机。还可以引导宝宝模仿给娃娃喂食、和娃娃挥手再见等情景。

活动7-6：摸摸小肚子

活动价值：

此月龄段宝宝能在镜中辨认出自己，并能说出几个身体部位。通过活动，帮助宝宝认识自我和身体常见的部位，激发宝宝对自我认识的兴趣，并找出镜像中的宝宝。

活动准备：

大镜子，音乐《拍小屁屁摸小肚子》。

活动流程：

1．示范互动：找老师

（1）教师自我介绍："我是××老师"、"这是我的长头发"、"我穿着蓝色的衣服"等。

（2）教师站在大镜子前，"镜子里有个××老师，你能帮我找出来吗？"

（3）教师介绍活动的价值。

2．亲子互动：照镜子

（1）家长与宝宝面对面席地而坐，家长先指着自己的身体部位，告诉宝宝："这是肩膀，耸一耸。"引导宝宝根据指令指出身体的常见部位。

（2）家长带着宝宝站在大镜子前，让宝宝找出镜子中的家长和自己，指着镜子中的人说："××（宝宝的小名）。"

3．亲子游戏：摸肚子

（1）教师引导宝宝一起认识、找找自己的屁屁、肚子。

（2）说说屁屁和肚子的用处和关系。

（3）欣赏音乐。

提问："肚肚在哪里？"

（4）跟着音乐做动作。

活动提示：

（1）家长说身体名称时口齿要清晰，嘴型要夸张，语速要从慢到快。指认时，从明显部位逐渐过渡到细小部位,速度从慢到快。

（2）家长要用夸张的表情和动作,让宝宝理解"肚子痛——放屁屁——要大便"这个过程,并引导宝宝一起表演。

四、认知与探索

13—18个月婴幼儿在认知与探索方面的特点主要体现在以下两个方面。一是对色彩的兴趣和感知力增强,能抓住蜡笔自由涂鸦。二是能使用简单的打击乐器,能按照一定规律敲打出节奏,能用拍手、拍腿等方式模仿成人简单的节奏,或随音乐自由摆动身体。

针对13—18个月婴幼儿在认知与探索方面的上述特点,教育者可以创设丰富的环境和材料,帮助婴幼儿充分感受色彩和形状,尝试涂涂画画。提供简单的打击乐器,鼓励其自由敲打。提供节奏鲜明的儿歌给婴幼儿欣赏,鼓励其用肢体动作或者乐器表达自己对音乐的感知。下面为13—18个月婴幼儿认知与探索领域的教育活动设计实例。

活动7-7：小手爬

活动价值：

此月龄段宝宝对自己的身体很感兴趣,让宝宝说出身体部位的名称对于宝宝自我意识的形成具有重要意义。活动中引导宝宝认识头和脚,锻炼宝宝的反应能力,在音乐的伴奏下感受拍子、节奏,培养宝宝的音乐情趣,增强亲子间的情感。

活动准备：

音乐《小手爬》。

活动流程：

1. 示范互动：我说你点

（1）教师说五官名称,宝宝点。

教师："头儿头儿在哪里?"

"头儿头儿在这里。""小脚小脚在哪里?""小脚小脚在这里。"

依次逐一指出头和脚。

（2）教师介绍此活动的价值。

2. 亲子互动：小脚在哪里

（1）家长与宝宝面对面,家长先指着自己的身体部位,告诉宝宝："这是头,头儿头儿圆又圆;这是脚,小脚小脚摇一摇……"

（2）家长请宝宝找找自己的头和脚。

3. 亲子游戏：小手爬

（1）家长背对着宝宝坐在一起,跟着歌词的提示,家长的手在宝宝身上做"小虫爬"。

（2）家长握着宝宝的手,跟着音乐做"小虫爬"。

（3）宝宝与家长面对面坐，跟着音乐一起做。

活动提示：

（1）唱到最后一个乐句时，家长轻拍宝宝的头或脚。如果宝宝愿意自己做，家长要及时鼓励。

（2）家长观察宝宝是否能听懂教师指令，并跟着指令去做。如听不懂，家长可握住宝宝的手与教师互动。

活动7-8：雪娃娃，躲猫猫

活动价值：

此月龄段宝宝对色彩的感知力有了进一步的提高，能抓住一支蜡笔用来涂画。在涂涂画画中，锻炼宝宝的手部肌肉，激发宝宝对涂鸦的兴趣。

活动准备：

（1）白色涂鸦纸（事先用白色油画棒在涂鸦纸上画一个雪娃娃），安全颜料，海绵滚筒等每人一份。

（2）活动前宝宝穿上画画衣服。

活动流程：

1. 示范互动：

（1）教师出示涂鸦纸，让宝宝看看，说说纸上有什么。

（2）教师用海绵滚筒蘸取适量颜料，在涂鸦纸上来回滚动几次，再让宝宝观察看到了什么。

（3）教师介绍涂鸦的作用及活动价值。（有点像小动物在躲猫猫）

2. 亲子互动：

（1）家长握住宝宝的手一起涂鸦。

（2）指导宝宝选择一种颜色，用"满把抓握海绵滚筒"的方法，进行涂鸦。

（3）引导宝宝指指、说说变出了什么？（找找雪娃娃）

3. 亲子游戏：宝宝来找雪娃娃

（1）宝宝自由地选择各种颜色，并在涂鸦纸上自由地进行涂鸦。

（2）宝宝看看、找找、说说雪娃娃和其他的图案。

活动提示：

（1）教师提示家长，注意不要用一个滚筒在不同的颜料盒中蘸取颜料，以免颜料混合变色。当宝宝需要更换颜色时，家长可替宝宝选用新的滚筒蘸取颜料。

（2）在刚开始时，家长可先示范握着海绵滚筒在涂鸦纸上来回滚动涂鸦，引导宝宝模仿。

第三节 家庭中 13—18 个月婴幼儿的亲子教育活动

随着 13—18 个月婴幼儿行走能力的发展和探索范围的扩大,婴幼儿对外界的好奇心和探索兴趣与日俱增。巧用日常生活物品既可以成为吸引婴幼儿游戏的玩具,又蕴含着丰富的教育契机。家庭环境中,家长可以利用大米、乒乓球、积木,甚至宝宝的小手、小脚等身体部位来开展亲子教育活动。

活动 7-9: 大米玩玩乐

材料准备:

大米 1 小盆,床单 1 条,彩色小积木若干,宝宝小碗 1 个,罐子 1 个。

玩法介绍:

玩法一:大米按摩

婴幼儿把小手放入米中摸一摸、抓一抓、捏一捏、撒一撒、搓一搓;也可以请家长协助婴幼儿脱下袜子,让婴幼儿的小脚在米里踩一踩。

通过米粒与皮肤的接触,丰富婴幼儿的感官体验。

玩法二:藏藏找找

家长将 1 块小积木藏于米中,适当露出一点点,引导婴幼儿寻找,配合语言"宝宝,找一找,小积木在哪里"。家长也可以将积木没入米中,邀请婴幼儿用手摸一摸,找到小积木的位置并把它取出。

家长和婴幼儿可以轮流找找藏藏,根据婴幼儿的游戏情况适当地增加小积木的数量至 2—3 块。

玩法三:装装倒倒

家长示范徒手装米,抓一把米,放进小碗里,重复 5—6 次。家长演示时动作要慢,尽量让婴幼儿看清抓和放的动作。婴幼儿尝试抓米、装米。家长鼓励婴幼儿两个手都试一试。当碗里的米装满后,家长和婴幼儿一起把它倒空,可以配合语言"下雨啦,下雨啦"。

邀请婴幼儿使用小碗舀米,并尝试将其舀到罐子里,装满以后进行倒空。

给家长的一段话

随着婴幼儿手部精细动作的发展,13—18 个月的婴幼儿的双手可以抓放小的物体、舀物等。玩法一中,通过米粒与皮肤的接触,既可以丰富婴幼儿的感官体验,又可以发展手部精细动作;玩法二中,寻找隐藏在米粒中的物体的游戏,可以帮助婴幼儿理解"客体永久性"(婴幼儿知道视野中消失的物体依然存在)这一概念。玩法三中,装装倒倒的游戏可以发展婴幼儿手指及手腕的灵活性。实施时,建议家长可以在宝宝玩米前铺一条不用的床单,让婴幼儿坐在床单上玩,这样比较便于后期的整理和打扫。在游戏过程中如果家长发现婴幼儿装米、倒米控制得很好,还可以给婴幼儿提供一些小勺子,让其尝试舀米的动作,发展手腕的灵活性。

活动7-10: 高又高

材料准备:

幼儿木质积木(硬)及布积木(软)各5—6块,弹力球1个,乒乓球若干。

玩法介绍:

玩法一:积木高又高

家长和婴幼儿对木质积木进行垒高,先放一块积木在面前,然后逐次拿起积木往上垒,配合语言"宝宝,拿一块积木,放上来"。当完成后,可以请婴幼儿观察:"宝宝,瞧,积木高又高!"引导婴幼儿关注动作指令"拿"、"放"及空间位置的变化"高又高"。

游戏刚开始,可以采用婴幼儿垒一块、家长垒一块的轮流垒高方式,能力较强的婴幼儿可以尝试自己垒高。

在尝试布积木垒高时,家长可以先和幼儿共同触摸、感受木质积木与布积木的不同质感,配合语言"硬硬的"、"软软的",而后进行积木垒高,方法同前。

玩法二:宝宝高又高

游戏初期,婴幼儿坐在家长的怀中,为同向坐姿,家长轻握婴幼儿的小手,帮助婴幼儿感知儿歌内容,通过儿歌和动作让宝宝对"高"的概念产生一种认知,在家长的协助下感受高度上的变化。当婴幼儿对儿歌内容较为熟悉时,亲子之间可以采用面对面的坐姿,邀请婴幼儿对应儿歌自己进行拍手、取物举高等动作,并且在游戏过程中,尝试跟念儿歌。

附儿歌及动作要领:

什么高又高。(家长轻握婴幼儿小手拍一拍)

积木高又高。(婴幼儿拿起面前的布积木,举高高)

什么高又高。(家长轻握婴幼儿小手拍一拍)

宝宝高又高。(家长双手扶住婴幼儿的腋下,轻轻将婴幼儿抱起)

高—高—高。(每说一次"高",举起婴幼儿,放下)

玩法三:小球高又高

家长和婴幼儿往地上扔弹力球。当弹力球弹起,家长配合语词引导"弹高高",请婴幼儿观察。弹力球落下,婴幼儿蹲下捡球,站起,继续扔球游戏。

使用乒乓球进行扔球游戏,在扔乒乓球的过程中,需要婴幼儿更大的手臂手腕力量才能使球弹高。成人鼓励婴幼儿用力扔球,感受乒乓球"弹高高"。

将若干乒乓球放到篮子里,由成人从高处倾倒下来,婴幼儿感受大量的乒乓球弹起,就像乒乓球跳舞一样。

给家长的一段话

婴幼儿发展过程中存在一种"反向学习"的现象,即倾向于先"破坏"再"建设"。如喜欢先拆卸玩具再进行组装,喜欢扒拉垃圾桶里的垃圾再往桶里扔垃圾,先会脱衣服再学会穿衣服等。玩法一中,如果婴幼儿喜欢推倒垒高的物体,家长可以尝试让婴幼儿先玩推倒游戏,在推的过程中发展婴幼儿的手臂力量,再鼓励及陪伴婴幼儿一起垒高。在使用弹力球的过程中,注意婴幼儿的安全,避免球弹到婴幼儿的脸。

活动 7 - 11: 大大小小

材料准备:

套筒组合玩具 1 套(内有 2—3 个套筒),大纸张,手指画颜料,婴幼儿反穿衣。

玩法介绍:

玩法一:大小套筒套套乐

婴幼儿拿到套筒后,先自由玩一玩,拆拆装装,尝试把小的放进大的里,大的放进更大的里面。家长帮助幼儿对套筒根据大小进行排列,让婴幼儿直观感受大和小,再次进行套筒的尝试。

除了一个一个套叠、装进去,还可以尝试将套筒垒高,让婴幼儿通过实践来感知大小套筒的摆放位置与垒高稳定性之间的联系。

玩法二:大手小手变变变

家长和婴幼儿共同观察、比较手掌的大小,家长可以配合语言引导:"爸爸的手大大的,宝宝的手小小的",让婴幼儿感知大与小。

准备手指画颜料,让婴幼儿根据自己的喜好选择颜色,用手蘸取颜料在纸上按压手印,家长陪伴游戏。一边玩一边和婴幼儿看看说说:"大手印、小手印。"还可以按压出一些造型,例如双手掌根部相对拓印,变成一只蝴蝶,"大蝴蝶飞飞,小蝴蝶飞飞"。家长可以和婴幼儿通过亲子拓印的游戏培养婴幼儿对涂鸦活动的兴趣,并感知大与小的不同。

玩法三:大脚小脚一起走

家长双腿稍分开站立,和婴幼儿面对面,婴幼儿的两只小脚踩在家长的脚背上,家长拉紧婴幼儿的小手向前走或向后退。家长转圈,婴幼儿也跟着转圈,边念儿歌边移动身体。

也可以让婴幼儿背朝家长,两人同向站立,婴幼儿的小脚踩到家长的脚背上,家长扶住婴幼儿腋下向前向后行进。

儿歌:

一二一,走呀走,宝宝妈妈手拉手。小脚踩在大脚上,迈开步子向前走。

给家长的一段话

13—18个月左右的婴幼儿,对自己的身体更加熟悉,了解小手、小脚等身体部位,同时已经建立起对母亲或主要照料者的亲子依恋关系。伴有肢体接触的亲子游戏更容易激发婴幼儿的游戏兴趣。"大脚小脚一起走"的游戏则可以让婴幼儿感受到前行后退的身体变化,锻炼身体的平衡性和协调性。需注意的是,家长移动脚步的幅度要小一些,避免幼儿跟不上发生跌倒的情况。"大手小手变变变"的游戏让幼儿在涂鸦的过程中感受色彩的丰富及大手、小手的不同。在使用颜料的过程中,由于婴幼儿的小手沾满了颜料,家长需注意避免让颜料触及眼睛或者婴幼儿误食颜料。

第四节　13—18个月婴幼儿教育的常见问题及对策

一、喜欢反复拧瓶盖的宝宝

这段时间，宝宝迷上了"拧瓶盖"这件事儿，将家里大大小小的塑料瓶盖子拧下来，再拧上去，反反复复。对家里有洞洞的地方，例如酸奶的吸管口、钥匙孔、水龙头口、地漏口等也是非常感兴趣，总是喜欢不停地用手去抠或者往洞洞里塞东西。

不仅如此，宝宝最近还热衷于钻桌子底下、钻柜子，有时一个人能在里面待上很久。这让爸爸妈妈有些纳闷："宝宝这是怎么了？"

原因分析：

对此，成人不必过于焦虑，婴幼儿出现这一系列的行为，正是代表其"空间敏感期"到来了。

视频 皮亚杰
认知发展理论

最初婴幼儿是用口和手来探索世界。当开始行走的时候，婴幼儿的活动空间增大了许多。婴幼儿喜欢用身体来感受空间，不断探索这个立体的世界。幼儿的空间敏感期是从0到6岁持续发展的。最早的空间智能感受就是这个物体和那个物体是分离开的，慢慢地到一岁时，婴幼儿发现里面的可以取出来，外面的可以塞进去。所以在这个阶段会频繁重复这样的活动。在空间敏感期里，婴幼儿对大大小小的空间充满了好奇，表现出异乎寻常的热情，通过"看"、"听"、"触摸"这些简单的动作来了解别的物体和空间，运用肢体试图"征服"自己能到达的每一个地方，其实都是对空间的一种感知需求。

除了案例中所提到的典型行为，在空间敏感期里，婴幼儿还会有如下的表现：喜欢和成人玩转圈的游戏；喜欢爬上爬下、跳跳跑跑，爬到沙发靠背上蹦下来、爬楼梯、爬桌子、从高处跳下等；喜欢扔东西，把够得着、拿得动的东西都扔出去，来感受空间距离。这是婴幼儿在运用身体对空间把握的一个过程。

婴幼儿空间智能的发展不是靠想象得来，而是靠感觉来获得的。对空间的充分体验和感受能够为婴幼儿的空间智能发展奠定良好基础。

教育建议：

随着婴幼儿空间敏感期的到来，成人需要保持充分的耐心，在保证婴幼儿安全的情况下积极鼓励其探索，可以尝试这样引导：

（1）大胆放手，不做"绊脚石"。

婴幼儿对环境的把握有天然的自卫意识。当婴幼儿在探索的过程中，成人需要做的是退后，给婴幼儿空间，做一个好的陪伴者，不要在婴幼儿刚有点不平衡的时候就把手递上去紧紧扶住，也不要把自己觉得的种种危险"说"给婴幼儿听。因为这会给其带来巨大的危机感，破坏婴幼儿自我保护能力的发展，同时也失去了探索世界的机会。

（2）提供合适的材料，供婴幼儿进行空间探索。

家中不用的废旧纸箱，可以进行稍加改造，陪伴婴幼儿玩钻洞洞的游戏。沙发垫、枕头等比较轻软的物品可以用来玩扔、抛、接等游戏，帮助婴幼儿探索空间距离感，同时锻炼手眼协调能力。积木、盒子等材料可以用来垒高，发展婴幼儿对空间的感知能力。

（3）在户外活动中创设空间感知的机会。

例如成人和婴幼儿玩"开飞机"的游戏，把婴幼儿高高抱起，起飞、降落，让其感受高度的变化。玩滑滑梯的时候，成人可以给到婴幼儿一些语言提示，例如"走到后面"、"爬上去"、"滑下来"等，帮助婴幼儿进行空间概念的发展。

二、宝宝恋上"小毛毯"

案例
7-2

宝宝有一条小毛毯，从出生时一直用到现在。睡觉的时候，宝宝总喜欢摸着毛毯的一角，捏呀捏地才睡着。现在，毛毯旧了，妈妈想换一条新的，买了一条花式非常可爱的小毛毯回家。谁知宝宝一点都不喜欢，哭着吵着不肯睡觉，闹了整整一晚，妈妈无奈之下，唯有把旧毯子找出来，一会儿宝宝就不闹了，盖着小毛毯睡着了。

妈妈对此很烦恼："宝宝就认定了这条小毛毯，换其他的都不行，长此以往可怎么办？"

原因分析：

案例中这条让婴幼儿无比依恋的"小毛毯"在心理学里有个专门的名词，叫做"过渡性客体"，这一概念由精神分析学家温尼科特所提出。

温尼科特认为，对于婴幼儿而言，过渡性客体就是他心中母爱的一个稳定象征。它们会带来温暖而熟悉的感觉，就好像妈妈一直在身边陪伴。于是，他爱极了那个客体。

为何会有"过渡性"一说？婴幼儿从出生到成熟独立的过程中，对于周围环境和人的依赖会分为两个主要的阶段。第一个阶段是绝对依赖。这个阶段里，婴幼儿会觉得自己和周围的一切是一体的,无法分开;并且觉得自己有能力可以控制事情按照他所想的去发生,这也被称为是"全能控制感"。比如说,婴儿会觉得自己和妈妈是同一个人,妈妈就是自己的一部分;他饿了,食物就会出现;他感到难受不舒服,尿布就能够被换掉。

随着婴幼儿慢慢长大,进入第二个阶段,也就是相对依赖期。这时候,婴幼儿会慢慢发现,"妈妈好像不是自己的一部分","并不是所有时候都在自己的控制范围内,有时也会得不到及时的满足,并不是想要喝奶,奶瓶就能马上出现"。这种失去全能控制的情况发生让婴幼儿感到不安,甚至产生焦虑的情绪。

这个阶段的婴幼儿需要给自己找一个替代物,一个可以在照顾者没有出现时,替代照顾者、给自己带来温暖的物品。这些替代物,就是"过渡性客体",有着"情感补给"的作用。"客体"中带有熟悉的味道,可能有妈妈的乳香,也有可能有自己的体味……这让婴幼儿在失去全能控制感时,当接触到这个客体,也能感受舒适与心安。

除了毛毯、被子、手帕等常见的依恋物,"过渡性客体"也有可能是一些行为癖好。例如,婴幼儿在睡觉时喜欢吮吸手指,或者要摸着妈妈的耳垂才能睡着。这些现象,都是"过渡性客体"的一些表现。婴幼儿通过这些行为,在从绝对依赖过渡到相对依赖的过程中获得安全感,是婴幼儿适应新世界、新环境的情感依托,同时也是婴幼儿心理发育过程中的一个必经阶段。

教育建议:

(1)理解和接纳"依恋物",和婴幼儿共同重视。

对于婴幼儿特别依赖的物品,成人需要尊重婴幼儿的选择,不要趁其不注意,强硬地拿走去清洗,或者直接扔掉。这样突如其来的变化容易让婴幼儿失去安全感,变得焦虑和恐慌。

和婴幼儿的"依恋物"做朋友,共同呵护和关心,让婴幼儿知道有依恋物,是很正常也很幸福的一件事。他的这些行为都是可以被理解和接纳的。成人还可以尝试和婴幼儿一起给玩具、毛毯洗澡等,保证依恋物的卫生,让婴幼儿能够健康使用。

(2)多准备几个"迁移载体",分散婴幼儿对"特定依恋物"的注意力。

如果婴幼儿的"过渡性客体"是一个单一专注的物品,例如某一个玩具、某条毛巾等,成人可以准备一些相似的物品,在幼儿使用时同时出现,共同陪伴幼儿游戏和生活,建立彼此之间的联系,慢慢地把原来的依恋物替代掉,让幼儿能够轮流使用。这样,婴幼儿对某一样特定的物品依恋程度会有所下降。既满足了婴幼儿情感发展的需求,又改善了对某一特定物品的依恋情况。

(3)以拥抱、陪伴等方式给予婴幼儿更多的爱。

婴幼儿依恋物的存在代表着其对成人的爱及安全感的一种渴望。成人需要给成长中的婴幼儿足够多的关爱。温柔的话语、爱的拥抱、正能量的鼓励及肯定,通过成人高质量的陪伴为婴幼儿创设充满安全感的成长环境,让婴幼儿自由、快乐地发展。当亲子间建立良好的情感链接,依恋物的替代也就变得顺其自然。

三、 我喜欢的就是我的

案例 7-3

宝宝一岁半了,最近妈妈发现宝宝有点"霸道"。别人手里的玩具或者好吃的,宝宝总是很不客气地去拿,理直气壮。别的宝宝不给她,她还会去抢,劲儿特别大,把人家都弄哭了。这么大的占有欲让爸爸妈妈很是担心,不知如何是好?

原因分析:

案例中婴幼儿的行为其实与"物权意识"有着很大的关系。婴幼儿 2 岁之前的"物权意识"发展会经历以下的过程:

1 岁以内的婴儿通常表现得很"大方",这是一个"我的东西谁都可以玩"的阶段。在这一时期,婴幼儿正在努力探索自己的身体,努力弄明白身体是自己的、动作是自己的,可以自己来支配。但是对于身体之外的物品,婴幼儿并没有"物权、所有权"的概念。

1—2 岁则进入了"我喜欢的就是我的"阶段,这一时期的婴幼儿开始有一定的独立意识,也能初步地区分自己和别人的关系,但是对于"你的"、"我的"之间的界限分得不是很清楚。在婴幼儿的心里,只要喜欢的东西,就可以伸手要、伸手拿,占为己有。由于这个阶段婴幼儿语言能力的有限,当想要得到时,会采用非常直接的方式——"抢"来获取。

| 我的东西谁都可以玩 | ⇨ | 我喜欢的就是我的 |

0—1岁　　　　　　　　1—2岁

图 7-1　2 岁前婴幼儿物权意识发展过程

"物权期"是所有婴幼儿都要经历的一个阶段,不同点在于有些婴幼儿表现强烈些,而有些则表现得更为温和些。物权对于婴幼儿自我意识的形成有很大的影响。所以,作为成人要以积极的态度帮助婴幼儿建立自己与物品之间的关系。

教育建议:

(1) 明确物权意识,帮助婴幼儿建立界限。

和婴幼儿在整理物品过程中,可以说说物品的所有权属于谁,例如"这个小汽车是宝宝的,这件衣服是妈妈的,这条领带是爸爸的",用这样的语言形式帮助婴幼儿强化所有权的概念。对于不是自己的东西,要及时告诉婴幼儿,如"这是小哥哥的,不是宝宝的"来建立物权的界限。

对于在公共区域的共享物品,比如在图书馆看绘本,或者在游乐园跟大家一起玩玩具等,可以提前帮助婴幼儿熟悉物权及规则:"这个大家都可以玩,但是要好好玩,爱护它。

先来先玩,不争抢。"

（2）向婴幼儿示范使用恰当的语言和方式提出请求。

如果喜欢别人的东西,经过别人允许,是可以借来玩的。所以,当婴幼儿有这样的意愿时,成人可以向其示范如何礼貌地提出请求,如"请问我可以玩你的这个小汽车吗"。这个过程既强调了物权概念,又能帮助婴幼儿发展与同伴沟通的能力,在生活中进行交往语言及交往方式的渗透教育。

（3）在婴幼儿愿意的情况下,鼓励其与同伴分享玩具及食物。

婴幼儿想玩别人的玩具,同样,有时别人也想玩他的东西,由此可以引出分享的概念。鼓励婴幼儿在和同伴的共同游戏过程中,学习分享的一些方式,例如交换玩、轮流玩或一起玩等。

成人还可以在带婴幼儿出门前准备一些小零食,能够让婴幼儿与同伴一起品尝,感受分享的快乐。当婴幼儿乐于分享玩具、食物给同伴时,成人要及时地肯定和鼓励,让婴幼儿发现原来自己的这一行为会使他人愉悦,他会坚信这种做法是正确的。当下次遇到同样的情况,婴幼儿也就乐于做出分享的动作。

思考题

1. 13—18个月婴幼儿语言发展的趋势与特点是什么？婴幼儿语言培养的内容与策略是什么？

2. 请你围绕婴幼儿语言学习与发展核心能力设计一堂适合13—18月龄段的语言、动作与音乐结合的律动活动课。为什么要这样设计？

第八章

19—24 个月婴幼儿的教育活动

第一节 19—24 个月婴幼儿身心发展特点概述

一、19—24 个月婴幼儿身心发展特点

2 岁的婴幼儿已经基本掌握大肌肉活动。粗大动作发展主要表现为站和走的技能进一步完善,如能用脚后跟走路、倒退走,能够尝试扶着栏杆上下楼梯,开始会跑,能双脚同时离地跳起两次以上,能抛球。精细动作主要表现为手眼协调功能不断发展,能垒高 5—6 块积木,能用三根手指握住笔,能尝试自己穿脱鞋。接近 2 岁时,婴幼儿能够通过双手协作完成一些相对较复杂的精细动作,例如穿珠、搓泥、拼图、贴纸、涂鸦等。

19—24 个月婴幼儿语言能力的发展主要表现为:喜欢听儿歌、故事;能理解两步指令;进入语言爆炸时期,能够表达的词汇迅速增多;能清晰模仿大人说的语词,即俗话说的具备"仿说"能力;能够通过语言回应大人的问题;理解"什么"、"在哪里"的问题;能够将词语组合使用,出现双词甚至多词句;能通过语言发起对话,如提问或者引起大人的注意;能够回答家长提出的关于绘本内容的问题。

情绪的发展主要表现为情绪理解、情绪表达及情绪管理三方面。情绪理解方面,逻辑思维的出现和对规则的感知扩大了婴幼儿对成人幽默行为的理解能力,能从成人带有表演性质的、较为夸张的动作、表情及声音找到快乐。能够感受到成人哭、笑、生气等不同情绪,同时也学会了如何面对别人情绪的能力。如,当父母生气时,讨好父母;当同伴哭泣时,试图用语言和动作安慰他们。情绪表达方面,开始表现出对爸爸的喜爱,喜欢和爸爸一起体验更加刺激的游戏。对时间和空间上的秩序表现出一定的坚持性,建立了相对规律的饮食起居生活习惯。例如,在例行的吃饭时间没有吃饭,婴幼儿往往会哭闹。当物品放错位置时,婴幼儿也会将其重新放回原来的位置。情绪管理方面,婴幼儿可以在悲伤时主动寻求父母的帮助;在父母生气时,也会用微笑讨好父母,逗父母开心。[①]

19—24 个月婴幼儿社会性发展的关键是学习发起并维持与他人交往的技巧。主动发起与成人的互动,愿意做讨家长喜欢的事情;以依恋对象为安全基地,探索陌生的环境;

---

① 周念丽.0—3 岁儿童观察与评估[M].上海:华东师范大学出版社,2013:191—193.

有更多观察和模仿同伴的行为,与同伴出现矛盾时,在大人的调解下可以解决;理解并会说"请"、"谢谢"、"不客气"等礼貌用语;理解并遵守轮流的规则;理解某些行为的后果,讲道理的方法开始行得通。

19—24个月婴幼儿的感觉发展重点是颜色视觉、图案视觉、音乐听觉等。视敏度接近成人水平,能说出红、黄、蓝三原色的名称。形状知觉继续发展,能感知三角形、正方形的不同特点,并能完成图形配对游戏。喜欢更复杂的图案,并对图案的细节更加敏感。能听懂简单的指令,能跟随音乐节奏做出相应的身体动作。[①]

认知能力方面的发展主要表现为注意、记忆及思维的发展。注意力方面,19—24个月的婴幼儿产生"表象认知"这一心理现象。受表象认知发生影响,当眼前的事物与其表象出现巨大差异时,儿童会产生最大程度的注意。集中注意时间延长至8—10分钟。表象发生使形象记忆出现。形象记忆是以感知过的事物形象为内容的记忆,直观形象性是其特点。凡是直观的、形象的、有趣的、能够引起婴幼儿强烈的情绪体验的事物,均能被婴幼儿自然而然地记住,如小猫可爱的形象、小狗独特的叫声、红红的苹果等。思维逐渐会摆脱对动作的直接依赖,可以凭借事物的表象进行思考,但一般只能考虑事物的一种特性,同时出现较明显的自我中心倾向。

探索方面,对声音和色彩敏感。喜欢跟随音乐律动,跟着唱唱跳跳,用声音、动作等多种方式表达自己的感受。喜欢自由涂鸦,感受色彩的丰富和自由涂鸦的乐趣。

根据19—24个月婴幼儿的发展水平内容,观察要点如下:

表8-1　19—24个月婴幼儿发展观察要点[②]

动作与习惯	语言与沟通	情感与社会	认知与探索
• 连续跑3—4米,但不稳 • 自己上床(矮床) • 一手扶栏杆自己上下楼梯 • 开始做原地跳跃动作 • 双脚能同时跳起 • 能踢大球 • 会跨骑在四轮小车上 • 能蹲着玩 • 能双手举过头顶掷球 • 能根据音乐的节奏做动作	• 开口表示个人需要 • 能记住生活中熟悉物品放置的固定地方,如糖罐 • 口数1—5 • 能按指示做2—3个连续的动作,如把球扔出去,然后跑去追 • 对声音的反应越来越强烈,喜欢听重复的声音,如一遍又一遍地听一首歌、读一本书等 • 能说几个字的简单句,如"囡囡要糖"等	• 能区别成人表情中蕴含的情绪 • 开始用名字称呼自己 • 当父母或看护人离开房间时会感到沮丧 • 与父母分离有恐惧 • 在有提示的情况下,会说"请"和"谢谢" • 对自己独立地表现一些技能感到骄傲 • 不愿把东西给别人,只知道是"我的" • 情绪变化趋于稳定,能初步调节自己的情绪 • 交际性增强,较少表现出不友好和敌意	• 能够根据音乐的节奏做动作 • 随意拿起乐器进行敲击,并与音乐合拍 • 乐意选择自己喜欢的乐器敲打,并在嘴里嘀咕一些歌词(幼儿语言) • 喜欢尝试用各种材料涂涂画画 • 能画连续的、不封闭的圆圈

---

① 周念丽.0—3岁儿童观察与评估[M].上海:华东师范大学出版社,2013:31.
② 上海市教育委员会.上海市0—3岁婴幼儿教养方案[Z].上海市教育委员办公室,2008:16.

动作与习惯	语言与沟通	情感与社会	认知与探索
● 用鞋带串大珠子 ● 会把5—6块积木垒高 ● 能自己用汤匙吃东西	● 能分辨一本书的封面及基本结构，开始辨认书中角色的名字，会主动看图讲简单的话	● 会帮忙做事，如学着把玩具收拾好 ● 开始和其他小朋友一起游戏 ● 游戏时能模仿父母更多的细节动作，想象力增强	

二、19—24个月婴幼儿教育内容与要求

19—24个月婴幼儿在生活自理方面的教育内容与要求有：逐步养成睡眠、进餐、盥洗的好习惯，生活有规律；在盥洗时帮着婴幼儿学习使用肥皂、毛巾，学脱鞋子、裤子、袜子和外衣；鼓励婴幼儿养成用餐时吃一口、嚼一口、咽一口和口渴时喝水的习惯。19—24个月婴幼儿在动作与习惯领域的教育内容与要求有：提供机会让婴幼儿练习自如地走、跑，进行举手扔球、玩叠高积木、串珠等游戏，学着收玩具。19—24个月婴幼儿在语言与沟通领域的教育内容与要求是：鼓励婴幼儿学用简单句（双词句）表达自己的需求，说出自己的名字，提供机会多多进行亲子阅读、听故事、学念儿歌。19—24个月婴幼儿在情感与社会领域的教育内容与要求是：提醒婴幼儿与人打招呼，学着在和同伴一起玩耍、游戏中形成初步的规则意识。19—24个月婴幼儿认知与探索领域的教育内容与要求是：鼓励婴幼儿辨别周围生活环境中的常见物，对物体的形状、大小、颜色、软硬等差别明显的特征有充分的感知体验；引导婴幼儿随着音乐节奏做模仿动作，跟唱简单的歌曲，用各种材料涂涂画画。[①] 会假装做某件事（如打电话），和玩偶说话或玩耍，进而理解人物永久性、表象智力、模仿等。

拓展阅读 8-1

婴幼儿探索行为的发展及其影响因素分析[②]

婴幼儿的探索行为是其主动与环境进行互动的表现，对其自身的认知能力和社会化能力的发展具有非常重要的意义。为了更好地考察其发展变化的特点，以及相关因素的预测作用，本文根据前人的理论研究编制了详细、周密的编码方案，在考察探索行为在 14 个月和 24 个月的发展变化时，追踪考察了 61 对家庭，采用潜变量的方法对 14 个月的被试进行分组，以期考察不同被试在 24 个月探索行为的发展变化，虽然在横向比较两个年龄段时，发现婴儿的探索行为呈现出一定的发展变化，但是多

---

① 上海市教育委员会. 上海市 0—3 岁婴幼儿教养方案[Z]. 上海市教育委员办公室，2008：5.
② 赵荣华. 婴幼儿探索行为的发展及其影响因素分析[D]. 首都师范大学，2013.

元方差分析的结果表明不同被试的发展变化没有显著差异;在考察婴儿24个月探索行为的相关影响因素时,以24个月的被试量为主,采用多元方差分析的方法考察了73个婴儿的探索行为的影响因素。本研究有如下发现:(1)婴儿的探索行为呈现出一定的发展变化特点:从14个月到24个月,婴儿的简单的探索行为,如口唇行为、视觉探索、基本操作的频次下降,但是这些行为是探索行为的基础,依然发挥重要作用;而复杂的、高级的探索行为开始出现,如相关行为、假装自己、假装他人,这标志着婴儿的探索行为发展到新的阶段。(2)婴儿的自身特点、母亲的自身特点,和亲子互动的质量,和婴儿的探索行为的确存在显著的相关,验证了前人的研究。(3)不同的自变量之间存在交互作用,共同影响婴儿24个月探索行为及其探索品质,具体如下:针对婴儿24个月时最基础的视觉探索,婴儿的依恋类型和母亲敏感性、婴儿的依恋类型和母亲自主支持行为,均存在显著的交互效应,共同影响着婴儿的视觉探索;针对婴儿24个月时的探索运动,婴儿依恋类型和母亲的敏感性存在显著的交互作用;针对婴儿24个月时的过渡操作,婴儿的依恋和母亲敏感性存在显著的交互效应;婴儿的假装操作行为存在显著的性别差异,对于男孩,3个自变量均无显著的主效应和交互效应;而对于女孩来说,其依恋类型和母亲的自主支持行为存在显著的交互效应。对于婴儿的探索品质,在探索行为种类上,存在母亲敏感性的主效应,如果母亲能做到以孩子为中心,会更好地促进探索能力的发展。

第二节　早教机构中 19—24 个月婴幼儿的教育活动设计与指导

与上一个月龄段的婴幼儿相比,19—24个月婴幼儿在动作与习惯、语言与沟通、情感与社会及认知与探索各领域均有了明显的发展和质的飞跃。如表现认知、形象记忆的出现;语言发展进入突发期等。下面是根据婴幼儿在此月龄段的典型特征进行的教育活动设计和指导。

一、动作与习惯

19—24个月的婴幼儿能跟随音乐节奏做出相应的身体动作。2岁的婴幼儿已经基本掌握大肌肉活动,如站、走、跑、跳。精细动作主要表现为可以用勺子吃饭、串珠、3—5块积木垒高、搓泥、拼图、涂鸦、贴纸等活动。

针对19—24个月婴幼儿上述发展特点,教育者可以从如下方面进行引导。在盥洗时帮助婴幼儿学着使用肥皂、毛巾,学脱鞋子、裤子、袜子和外衣;鼓励婴幼儿自己用勺子吃饭、自己端杯喝水;提供机会让婴幼儿练习自如地走、跑,进行举手扔球、玩叠高积木、串大珠等游戏,并学着收放玩具。下面为动作与习惯领域的教育活动设计实例。

活动8–1: 帮小兔买菜

活动价值:

此月龄段宝宝走的动作习得趋向完成,跑的动作开始发展,能连续跑 3—4 米,但不稳。在"帮小兔买菜"活动中,锻炼宝宝走和跑的动作,体验和家人、同伴游戏的快乐。

活动准备:

(1) 小菜篮每人一个,仿真蔬菜若干,小兔木偶 1 个。

(2) 运动器械:垫子、平衡步道等。

活动流程:

1. 示范互动:可爱的小兔

(1) 家长和宝宝面对教师围成半圆站立。

(2) 教师出示小兔,引导宝宝说:"小兔好!""我们帮小兔买菜。"

(3) 教师示范玩法:爬过草地,走过小桥去买菜,买(拿)一棵菜,然后跑回来放进大箩筐。

(4) 教师介绍活动价值。

2. 亲子互动:小兔的最爱

(1) 家长和宝宝一起看一看、认一认、说一说小兔喜欢吃的菜。

(2) 每个宝宝背着一个小菜篮,尝试爬过草地,走过小桥,拿一颗菜。

3. 亲子游戏:帮小兔买菜

(1) 宝宝背着小菜篮爬过草地,走过小桥,拿一颗菜放进小菜蓝,跑回来把菜倒进大箩筐,继续去买菜。

(2) 宝宝背着小菜篮爬过草地,走过小桥,拿一颗菜放进小菜蓝,跑回来把菜送给小兔吃。并学说:"请吃××。"

活动提示:

(1) 家长要关注宝宝身体平衡情况,宝宝行走、跑不稳时,及时给予帮助。宝宝奔跑有困难时,家长可牵着宝宝的手一起跑。

(2) 宝宝游戏中情绪愉悦时是培养语言的好时机,家长要鼓励宝宝开口说话,如学说"小兔买菜"。

活动8–2: 宝宝喂小猪

活动价值:

此月龄段宝宝手部精细动作逐步发展,愿意自己用汤匙吃东西。在"喂小猪"的情景中,引导宝宝学着用三根手指握小勺,锻炼其手部精细动作,发展其手眼协调能力和语言能力。

活动准备:

自制小猪每人一个,白扁豆若干,乒乓球若干(替代食物),大小不同的小勺若干。

活动流程：

1. 示范互动：可爱的小猪

（1）教师出示小猪，引导宝宝与小猪打招呼。

（2）引导宝宝数一数有几头小猪？

（3）教师示范用三根手指握勺喂食，边喂边说："小猪，请吃××。"

（4）教师介绍此活动的价值。

2. 亲子互动：宝宝喂小猪

（1）家长引导宝宝认识小猪，并与小猪进行对话。

（2）家长鼓励宝宝尝试用小勺舀白扁豆喂小猪吃。

3. 亲子游戏：请小猪吃食

（1）宝宝用勺子自由舀乒乓球。

视频 宝宝喂小猪

（2）在舀乒乓球的过程中，家长引导宝宝将舀到的乒乓球放进小猪的嘴巴里，边舀边说："小猪，请吃汤圆。"

（3）家长："小猪要回家了，我们和小猪再见。"引导宝宝说："再见。"

活动提示：

（1）当宝宝满把抓握小勺时，家长可示范用三根手指握小勺，鼓励宝宝模仿。

（2）家长用语言激发宝宝与小猪交流，如，尝试学说："小猪，请吃汤圆。"

二、语言与沟通

这一月龄段的婴幼儿语言理解能力进一步增强，除了名词外，还可以听懂很多描述事物特征的形容词、方位词和动词。语言表达能力方面，进入语言发展突发期，21个月左右，日常说话已经能用100多个词语。言语交际方面，婴幼儿开始用"不睡"、"不要"等语句来表达拒绝。

针对19—24个月婴幼儿上述发展特点，教育者可以从如下方面进行引导。鼓励婴幼儿辨别生活中的常见物，让其对物体的形状、冷热、大小、颜色、软硬等特征有充分的感知体验。例如，吃苹果时，引导婴幼儿观察苹果鲜艳的颜色、触摸光滑的外皮、感知坚硬的质地，引导其学说"苹果是甜甜的、香香的、圆圆的"。鼓励婴幼儿学用简单句（双词句）表达自己的需求，如，在吃饭前，引导婴幼儿学说"吃饭"。鼓励婴幼儿学说自己的名字。多和婴幼儿进行亲子阅读、听故事、念儿歌等语言活动。引导婴幼儿学习简单的社交礼仪，如"你好"、"再见"。下面为语言与沟通领域的教育活动设计实例。

活动8-3：找找小宝贝

活动价值：

此月龄段宝宝对细微事物的变化反应敏感，能记住生活中熟悉物品放置的固定地方，如糖罐。通过活动，尝试让宝宝记住熟悉物品放置的地方，促进宝宝观察力和记忆力的发展。

活动准备：

红、黄、绿杯子(每人各一个)，小铃铛，小水果等。

活动流程：

1. 示范互动：杯子宝宝排排队

(1) 数一数：数数有几个杯子宝宝？

(2) 认一认：红色杯子宝宝是哪个？黄色杯子宝宝在哪里？绿色的呢？

(3) 排排队：教师按红、黄、绿的顺序给杯子宝宝排队，在"一二一向前走"的过程中故意把顺序换错。

(4) 教师介绍此活动的价值。

2. 亲子互动：藏藏找找

(1) 家长引导宝宝说说杯子的颜色，听指令给杯子宝宝排排队。

(2) 家长拿出玩具小铃铛，在宝宝的注视下把小铃铛放进一个杯子里，让宝宝猜猜在哪个杯子里。

3. 亲子游戏：找找小宝贝

(1) 家长在宝宝的注视下把小水果放进一个杯子里，然后移动杯子的位置，让宝宝猜猜在哪个杯子里。

(2) 宝宝把水果放进一个杯子里，移动杯子的位置，让家长猜在哪个杯子里。

活动提示：

(1) 游戏初，杯子移动的次数不宜太多，从移动一次逐渐增加到两次甚至更多。

(2) 家长可以把三个玩具放在宝宝面前，拿走其中一件，让宝宝猜猜什么东西不见了。随着宝宝游戏能力和兴趣的增强，逐渐增加拿走玩具的件数。

活动 8-4: 好吃的水果

活动价值：

此月龄段宝宝会说 3—5 个字的句子。通过活动，尝试让宝宝认识并说出一些常见水果的名称，指认颜色。同时让宝宝尝试自己剥水果皮，发展手部精细动作。

活动准备：

摸箱一个(内有苹果 1 个、香蕉 1 根)，实物水果(香蕉、橘子)若干，小口袋每人一个(内有仿真水果——苹果、香蕉、西瓜)。

活动流程：

1. 示范互动：看看说说水果

(1) 教师出示摸箱问："里面有什么？"

(2) 教师摸出苹果问："这是什么？苹果是什么颜色的？"(红红的苹果)

(3) 教师摸出香蕉问："这是什么？香蕉是什么颜色的？"(黄黄的香蕉)

(4) 教师介绍此活动的价值。

2. 亲子互动：摸摸小口袋

(1) 宝宝摸口袋，摸出后家长问是什么，宝宝说出水果的名称。

(2) 家长说出水果的名称，宝宝找出相应的水果，并把水果放进小口袋里，拉上拉链。

3. 亲子游戏：好吃的水果

(1) 教师拿出水果，让宝宝知道小手洗干净后才能吃。（家长带领宝宝洗手）

(2) 引导宝宝说出水果名称，拿一个相应的水果。

(3) 家长鼓励宝宝自己剥皮吃水果。

活动提示：

(1) 家长用提问的形式，鼓励宝宝边做游戏边回答，说出水果名称。

(2) 家长尝试让宝宝自己剥皮，可以适当帮助，但不能包办。

三、情感与社会

19—24个月婴幼儿在情绪方面的表现是：能够感受到成人哭、笑、生气等不同情绪，同时也学会了处理别人情绪的能力。情绪表达方面，开始表现出对爸爸的喜爱。19—24个月婴幼儿社会性发展的关键是学习发起并维持与他人交往的技巧。主动发起与成人的互动，愿意做讨家长喜欢的事情；以依恋对象为安全基地，探索陌生的环境；有更多观察和模仿同伴的行为；理解并会说"请"、"谢谢"、"不客气"等礼貌用语；理解并遵守轮流的规则。

针对19—24个月婴幼儿上述发展特点，教育者可以从如下方面进行引导。请婴幼儿帮父母一起做事，如尝试将玩具放回原处；多提供婴幼儿和爸爸一起游戏的机会和时间；多提供机会引导其玩角色游戏，如假装给娃娃喂饭、穿衣；尽量为婴幼儿建立规律的、固定的日常作息方式；为婴幼儿设定一定的规则，并督促其遵守并执行规则。

活动8-5：我是好宝宝

活动价值：

此月龄段宝宝交际性增强，较少表现出不友好和敌意。在看看、讲讲、玩玩的过程中，引导宝宝尝试与同伴一起玩，鼓励宝宝学着用语言来表达交往的愿望。

活动准备：

宝宝在日常生活中和其他小朋友一起玩和分享的照片若干，每位宝宝带一件自己喜欢的玩具。

活动流程：

1. 示范互动：看看说说

(1) 出示班上两位宝宝一起玩的照片，问："是谁?""宝宝在哪里?""在干嘛?"鼓励其他宝宝与他们握握手或拥抱。

(2) 教师介绍此活动的价值。

2. 亲子互动：谁是好宝宝

(1) 家长拿出宝宝和同伴的照片，让宝宝找出自己和同伴。

（2）引导宝宝看看：宝宝在干什么？

（3）引导宝宝找出照片中的好宝宝，让宝宝知道好玩的玩具、好吃的东西可以和同伴一起玩、一起吃。

3. 亲子游戏：我是好宝宝

（1）学念儿歌《我是好宝宝》。

"好宝宝，亲一亲；好宝宝，抱一抱；好宝宝，一起唱；好宝宝，一起跳；拉拉手，做朋友，我们都是好宝宝。"

（2）家长引导宝宝与同伴一起分享自己的玩具。

活动提示：

（1）鼓励宝宝用语言表达，如有困难，家长可以说出短句的开头几个字，让宝宝接着说。

（2）家长语速要慢，边念边做动作，帮助宝宝理解。

活动8-6：送玩具宝宝回家

活动价值：

此月龄段宝宝会帮忙做事，比如把玩具收拾好。在送玩具宝宝回家过程中，帮助宝宝辨别物体的明显特征，并学着把玩具送回家。

活动准备：

玩具（小汽车、皮球、积木、图书、娃娃等），人手一套玩具的图片，玩具橱上贴有以上相应玩具的图片。

活动流程：

1. 示范互动：熟悉常见物品

（1）教师出示小皮球，边拍球边说："皮球圆圆，拍拍拍。"引导宝宝模仿拍皮球动作。

（2）教师出示小汽车，引导宝宝学说："小汽车，嘀嘀嘀。"模仿开车的动作。

（3）教师出示实物，引导宝宝找出相对应的图片，并向家长介绍活动价值。

2. 亲子互动：玩具的家

（1）家长引导宝宝认识不同的玩具，说说玩具的名称，并和宝宝一起玩。

（2）家长引导宝宝根据图片找出玩具。

（3）家长说："小皮球的家在哪里？"引导宝宝找相应物品的玩具橱，将皮球送回家。

3. 亲子游戏：把玩具宝宝送回家

（1）教师说玩具的名称，宝宝寻找玩具，找到后和家长一起玩。

（2）教师说："玩具玩具玩累了，宝宝快快送回家。"家长引导宝宝把玩具宝宝送回家。

活动提示：

（1）家长观察宝宝是否会把实物与图片联系起来，若宝宝有困难，可把实物与图片放在一起，让宝宝比较，找到相同的，放在一起，引导宝宝模仿这一游戏过程。

（2）提供的玩具选择不要太多，3—5个为宜。

四、认知与探索

19—24 个月婴幼儿在认知领域的发展主要表现是产生"表象认知"这一心理现象。表象发生使形象记忆出现。凡是直观的、形象的、有趣的,均能被婴幼儿自然记住,如小猫可爱的形象、小狗独特的叫声等。集中注意时间延长至 8—10 分钟。

19—24 个月婴幼儿在探索方面的主要发展特点是对声音和色彩敏感,喜欢跟随音乐律动,跟着唱唱跳跳,用声音、动作等多种方式表达自己的感受。喜欢自由涂鸦,感受色彩的丰富和自由涂鸦的乐趣。

针对 19—24 个月婴幼儿上述发展特点,教育者可以从如下方面进行引导。引导婴幼儿随着音乐节奏做模仿动作,跟唱简单的歌曲;提供蜡笔引导婴幼儿涂涂画画,激发其自由涂鸦的兴趣;提供可以拓印的材料激发其对色彩的兴趣,如,选取青菜、藕、玉米的横切面,蘸取不同的颜料拓印在白纸上。

活动 8-7: 小鼓响咚咚

活动价值:

此月龄段宝宝听到音乐能根据音乐的节奏做模仿动作,用小鼓敲击等。在活动中,激发宝宝乐意跟着音乐敲击的兴趣,让宝宝感受音乐的节奏,并发展其手眼协调能力和双手的协调性。

活动准备:

小鼓、鼓棒,音乐《洋娃娃和小熊跳舞》,录音机,背景音乐。

活动流程:

1. 示范互动:小棒的舞

(1)小棒操:教师示范小棒操,请家长带领宝宝跟着老师边听音乐边念儿歌做动作,并介绍操的作用。

(2)认识小鼓:教师敲击小鼓,引导宝宝认识小鼓,跟着音乐节奏模仿乐器发出的声音。

(3)教师介绍此活动的价值。

2. 亲子互动:小鼓响咚咚

(1)家长敲击小鼓,让宝宝有节奏地模仿鼓声;或宝宝敲击小鼓,家长模仿。

(2)家长和宝宝各持一根棒,跟着音乐有节奏地敲击。

(3)播放音乐,家长握着宝宝的手跟着教师按节奏击鼓。第一次敲击鼓面,第二次敲击鼓边。

3. 亲子游戏:走走停停

家长带着宝宝听着鼓声有节奏地做走、停的动作。

活动提示:

(1)当宝宝不会敲击鼓边时,家长不要强求,先让宝宝对鼓面产生兴趣。

(2)当宝宝击不中鼓面时,家长要及时给予帮助,拿着宝宝的手一起敲鼓;当宝宝能跟着家长敲击时,家长要及时表扬。

活动8-8: 花儿真好看

活动价值:

此月龄段宝宝喜欢涂鸦,能说出常见物品的名称。在活动中,引导宝宝尝试在一定范围内涂鸦,锻炼手部小肌肉力量,激发宝宝涂鸦的兴趣。

活动准备:

颜料(红、黄),刷子,滚筒,油画棒、水彩笔、铅画纸、水画布、画有花心的操作纸等,画画反穿衣。

活动流程:

1. 示范互动:变变变

(1)教师:"宝宝看,纸上有东西吗?""春天来了,我会变出什么呢?"

(2)教师用滚筒蘸一蘸颜料,然后在纸上来来回回涂鸦变出一朵朵不同颜色的花。引导宝宝学说:"漂亮的花。"

(3)教师介绍此活动的价值。

2. 亲子互动:涂涂画画

(1)家长用刷子蘸一蘸红颜料,在盆边搭一搭,在纸上上下涂鸦变出一朵红花,引导宝宝学说:"红红的花。"

(2)家长引导宝宝选择自己喜欢的工具,徒手滚一滚,刷一刷。

(3)家长引导宝宝选择自己喜欢的颜色进行涂鸦。

3. 亲子游戏:花儿真好看

(1)家长与宝宝欣赏白纸上的花朵,学说:"××的花。"

(2)家长根据宝宝对颜色的喜好,添加不同颜色,感知色彩的变化。

活动提示:

(1)家长鼓励宝宝选择不同材料进行涂鸦。

(2)家长引导宝宝用上下、左右的方法进行涂鸦,鼓励宝宝尝试用双手涂鸦,促进左右脑的开发。

第三节 家庭中 19—24 个月婴幼儿的亲子教育活动

围绕上节中 19—24 个月婴幼儿在各领域的发展重点及早教机构中的教育活动设计,在家庭环境中,家长可以利用贴纸、手电筒、抽屉、面团等常见生活物品来开展亲子教育活动,作为早教机构中教育活动的延伸和补充。

活动 8-9: 小星星

材料准备:

音乐播放器,歌曲《小星星》。

自制星型手电筒(玻璃片上贴有星型镂空纸片,使照出来的光团为星型)。

各色星星贴纸(稍大一点的贴纸,便于婴幼儿撕贴)。

玩法介绍:

玩法一: 唱唱跳跳

家长和婴幼儿倾听歌曲,熟悉旋律及歌词,尝试跟唱歌曲。配合歌词内容,做出相应动作。

附歌词及动作要领:

一闪一闪亮晶晶,满天都是小星星(双手于胸前做一闪一闪"眨眼"状,即合拢放开的动作),挂在天上放光明(举高双手,左右摇摆),好像许多小眼睛(双手食指伸出,点指自己的眼睛)。一闪一闪亮晶晶,满天都是小星星(双手于胸前做一闪一闪"眨眼"状,即合拢放开的动作)。

玩法二: 拍拍踩踩

调暗室内灯光,家长持手电筒,在墙上或是地板上照出亮点,营造出星光的效果。婴幼儿寻找亮点并用小手拍或小脚踩。"星星"可以任意变动位置,家长引导婴幼儿追着"星星"拍一拍、踩一踩。在引导过程中,家长可以配合提问:"宝宝,找一找,星星在哪里?"

玩法三: 撕撕贴贴

出示贴有各种颜色小星星的贴纸,邀请婴幼儿撕下自己喜欢的颜色的星星并贴到纸上,说一说小星星的颜色。也可由家长说出颜色和贴的位置(例如身体部位:脸、手、鼻子),如:"请把绿色星星贴到妈妈的额头上。"让婴幼儿根据指令来撕贴相应颜色的星星。

给家长的一段话

在唱唱跳跳活动中,通过亲子互动培养婴幼儿对音乐活动的兴趣及肢体动作的协调性。家长可以和婴幼儿采用面对面的站位或坐位,便于婴幼儿更好地观察家长的动作,在此基础上进行模仿。拍拍踩踩活动中,通过对小星星的目光追视,帮助婴幼儿提升专注力,结合拍和踩的动作,锻炼婴幼儿感知觉能力的协调性。注意保护婴幼儿的眼睛,避免出现婴幼儿持手电筒对眼睛进行直接照射的情况。撕撕贴贴的活动中,通过撕贴的动作锻炼婴幼儿手指的灵敏度,配合颜色表述,巩固婴幼儿对色彩的认知。

活动 8-10: 小抽屉,捉迷藏

材料准备:

三层式桌面抽屉1组。

小型动物玩偶若干(建议选择婴幼儿较熟悉的动物,例如小兔、小猫、小狗等,大小以能够装入抽屉为宜)。

玩法介绍:

玩法一: 打开打开

　　家长将三层式抽屉一个一个抽出,底朝上,平放在婴幼儿面前。拿出一个动物玩偶,请婴幼儿观察,抬起其中一个抽屉,将动物玩偶放在下面,盖上抽屉,请婴幼儿找一找小动物在哪里。婴幼儿确认位置后,抬起抽屉进行验证。

　　从1个动物开始,逐渐增加到2—3个,请婴幼儿找特定的小动物,如:"小猫在哪里?"

　　玩法二:转转找找

　　家长拿出1个动物玩偶藏在其中某一个抽屉下面,双手放在两个抽屉底上,慢速移动抽屉位置(其中一个是藏动物的抽屉),换好位置后,问一问:"宝宝,现在小动物去哪里了?"请婴幼儿找出小动物的位置。

　　抽屉移动的时间可以从短到长,移动的轨迹也可以适当增加,以提升游戏的趣味性。

　　玩法三:上上下下

　　家长将三个抽屉装入抽屉架,请婴幼儿观察还原后的三层抽屉,提出"上、中、下"的概念,可以和婴幼儿一起逐层拉一拉、说一说:"这是上面/中间/下面的抽屉。"成人将1个动物玩偶放入其中一层,关上抽屉,请婴幼儿找一找小动物在哪里。在游戏过程中,家长可以配合语言引导:"上面的抽屉找一找。"或者找到以后可以请婴幼儿说说它的方位,"它在上面/中间/下面。"

给家长的一段话

　　玩法一主要锻炼婴幼儿的记忆能力和专注力。玩法二中主要锻炼婴幼儿的观察能力和注意力。在这个过程中,幼儿的目光需要追视目标抽屉,根据观察到的位置变化来进行判断。家长进行抽屉换位时需要关注到婴幼儿的目光是否追随,婴幼儿能够准确找到动物是认真观察的结果。家长不要为了追求换的速度,非常快速地操作而让婴幼儿去猜动物藏在哪里。玩法三主要帮助婴幼儿建立简单的空间概念。从同一平面排列到上中下排列,游戏难度逐渐增加,对于婴幼儿的空间能力是一种挑战。建议家长按照玩法一、二、三,循序渐进地和婴幼儿进行亲子游戏,不宜一下子难度过高。

活动8-11:　好玩的面团

材料准备:

面团若干、垫板、各式造型模具、小盘子若干。

音乐播放器、歌曲《小手拍》。

各色小积木、小珠子或豆子(红豆、扁豆、芸豆等)若干(可镶嵌入面团)。

玩具娃娃1个。

玩法介绍:

玩法一:我有小手拍

　　家长和婴幼儿人手一块垫板,将面团放在垫板上,一边倾听歌曲一边玩面团。家长可以适当改编歌词,在对应歌词部分和婴幼儿一起做拍、搓、揉、捏等动作,让婴幼儿在音乐旋律中体验面团的质感。

参考歌词:

我有小手我拍拍拍,我有小手我拍拍拍,我有小手我拍拍拍,我有小手拍。(还可以将拍改为搓、揉、捏等动词)

玩法二:花式做饼干

家长出示造型模具(例如圆形、三角形、星形、蝴蝶形、爱心形等各式皆可):"今天我们要给小娃娃做花式饼干。"家长示范给面团压模。婴幼儿选择自己喜欢的模具形状对面团进行压模,将面团变成各种形状。在压模的过程中,家长可以问一问:"宝宝,你想做什么形状的饼干?"请婴幼儿来说一说、选一选。也可以请婴幼儿根据指令来取模具:"娃娃想吃爱心饼干,你来帮帮她好吗?"家长还可以和婴幼儿共同探索家中能够用来压模的工具,例如瓶盖、杯子、小型糖果盒等。

在压模完成后,将"花式饼干"放在盘子里,端给小娃娃品尝,"小娃娃,请你吃饼干。"

玩法三:一起做披萨

家长和婴幼儿一起将面团拍成面饼,将准备好的各色小积木、小珠子或者是豆子镶嵌入面饼中。家长可以根据镶嵌物的颜色配合语言对婴幼儿进行引导:"宝宝,我们在披萨上放根小香肠,放块小菠萝,放片番茄……你还想放些什么?"引导婴幼儿选择小物件,将其嵌入面团。通过对小物件的取放提高婴幼儿手部精细动作的能力,使手指变得更加灵活。同时在各色物件组合摆放的过程中开启婴幼儿对画面、对艺术的兴趣。

给家长的一段话

该活动主要发展婴幼儿拍、捏、搓、揉、压等手部精细动作。为了增加游戏的趣味性,家长为婴幼儿准备的面团可以是混合果蔬汁的彩色面团(例如混合南瓜汁的黄色面团、混合芹菜汁的绿色面团)。有了视觉上的刺激,婴幼儿的兴趣度会更高。考虑到能镶嵌入面团的小玩具或豆子体积较小,家长在与婴幼儿游戏中要密切关注,避免婴幼儿误食,引起危险。

第四节 19—24个月婴幼儿教育的常见问题及对策

一、家有倔强宝宝

吃饭的时候,爸爸随意坐在了外婆平时坐的座位上,宝宝见到,着急了,指手划脚,嘟嘟囔囔,还哭了起来,非得让大家坐回"自己的位置"才罢休。

晚上睡觉前,宝宝听故事的要求可多啦:不能接电话,不能上厕所,不能讲错一个字,否则就要"从头来"。有时候一个故事要反反复复讲上十几遍,让爸爸妈妈很是头疼……

原因分析：

这是婴幼儿在无理取闹吗？其实并不是，婴幼儿出现这样的行为，是因为正处在秩序敏感期，属于正常的心理需求。婴幼儿的秩序敏感经常表现在对顺序性、生活习惯、所有物的要求上。

一岁半到两岁的婴幼儿开始对"秩序"有着异常的执着。在婴幼儿看来，固有的"秩序"是代表着一种整齐和安全，也是婴幼儿认知世界中的一种简单的关系联接方式。一旦被打破了，所熟悉的环境消失或有所变化，婴幼儿会感到无措和混乱，会变得焦虑，表现出害怕、哭泣，甚至大发脾气。

婴幼儿的"秩序感"是否重要？对于婴幼儿来说，秩序是生命的一种需要，当它得到满足时，就产生了一种自然的快乐，这种快乐意味着一个人对他自己环境里的所有细节方面都能支配，是一种心灵的适宜环境。在这样的环境下，婴幼儿会感受到心灵宁静，获得愉悦的安全感，免于对未知的恐惧。安全感的满足有助于婴幼儿与周围的环境和人之间依恋感的建立，这些都为婴幼儿社会性的发展奠定了良好的基础。秩序感发展良好的婴幼儿长大后能轻松规划自己的生活，过得充实、快乐、更有效率。

教育建议：

随着秩序敏感期的到来，作为成人，需要给予婴幼儿充分的理解和尊重，协助婴幼儿保护这份安全感。成人可以这样做：

（1）为婴幼儿提供一个有序的空间环境。

婴幼儿通过对外部环境的观察、触摸等，将这些感觉到的印象，转化为知觉认识，逐渐建立起内在秩序。保持外部环境的干净整洁、物品整齐摆放、分门别类，有助于婴幼儿良好秩序感的建立。

成人还可以引导婴幼儿自己收拾玩具和日用品，不仅能让婴幼儿养成整洁有序的习惯，还能使其获得更完善的成长空间。

（2）满足婴幼儿的秩序感。

婴幼儿乐于去做一些关于秩序的事情时，作为成人不妨满足他的这个需求，给予其充分的空间来适应环境，能够在细节上支配环境。但是，把握好尺度及是非界线是非常重要的，无理要求不能退让。

另外，尽量不要对婴幼儿居住的环境做太大的改变，比如频繁地为婴幼儿更换床铺、居室、生活环境等。当然，提供完全没有变化的生活也不太可能。如果事情已经发生，给予婴幼儿知情权与透明度，和婴幼儿一起熟悉新的环境，也是帮助婴幼儿建立新"秩序"的关键。

（3）建立有规律的生活习惯。

每天在相同的时间吃饭、休息，晚上入睡等保持一致，让一天的生活井井有条。当婴幼儿知道接下来要做什么，需求何时能得到满足时，会更安心。在有秩序的反复实践中，婴幼儿的执行能力和独立性也会得到更好的提升。

二、总爱说"不"的宝宝

案例 8-2

吃饭时间到了,爸爸提醒宝宝:"宝宝,去洗手了!""我不!"

要午睡了,外婆带着宝宝到房间,调暗了灯光。"不睡觉!"宝宝大声叫着。

妈妈给宝宝买了一件新衣服,想给宝宝套上试试。宝宝不答应:"不要不要不要!"

宝宝最近经常挂在嘴边的就是"不要"、"不好"、"我不吃"、"不睡觉"……在成人看来,宝宝好像不如小时候那么乖巧听话了,样样事都对着干,这可怎么办?

原因分析:

说"不"并不是婴幼儿故意要闹,而是一个建立自我认知与独立养成的阶段。著名的发展心理学家和精神分析学家埃里克森提出人格发展八阶段的理论,指出心理发展是一个连续的、渐进的过程,并认为每一阶段都有一个特殊矛盾,矛盾的顺利解决是人格健康发展的前提。其中第二个阶段是:自主对羞怯、怀疑(1或1岁半至3或4岁)。这一时期,婴幼儿掌握了大量的技能,如爬、走、说

人格发展阶段论

话等。更重要的是他们学会了怎样坚持或放弃,也就是说婴幼儿开始"有意志"地决定做什么或不做什么。这时候父母与婴幼儿的冲突很激烈,也就是"第一个反抗期"的出现。主要表现为婴幼儿要求行为活动自主和实现自我意志,对于很多事情,婴幼儿产生了"自己来"、"我做主"的愿望和行动。但成人经常会认为婴幼儿年龄小、做事速度慢、做不好容易有危险,所以很多时候会选择包办替代,用"不行"、"不可以"来限制婴幼儿的行为。婴幼儿希望自己的行为得到认同和不受限制,为了不失去表现的机会,只有寻求反抗。

教育建议:

在婴幼儿自我意识萌芽的阶段,积极地肯定其独立性,发展其意志力,理智地看待宝宝的"不",成人可以这样做:

(1)以正向引导的方式与婴幼儿交流、沟通。

给予婴幼儿一些选择的空间,而不是用命令的口吻和宝宝交谈,例如当到了睡觉的时间,成人可以采用征询的方式问一问:"宝宝,你是想喝一杯牛奶以后睡觉呢,还是听一个故事再去睡觉?"让宝宝从中做出某种选择,然后成人予以满足。这样的方式让婴幼儿感受到自己不是那个接受命令的人,而是受到成人的尊重,有自主决策权。维护了婴幼儿的自尊,满足了婴幼儿的自主性发展需求。

(2)成人要以身作则,说话算话。

充分尊重幼儿的另外一个方面体现在成人的"说话算话"上。婴幼儿是与成人平等的独立个体,当给婴幼儿选择的时候,成人允诺的必须是自己能够做到的。这样,建立在彼此信任与默契上的亲子关系有利于婴幼儿自我意识的发展。如果成人答应了,但实际上没有做到,久而久之,婴幼儿对于成人的安排会产生一种反抗和抵触的情绪,越来越爱说"不"。

(3) 相信婴幼儿的能力,成人学会适当放手。

婴幼儿的"不"很多时候来源于成人的"不"。当婴幼儿提出要求希望尝试独立行动,例如"自己用勺子吃饭"、"自己扫地"等,或者自己来做主选择出门的衣服时,只要是相对合理的、对婴幼儿发展有积极意义的,成人需要予以及时的鼓励和帮助,然后在婴幼儿尝试的过程中适当给予一些指导,比如如何握勺,而不是各种担心和劝阻:"宝宝还太小,这个你不会……"

成人要学习退后,适当放手。尽管在婴幼儿尝试的过程中,可能会带来各种各样的麻烦,例如米粒撒了一身、地越扫越脏……但值得欣赏的是婴幼儿这份"我可以、我能行"的愿望。经验的积累来源于亲身实践。相信婴幼儿能够通过积极的活动习得各种生活技能,同时体验成功的快乐。

三、家有小小"破坏王"

案例 8-3

饭后,宝宝和妈妈一起搭积木,妈妈刚搭好几块,宝宝伸手一推,积木"哗"得一下倒了,宝宝哈哈大笑,就像自己干了一件非常了不得的事。宝宝指着积木,要妈妈再搭一个高楼。妈妈一块一块刚垒好,宝宝的小手就伸了过来,高楼瞬间倒塌,积木再一次散落一地。就这样,反反复复,小家伙乐此不疲。

不仅如此,奶奶给宝宝新买的玩具机器人,宝宝拿着它在窗台上、地板上咣咣地敲,机器人的身体都要敲碎了……家里人看着这个小小"破坏王",不知该如何是好。

原因分析:

婴幼儿的"破坏"行为,很多时候是一种好奇心的表现。婴幼儿在用自己的方式探索外界,努力通过自己的双手去寻找答案,了解事物的因果关系和证实自己的判断。本案例中的宝宝通过对玩具敲敲打打来感知撞击发出的声音以及物体可能发生的变化。在推倒积木的过程中,婴幼儿感知到了推的动作、"哗啦"的声音以及与"积木散落一地"结果之间的联系。这种本能的探索行为符合婴幼儿的发展进程,是从最初的视、听觉感觉层次,逐渐过渡到知觉,到最后逐步发展为推理、计算、判断等高级认知能力。被成人视为"搞破坏"的行为有时是婴幼儿迸发智慧火花、促进他更好地从环境中学习的原动力。

这份探索欲弥足珍贵,比较爱"破坏"的婴幼儿往往更勇敢,好奇心更强,想象力也比同龄人要大很多。如果成人没有给予婴幼儿这样的机会,他的学习和探索精神要如何发展? 什么都是由成人来告诉,慢慢地,婴幼儿就习惯了什么都不去动,没有一点主动想了解、想尝试的意愿,长大以后又怎能长成一个有主见的人?

教育建议:

(1) 将"破坏"解读为"研究",亲子共同探索。

正确看待婴幼儿的"破坏"行为,满足婴幼儿的好奇心,在保证其安全、健康的情况下,鼓励其大胆尝试。又或者是成人在做家务或修理某件物品时,若婴幼儿有兴趣观看或摆弄,邀请他参与其中,在成人可控的范围内满足婴幼儿"小小探索家"的愿望,减少"破坏"的行为,让婴幼儿通过亲身实践获得相关经验的积累。

但需要注意的是,一些可能会给婴幼儿造成危险的物品要收好,避免婴幼儿触及。

(2) 提供合适的材料,充分满足婴幼儿的探索欲。

为了满足这一年龄阶段婴幼儿喜欢撕纸、敲打等特点,成人可以尝试整理出一些便于幼儿探索使用的废旧物品,变废为宝。例如,给婴幼儿提供报纸、宣传单页等,鼓励婴幼儿撕出各种各样的形状,增加手指的灵活性;拿出一些废旧饮料瓶或坏了的玩具,给婴幼儿提供击打和拆卸的机会。在保障安全的情况下,让婴幼儿放开了玩,满足其探索的需求。

(3) 在婴幼儿探索的过程中,必要的规矩不可少。

俗话说,没有规矩,不成方圆。在婴幼儿探索的过程中,成人需要引导及帮助婴幼儿建立规矩。比如,告知其哪些东西可以玩,哪些东西不能玩。例如电类、利器类的物品不能碰,厨房在未经成人陪同及允许的情况下不可以随便进入。在满足婴幼儿探索欲望之后,成人还要帮助婴幼儿培养对自己行为负责的习惯。例如把推倒的积木整理好放回玩具箱,把撕碎的纸捡起来扔到垃圾桶。在婴幼儿不是完全力所能及的情况下,可以由成人协助来共同整理,让婴幼儿在参与中感知规则、建立规则。

思考题

1. 19—24个月婴幼儿认知与探索发展的趋势与特点是什么? 婴幼儿认知与探索培养的内容与策略是什么?

2. 请你围绕婴幼儿言语理解学习与发展核心能力制作和设计适合19—24月龄段婴幼儿阅读的绘本阅读课。为什么要这样设计?

第九章

25—30个月幼儿的教育活动

第一节　25—30个月幼儿身心发展特点概述

一、25—30个月幼儿身心发展特点

进入两岁以后,幼儿身心各个方面稳步发展。动作能力逐渐增强,能够自由地走、跑,大大扩展了活动空间;并且动作开始更加综合,基本动作技能开始形成。他们会在草地上踢球,会双手叠积木,可以双手端着东西走动。动作技能的发展也为生活自理能力的发展奠定了基础,比如穿鞋、拉拉链等。

语言能力方面,2岁以后,幼儿在掌握语音、词汇、语法和口语表达能力方面都较前一阶段有明显的进步,开始逐步用语言表达自己的意愿,听说能力不断提高,基本上能理解成人所用的句子,语音逐渐稳定和规范,语言常常使用接尾策略,已经能注意到语法要素,能运用多种简单句型,喜欢自言自语,游戏时也常常一个人讲话。

情感与社会性方面,自我意识开始萌芽,掌握代词"我"是自我意识萌芽的重要标志,知道我和他人的区别,在言语上逐渐分清"你"、"我"。最初的独立性出现,进入人生"第一反抗期",喜欢说"不",按照自己的想法行事。随着语言能力的发展,喜欢和同龄伙伴及熟悉的成人交往,主动用身体动作或行为作为交往的手段,表达自己愿意与同伴游戏的愿望等。在交往中带有明显的自我中心倾向,常以满足自己需要为准则与他人交往。

认知能力方面,2岁幼儿思维突出的一点是"自我中心"。有意注意有所发展,逐渐能按照家长提出的要求完成一些简单的任务。对新奇事物感兴趣,喜欢重复地摆弄物品,在重复的活动中逐渐认识物体的属性,也喜欢听成人重复讲一个故事。爱模仿别人,尤其是模仿成人哄娃娃吃饭、睡觉、做饭等。

探索方面,这个阶段的幼儿已经能安静地听音乐,喜欢听某种声音,例如舌头卷动的声音,并乐于模仿;当别人唱歌时,可能会做出嘴型或小声唱出来,并随着熟悉的曲调摇晃身体,出现合着节奏的舞蹈。

根据25—30个月幼儿的发展水平内容,观察要点如下:

表 9 - 1　25—30 个月幼儿发展观察要点①

动作与习惯	语言与沟通	情感与社会	认知与探索
• 能后退、侧走和奔跑 • 能轻松地立定、蹲下 • 会迈过低矮的障碍物 • 能双脚交替上下楼梯 • 能从楼梯末级跳下 • 能单脚站立 2—5 秒 • 能将球朝一定的方向滚 • 能将球用力往远处扔 • 会骑三轮童车 • 在成人提醒下如厕，学着自己洗手、擦脸 • 会转动把手开门、旋开瓶盖取物 • 能用大号蜡笔涂涂画画，自己画垂直线、水平线 • 学着一页一页翻书 • 学着自己穿鞋、解衣扣、拉拉链	• 听完故事能说出讲的是什么人、什么事 • 会用几个形容词 • 会用代词"你"、"我"、"他"，会用连续词"和"、"跟"，会使用副词"很"、"最" • 能说出常见物品的名称和用途，词汇量发展迅速，会使用七八个词组成的句子进行简单的叙述 • 会背诵简单的儿歌，且发音基本正确 • 开始理解事件发生的前后顺序	• 有简单的是非观念，知道打人、咬人、抓人不好 • 会发脾气，常用"不"表示独立 • 知道自己的全名，用"我"来表示自己 • 和同伴一起玩简单的游戏，会相互模仿，有模糊的角色装扮意识 • 初步意识他人的情绪，开始表达自己的情感	• 知道"大、小""多、少""上、下"，会比较多少、长短、大小 • 会指认圆形、方形和三角形 • 知道红色，并能正确地指认 • 喜欢玩砂、玩橡皮泥 • 用积木垒高或连接成简单的物体形状（如桥、火车） • 会捏、团、撕，随意折纸 • 能数到 10 • 游戏时能用物体或自己的身体部位代表其他物体（如手指当牙刷） • 能用蜡笔涂涂画画 • 喜欢玩打击乐器，享受制造出声音的快乐 • 喜欢晃动摇摆、上下运动、拍手游戏、手指游戏以及动感音乐 • 对一些节奏简单的歌曲作出回应，喜欢模仿韵律和节奏，随着音乐节拍晃动身体

二、25—30 个月幼儿教育内容与要求

　　25—30 个月幼儿在动作与习惯方面的教育内容与要求有：这个阶段的幼儿已经有了基本的动作技能，能进行走、跑、跳等动作，但是动作技能还不够成熟，身体平衡以及协调能力有待加强，两手的协调动作也需要更多的练习。这个阶段动作发展应以动作技能培养为主要任务，为生活自理能力培养

培养专注力

打下基础。让幼儿有练习钻爬、上下楼梯和走小斜坡的机会，体验运动的乐趣，培养初步的环境适应能力和自我安全保护意识。让幼儿操作摆弄积木、珠子、纸、橡皮泥等玩具，提高其手指的灵活性和手眼协调性。鼓励幼儿用小勺吃完自己的一份饭菜，愿意吃各种食物，自主地用杯喝水（奶）。提供幼儿模仿成人做事的机会，帮助其学习自己穿脱衣裤、鞋袜，自己洗手擦脸，主动如厕。

　　25—30 个月幼儿在语言与沟通方面的教育内容与要求有：幼儿思维活动逐渐萌芽，

---

① 上海市教育委员会. 上海市 0—3 岁婴幼儿教养方案［Z］. 上海市教育委员会办公室，2008：17.

对周围事物和现象更感兴趣。2岁幼儿处于口语发展关键期,要以促进口语发展作为重要活动目标,鼓励幼儿学用普通话大胆表达自己的需求,理解并乐意执行成人简单的语言指令。提供图画书,培养幼儿阅读的兴趣,学习讲述简单的事情和学讲故事、念儿歌。

25—30个月幼儿在情感与社会性方面的教育内容与要求有:随着自我意识的萌芽,幼儿逐渐能把自己与外界、他人分开,该月龄段应该多设计活动让幼儿认识客观的自我。同时幼儿喜欢与同伴及熟悉的人交往,要帮助幼儿逐渐适应集体生活,愿意亲近老师和同伴。引导其学习对人有礼貌、不影响别人的活动。

25—30个月幼儿在认知与探索方面的教育内容与要求有:根据认知发展需求,提供感知常见动植物和简单数字的机会,帮助幼儿觉察指认颜色、形状、时间(昼夜)、空间(上下、内外)等明显的差异。引导其开始了解人、物、事之间的简单关系。幼儿认知进入前运算阶段,认知出现飞跃性发展,认识到真实客体的永久性,模仿能力增强,概念开始萌发,要注意发展其知觉、思维、问题解决、语言等方面的能力。可以让幼儿感知视觉空间世界,或引导回忆、复述对他们而言是新异的,不平常的活动。对音乐的感知要仍以轻柔、节奏鲜明的轻音乐为主,节奏要有快有慢、有强有弱,可让幼儿听不同旋律、音色、节奏的音乐以提高其对音乐的感知能力。引导幼儿跟着音乐唱唱跳跳,提供多种活动,增加幼儿体验的机会,用声音、动作、涂画、粘贴等多种方式表达自己的感受。

前沿视角 9—1

看电视时间与婴幼儿语言、情绪社会性发展的关系[①]

采用追踪设计,利用家庭基本情况调查表调查婴幼儿14—25个月的电视接触时长,利用《汉语沟通发展量表》和《婴幼儿社会——情绪性量表》评估婴幼儿14—25个月语言发展及情绪社会性发展,由此考察看电视时间与婴幼儿语言以及情绪社会性发展的关系,结果发现:(1)在看电视时间与儿童语言发展方面,婴幼儿14个月时,不看电视和看电视30分钟的婴幼儿比看电视超过60分钟的婴幼儿在短语理解上的表现相对更好;每天看电视30分钟的婴幼儿比不看电视和看电视超过60分钟的婴幼儿在动作和手势方面的表现相对更好。在婴幼儿25个月时,没有发现看电视时间长短与此年龄阶段语言发展的相关;14个月婴幼儿看电视时间与其25个月语言发展也没有关系。(2)在看电视时间与情绪社会性发展方面,在婴幼儿14个月时,每天不看电视和看电视30分钟的婴幼儿比看电视15分钟以内的婴幼儿在能力域和掌握动机上表现更好,并且这两组分别在能力域和掌握动机上比看电视超过60分钟的婴幼儿表现更好。在婴幼儿25个月时,不看电视的婴幼儿比看30分钟以内和看电视超过60分钟的婴幼儿在注意力方面表现更好;看电视不超过60分钟的婴幼儿比每天看电视超过60分钟的婴幼儿在亲社会同伴关系中拥有更好的表现。看电视时间在跨年龄段的比较结果显示,每天不看电视的婴幼儿有更多的同伴攻击行为,但不看电视的婴幼儿比看电视15分钟以内以及看电视超过

---

① 卢珊,崔莹,王争艳,李亚庆,郭文婷,梁熙. 看电视时间与婴幼儿语言、情绪社会性发展的关系——一项追踪研究[J]. 学前教育研究,2018(11):15—26.

60分钟的婴幼儿注意力表现更好；看电视在15分钟以内的婴幼儿拥有最多的内隐行为问题和焦虑行为；看电视30分钟的婴幼儿比看电视15分钟以内和超过60分钟的婴幼儿在能力域和注意力方面表现更好，且该组婴幼儿比其他组的婴幼儿拥有更好的移情能力。婴幼儿看电视时间对其语言和情绪社会性发展的影响有利有弊，需要家长高度重视，采用合理的方式积极引导婴幼儿养成良好的看电视习惯，从而促进其语言和情绪社会性等方面的健康发展。

第二节 早教机构中 25—30 个月幼儿的教育活动设计与指导

25—30个月幼儿在动作与习惯、语言与沟通、情感与社会及认知与探索各领域发展迅猛。动作能力逐渐增强，学会奔跑跳跃；开始表达自己的意愿；对新奇事物感兴趣，喜欢听成人重复讲一个故事；开始和玩偶游戏——哄娃娃吃饭、睡觉、做饭等。也表现出愿意与同伴游戏的愿望，在交往中带有明显的自我中心倾向，常以满足自己需要为准则与他人交往。对音乐表现出关注，并随着熟悉的曲调摇晃身体，出现合着节奏的舞蹈。下面是根据幼儿在此月龄段的典型特征进行的教育活动设计和指导。

一、动作与习惯

活动9-1：玩纸球

活动价值：
此月龄段的幼儿，能尝试举起手臂投掷，有方向性。团纸的动作，发展幼儿的手部肌肉；抛球的动作，发展幼儿的手臂力量。

活动准备：
报纸，彩色纸，玩具小动物若干。

活动流程：
1. 示范互动：好玩的纸团
（1）教师来变魔术。教师把报纸变成一个彩球，边变边说："变变变，变成一个大彩球"。把报纸团起来，放在手心用力团一团，漂亮的彩球做好了。
（2）教师演示"抛球"、"接球"等方法。
（3）教师向家长诠释团纸对发展手部小肌肉的力度的作用。
2. 亲子互动：玩彩球
（1）幼儿自己选择一张纸，放在手心，家长手把手让幼儿学习团的动作。边示范边引导幼儿一起说："团一团，变一变，变成一个大彩球。"鼓励幼儿力气用得大，把球团团小。

（2）幼儿把小纸团喂给动物吃。

3. 亲子游戏：做彩球

（1）幼儿用3张纸一层一层包成一个大彩球。

（2）结合各种运动器械来玩彩球。

活动提示：

（1）家长观察幼儿是否能用手掌的力量来团纸。要提醒幼儿将纸放在手心后要用团圆的方法用力地团。鼓励幼儿力气用得大，包得紧。如果幼儿力气不够，家长可适当地帮忙。

（2）活动结束后，家长除了团纸，还可以提供橡皮泥或面粉团让幼儿团，锻炼幼儿的手部运动能力。

活动9-2：红苹果

活动价值：

此月龄段的幼儿对色彩有了初步的认知，喜欢红色，尝试用红色纸条撕成小块并进行粘贴，培养幼儿手指精细动作及加深对红色苹果的认知。

活动准备：

实物苹果，苹果图片，红色的纸，固体胶。

活动流程：

1. 示范互动：漂亮的苹果

（1）出示苹果，让幼儿观察并提问："这是什么颜色的苹果？"

（2）引导幼儿学说："红红的苹果。"

（3）教师示范撕纸。教师先用三根手指撕纸，再在纸上涂上固体胶，最后，贴在苹果图片上。

2. 亲子互动：我给苹果穿新衣

（1）家长拿着苹果，引导幼儿说："红红的苹果。"

（2）家长示范撕纸，引导幼儿学着撕。

（3）教幼儿用转圈圈的方法涂固体胶。

（4）幼儿把纸贴在苹果的身上。

3. 亲子游戏：找一找

和幼儿一起找找活动室里的红色。

活动提示：

（1）家长指导幼儿独立地用三根手指拿住纸用力往下撕，当幼儿有困难时，可先撕开一个小口子。鼓励幼儿尽量自己完成。

（2）家长用语言鼓励幼儿积极寻找红色的物体。

二、语言与沟通

活动 9-3： 小动物回家

活动价值：

此月龄段幼儿知道圆形、方形和三角形，在"小动物回家"的游戏情景中，让幼儿用语言表述所感知圆形、三角形和方形的图形特征，尝试根据图形配对，锻炼幼儿手眼的协调能力。

活动准备：

人手一份操作玩具（小房子、小猫等小动物图形）。

活动流程：

1. 示范互动：和动物交朋友

（1）教师出示小动物，引导幼儿认认、学学、说说。

（2）引导幼儿识别圆形、三角形和方形。

（3）小猫要回家。先引导幼儿观察小动物身上的图形，接着观察房子窗户上的图形，哪个和小猫身上的图形匹配，把小猫送回相应的家。

（4）教师介绍此活动的价值。

2. 亲子互动：动物要回家

（1）家长引导幼儿和小动物打招呼，说出动物的名称并感知三种不同的形状。

（2）家长指导幼儿根据图形帮助动物回家（找相应的图形进行配对）。

3. 亲子游戏：我和动物交朋友

（1）小动物（根据形状）在一起做游戏。

（2）律动："我爱我的小动物"。边听音乐边模仿小动物的动作、叫声。

活动提示：

（1）互动时可以观察幼儿是否有良好的倾听习惯，家长鼓励幼儿回答教师的提问，尽量鼓励幼儿大声回答。

（2）家长可以让幼儿抚摸图形，通过触觉感知不同形状特征，引导幼儿先找相同图形，再进行配对。

（3）游戏时，家长鼓励幼儿用肢体动作大胆表现小动物的特征。

活动 9-4： 分饼干

活动价值：

此月龄段幼儿喜欢色彩鲜艳的物体。活动中让幼儿感知并说出颜色，尝试按不同的颜色进行分类，提高幼儿手的控制能力和手眼协调能力。

活动准备：

红、黄色小动物每人各一个，红黄两色雪花片若干。

活动流程：

1. 示范互动：小动物来了

（1）教师出示小动物问："谁来了？"引导幼儿与小动物打招呼、模仿叫声。

（2）数一数来了几个小动物。

（3）教师示范喂"饼干"：观察小动物身体上的颜色——找出相应颜色的"饼干"——用拇指和食指拿"饼干"喂小动物。

（4）教师介绍此活动的价值。

2. 亲子互动：分饼干

（1）家长引导幼儿认认、说说"饼干"的颜色。

（2）家长指导幼儿按颜色分"饼干"并手口一致点数。

3. 亲子游戏：喂"饼干"

（1）家长指导幼儿观察小动物身体上的颜色，找出相应颜色的"饼干"，用拇指和食指拿"饼干"喂小动物。

（2）家长引导幼儿边喂边说"××，请吃饼干。"

活动提示：

（1）家长鼓励幼儿大胆地用语言与教师进行互动，用语言提示幼儿："红红的饼干。"

（2）家长引导幼儿认说颜色并找出相对应的颜色。

（3）家长要提醒幼儿根据颜色对应摆放。当幼儿将"饼干"放入小动物肚子里时要及时鼓励。

三、情感与社会

活动 9-5：找朋友

活动价值：

此月龄段幼儿能够更加专注地倾听故事，听完故事能说出讲的是什么人、什么事。通过阅读活动，鼓励幼儿大胆学说短句："一起玩好吗？"激发幼儿看图书的兴趣，增进亲子感情。

活动准备：

多媒体课件，人手一本小熊幼儿绘本《找朋友》。

活动流程：

1. 示范互动：书来了

（1）教师播放多媒体课件，交代故事名称。

（2）教师边讲故事边提问："看见了谁？小熊和谁一起玩？"引导幼儿学说："我也一起玩，好吗？"

（3）教师向家长介绍活动价值。

2. 亲子互动：找朋友

（1）家长边翻书边讲故事，引导幼儿指认故事中的动物，鼓励幼儿模仿动物的对话。

（2）家长和幼儿一起阅读，引导幼儿学说短句："一起玩好吗？"

3. 亲子游戏：和书做朋友

（1）家长带领幼儿从书架上选择喜欢的书阅读，引导幼儿看一页翻一页。

（2）家长引导幼儿说说书中有谁、在干什么，学学图书中动物的动作、语言。

（3）家长带领幼儿把书送回家。（把图书放回到图书架）

活动提示：

（1）家长带领幼儿跟着教师一起学说短句。当幼儿说出简单句后，家长要及时给予鼓励。

（2）观察幼儿能否指认故事中的动物。家长要声情并茂地讲故事，边讲边提问，帮助幼儿理解故事内容，在一问一答中学说短句。

活动 9-6：可爱的动物

活动价值：

此月龄段幼儿常用单音词和双词句来表达所见所闻，是幼儿认识动物、学动物叫声的最好时机，他们喜欢听成人讲话、念儿歌、唱歌，能张开嘴巴试着跟学。在活动中，引导幼儿听懂语言和动作的提示，并乐意模仿动物的叫声和动作。

视频 可爱的小动物

活动准备：

多媒体课件，人手一份动物图片。

活动流程：

1. 示范互动：看看谁来了

（1）播放小狗课件。

讲一讲：谁来了？

听一听：小狗是怎样叫的？

学一学：小狗的叫声。

做一做：小狗的动作。

（2）播放小猫课件。

猜一猜：谁来了？（听叫声）

学一学：小猫的叫声。

做一做：小猫的动作。

（3）介绍活动价值和学习语言的方法。

2. 亲子互动：可爱的动物

（1）家长拿出一张动物图片，让幼儿模仿它的叫声和动作。如，家长指着小鸡说"小小鸡"，幼儿模仿小鸡的动作并叫"叽叽"。

（2）家长模仿动物的动作和叫声，引导幼儿从几张图片中找出是什么小动物。

3. 亲子游戏：我爱我的小动物

教师唱上半句"我爱我的小狗，小狗怎样叫?"家长和宝宝唱下半句"汪汪汪,汪汪汪,汪汪汪汪汪"。

活动提示：

(1) 家长可以握着幼儿的手,帮助幼儿模仿小猫捋胡子的动作,增强活动的趣味性。

(2) 家长的语速要慢,示范的动作要夸张。

四、认知与探索

活动9-7：自制乐器玩玩乐

活动价值：

此月龄段的幼儿喜欢听音乐,跟着音乐摆动,并对乐器充满好奇感。在敲敲打打活动中,让幼儿感受不同乐器的音质,发展幼儿手眼协调能力,感受音乐节奏带来的快乐。

活动准备：

铁皮罐子,加入米粒和豆子的瓶子,小勺等自制乐器,音乐《小星星》。

活动流程：

1. 示范互动：小乐器真好听

(1) 教师出示罐子,让幼儿指认。敲击罐子,模仿小鼓的声音"咚咚咚"。

(2) 教师出示瓶子,让幼儿指认。引导幼儿倾听这个瓶子发出的不同响声"哆哆哆"。

(3) 教师介绍此活动的价值。

2. 亲子互动：玩玩小乐器

(1) 家长用语言引导幼儿自由地选择各种小乐器敲敲打打。

(2) 幼儿根据音乐的节奏进行演奏。

3. 亲子游戏：幼儿小乐队

(1) 播放背景音乐《小星星》。

(2) 幼儿根据家长的指示听音乐进行演奏(瓶子、小勺、罐子)。

活动提示：

(1) 提醒家长与幼儿一起模仿乐器发出的声音。

(2) 提醒家长在敲敲打打中,由于幼儿动作不协调,他们很容易敲到自己或同伴,家长不可大意。

(3) 如幼儿节奏不对或敲打不到乐器上,家长可握住幼儿的手腕和其一起敲打。

活动9-8：苹果红又红

活动价值：

此月龄段的幼儿对色彩有了初步的认知。通过活动,尝试在一定的范围内练习手指点画,锻炼手指小肌肉,激发幼儿对色彩的兴趣。

活动准备:

颜料(红黄绿),每个幼儿一张画有大树的操作纸,幼儿反穿衣。

活动流程:

1. 示范互动:看看说说

(1)教师:"秋天到了,树上的苹果红了。"

(2)教师边念儿歌(小手指,蘸一蘸,点一点,苹果红了)边示范(用食指蘸一蘸颜料在树枝上点画出一个红苹果)。

(3)教师再次示范并问:"有几个红苹果?苹果长在哪里?"

2. 亲子互动:苹果红又红

(1)家长引导幼儿尝试用手指点画,手指点画在树枝上。

(2)家长引导幼儿点画出许多苹果。

3. 亲子游戏:苹果多又多

(1)家长引导幼儿选择不同的颜色点画苹果,感知色彩的变化。

(2)看看说说树上有些什么颜色的苹果。

活动提示:

(1)家长鼓励幼儿开口学着说说颜色。

(2)家长引导幼儿手指点画在树枝上。

(3)家长在家可为幼儿创设涂鸦的机会,如,让幼儿用菜心、藕等在纸上玩色,感知颜色的变化,激发幼儿对色彩的兴趣。

第三节 家庭中 25—30 个月幼儿的亲子教育活动

25—30 个月幼儿对世界的探索范围扩大,对外界的好奇心和探索兴趣与日俱增。该阶段也是语言发展突升期。在家庭环境中,家长可以利用玩具、绘本、积木、小区马路牙子等来开展亲子教育活动。

活动 9-9: 玩具总动员

材料准备:

家中幼儿爱玩的、熟悉的玩具 3、4 件,新玩具 1 件,纱巾或其他遮盖物一条。

玩法介绍:

玩法一:介绍我自己

家长给宝宝一个新玩具之前,可以根据玩具的特点,先替玩具起好名字,向宝宝做介绍。当宝宝被玩具介绍吸引时,鼓励宝宝也介绍自己,再和玩具一起玩。如家长可以说:"我是小花,你是谁呀?"引导幼儿说:"小花你好,我是宝宝!"培养幼儿的语言表达能力,学习大大方方地介绍自己。

玩法二:猜猜我是谁

出示新玩具与宝宝熟悉的玩具若干件,用一块丝巾将它们都盖起来,可以家长摸一摸玩具,说出玩具的特征(软软的、毛茸茸的、有个轮子等),让宝宝猜一猜是什么玩具,家长摸出玩具验证。鼓励宝宝说完整:"这是红红的小汽车。"也可以宝宝摸玩具让家长猜一猜。鼓励宝宝用词语介绍自己熟悉的玩具,说说短句子。通过对熟悉物品的名称和特征的对应,提高幼儿语言表达的准确性,丰富对物品特征的认知与词汇,并尝试进行简单的短句描述。

玩法三:传悄悄话

传悄悄话就是让宝宝在两个大人之间传递信息。具体的方法就是,一位家长先将宝宝熟悉的一件玩具藏在自己身后,以该物品为内容进行传话。如妈妈用耳语对宝宝说"小汽车",然后让宝宝用悄悄话的形式把这句话告诉爸爸,然后爸爸把宝宝传达的信息大声说出来。如果说对了,妈妈就把身后的小玩具作为宝宝的奖励。根据宝宝游戏表现,可以尝试增加传话的难度,如"红色的小汽车"等。通过合作游戏,提高幼儿的专注力,培养幼儿良好的倾听习惯和语言表达能力。

玩法四:玩具要回家

家长可以和宝宝一起把玩具都拿出来。一起给玩具拍照片,将照片作为标签贴在橱柜上。引导宝宝观察图片标签与玩具的关系。通过整理玩具,知道同一类物品摆放在一起。鼓励宝宝学着分类,培养其物归原处的好习惯。

温馨提示:

1. 在"介绍我自己"和"猜猜我是谁"活动中,家长要积极营造轻松自然的语言氛围,引导幼儿进行更丰富的语言表达。

2. 在"玩具要回家"活动之后,家长在日常生活中要继续引导幼儿玩具收纳的行为,通过一段时间的持续关注,帮助幼儿养成整理的习惯。

活动 9-10:平衡小路

材料准备:
3—5厘米高、20厘米宽的平衡木,或是宽大的积木、木盒、奶粉罐等。

玩法介绍:

玩法一:铺路

和宝宝一起用各种物品铺设一条"小路",过程中可以引导宝宝一起为"小路"命名,如"弯弯曲曲的小路"、"独木桥"、"高高低低的小路"等。

玩法二:走走平衡路

带着宝宝来到"小路"前,给宝宝示范,慢慢走过"小路",过程中还可以通过语言创设情境感,如"前面有一条河,我们要过河,怎么过去呢? 对,咱们从桥上过去","小心哦,小路要拐弯了"等。

请宝宝尝试时,可以先拉着宝宝的一只手,协助宝宝走过平衡路:"慢慢地,一步一步。"几次之后,可以鼓励宝宝自己走:"宝宝自己走走看,宝宝这么能干,可以自己走过这条小路。"

玩法三:念童谣

边念童谣边走"平衡小路":"小路小路,走走摇摇,宝宝勇敢不害怕,一步一步走完啦!"

温馨提示:

1. 平衡木材料的选择需要挑选牢固的物品,能足够承载宝宝的体重。

2. 小路铺设的场地要注意防滑,必要时可以在下面垫垫子、地毯等缓冲物。

第四节 25—30个月幼儿教育的常见问题及对策

随着月龄的增长,2岁以后的幼儿在认知能力、自我意识、动作发展等方面有了很大的进步。但随之而来的常见问题也愈加"复杂"与"顽固"。作为0—3岁早期教育工作者,需要更加客观全面地分析问题,以提供有针对性、专业性的教育实施策略。

一、宝宝是个"小霸王"

案例
9-1

豆豆2岁多了,在上幼儿园托班。豆豆的妈妈接到幼儿园老师的反映,豆豆最近在幼儿园里越来越喜欢打人。一旦要求得不到满足,他就会大喊大叫,并用手去抓其他小朋友的脸,或者去拧其他小朋友。有一次,在老师组织小朋友玩游戏时,豆豆因为自己不是第一个被叫去玩玩具而大发脾气,甚至冲到前面的小朋友面前抢玩具,抢不过就动手打人。

原因分析:

该月龄段的孩子正处于自我中心阶段,而且由于神经系统发育不成熟,兴奋过程占优势地位,不能控制自己的情绪,容易冲动,为了让自己的需求得到满足,会采用一些不正确的方式来达到自己的目的,案例中出现的攻击性行为就是其中之一。

精神分析理论认为攻击性行为是幼儿在遭受挫折后宣泄精神压力和紧张情绪的一种方式,心理学家们认为"攻击性行为的发生总是以挫折的存在为先决条件;反之,挫折的存在也总是导致某种形式的攻击性行为"。弗洛伊德认为在人们受到挫折后,除非允许他们宣泄自己的攻击性,否则攻击性的能量将受到抑制而产生压力,由于这种能量要寻找一条输出通道,所以便产生暴力行为,或者以精神疾病的状态显现出来。

教育建议:

家长首先需要通过观察确定幼儿的攻击性行为是偶然的还是经常性的,如果是经常性的攻击性行为,则需要采取措施进行干预。

(1) 表明立场,避免"以暴制暴"。

家长应该坚定地向幼儿表明,自己不喜欢他的攻击性行为。如果他的行为改进了,家长应给予鼓励,以增强他的自信心。此外,家长还必须停止强硬的处罚方式,因为这会引起幼儿的叛逆情绪,从而表现出更多的攻击性行为。

(2) 延迟满足,分散、转移注意。

家长可以延迟满足幼儿的一些要求,让他们学会等待。比如正在做蛋糕,幼儿很想马上吃到香喷喷的蛋糕,但是蛋糕得 40 分钟以后才能烤好,这就是一个让幼儿学习等待的机会。在等待的这段时间里,为了让幼儿过得轻松一点,家长可以带他去跑步、打球、玩玩具或做一些他感兴趣的事,以转移他的注意。

(3) 教给孩子"自我控制"的小窍门。

如果幼儿很容易冲动或难以控制自己的情绪,家长应教给他各种抑制攻击性行为的方法。如,当家长觉察到幼儿出现攻击别人的倾向时,可以告诉他"从 1 数到 10"、"用嘴巴说,不要动手打"、"停下来,想一想"等。

二、家中有个"小皇帝"

案例 9-2

坤坤是家中的"小皇帝",一直过着衣来伸手饭来张口的日子。只要坤坤说"喝水",妈妈马上就会递上水;如果他说"鼻涕",爸爸马上就会帮他擦干净;吃饭、睡觉就更不用说了,爷爷奶奶、外公外婆都围着他……

一天,爸爸妈妈带着坤坤去饭店吃饭,席间有几位与坤坤月龄相仿的孩子都已自主进餐,只有坤坤还是由妈妈喂。于是,妈妈说:"宝宝,我们也试着自己吃饭好吗?"

坤坤立刻大叫:"我不要,我要妈妈喂,我要奶奶喂!我不要自己吃饭!"

原因分析：

家庭中过度的包办替代，容易让幼儿形成依赖心理，使其自主性无法良好建立。自主性是指行为主体按自己的意愿行事的动机、能力或特性。它是健康人格的表现之一，对孩子今后的生活质量、学习质量都具有重要影响。

意大利儿童教育家蒙台梭利认为，孩子具有强烈的、天赋的内在生命潜力，它表现为自发的冲动，这种冲动又通过集体活动的难易不同、种类各异的自主活动来实现，孩子在集体与环境的积极互动中，发展自己的独立自主性，最终成为具备自身特色的个体。

教育建议：

家长可以通过蒙台梭利教育理论中的"内在生命力"和"有准备的环境"两大途径来培养幼儿的独立自主性。

（1）尊重幼儿。

"有吸收力的内在生命力"使得幼儿有认识与改造环境的需要，也有认识与改造环境的主观愿望。幼儿往往是通过对周围世界的探索去感知、认识外在世界，并由此建立自己的精神世界。家长应认识并尊重他们的这一发展权利，提供机会满足他们的活动需要，鼓励他们大胆探索，必要时提供适宜的协助。家长应多使用鼓励性的语言，如"宝宝，只差一点点就成功了！"切忌对孩子说"不行，你还小，等你长大了再做吧"等类似打击幼儿积极性的话。

（2）提供适宜的环境。

幼儿的发展是在与周围环境互动中实现的，适宜的环境能促进幼儿相应能力的发展。家长应在了解幼儿的基础上，有选择性地为幼儿准备相应的环境，让幼儿在自由自在的活动中发展不同的能力。如为幼儿提供操作类材料，包括发展大肌肉运动的运动器材（如球等）与发展精细动作的材料（如穿针、剪纸材料等），为幼儿准备书籍，培养孩子的阅读兴趣……

（3）发展幼儿的生活自理能力。

幼儿往往乐于学习、需要学习，并且能够掌握生活技能。家长不宜在生活上为幼儿包办代替太多，应引导他们学会各项生活技能。小到穿脱衣物、刷牙洗脸，大到做家务，发展他们的自理能力。家长切忌因为幼儿做事慢、费时间，就贬低他们或抢着包办，这样极易造成幼儿的依赖与软弱，不利于他们以后融入社会生活。

三、不肯认错的"小倔驴"

案例 9-3

多多一发起脾气，就会乱摔东西。一次，在发脾气的时候，他又把桌上的玩具统统摔到地上。妈妈批评他说："东西可以摔吗？这样做对吗？摔东西的可不是好宝宝！"多多不理妈妈。妈妈继续批评他，但多多却打断道："我饿了。"妈妈生气地说："妈妈不喜欢你岔开话题。"多多继续不理妈妈，也不肯认错。

这样不肯认错的孩子，以后长大了会不会变成一个蛮不讲理的人呢？

原因分析：

这一阶段的幼儿处于自我意识的形成阶段,渴望得到家长的认同与称赞,不希望接受批评。他们有限的判断能力有时会让他们做出一些错事,但面对批评时他们又坚决否认。其实,从婴幼儿的心理角度来看,这只是他们不愿接受批评带来的挫折感。

心理研究认为,自我意识不是与生俱来的,婴幼儿的自我意识是通过和家长的相互交往而逐渐建立和发展起来的。幼儿在两岁左右,根据别人对自己的表情、评价和态度来了解和评价自己,逐渐形成自我意识。在整个幼儿期,幼儿还不能进行独立的自我评价,他们自我意识的形成具有依赖他人评价的显著特点,家长作为幼儿发展的"重要他人",对幼儿自我意识的形成和发展具有非常重要的作用。

教育建议：

（1）放松心态,赏识为先。

如果幼儿已经认识到自己的错误,只是在当时当场不愿接受家长的批评以及所带来的挫折感,那么家长大可以不用过于紧张,以免放大问题。

此外,如果家长能正确地运用赏识教育的方法,在言辞中传达出信任和赞许的信息,让幼儿常常感受到自己是"有能力"、"有价值"、"有影响力"的,那么他们对自我的评价也会像家长期望的那样积极。

（2）不可逼问,委婉表达。

不要用逼问的方式强迫幼儿认错,不妨向幼儿传达家长对于他知错就能改的信心和信任,更有助于他们自省,知道下次应该怎么做。比如,案例中的妈妈可以说:"妈妈知道你下次会做得更好,而且会更小心的,对吗？"这样更易获得孩子的认同。

（3）给孩子创造成功的机会。

应该让幼儿做力所能及的事情,对其成功给予肯定,给幼儿自我意识的发展提供充足的时间和空间。例如,穿脱衣服、上厕所、洗手、提书包等孩子可以独立完成的事情,成人要果断地让他们自己做,并及时对孩子的进步作出积极的反馈。

思考题

1. 25—30个月的幼儿情绪和社会发展的趋势与特点是什么？幼儿情绪和社会培养的内容与策略是什么？

2. 请你围绕25—30个月的幼儿言语表达学习与发展核心能力设计一个语言游戏。为什么要这样设计？

第十章

31—36个月幼儿的教育活动

第一节 31—36个月幼儿身心发展特点、教育内容与要求

一、31—36个月幼儿身心发展特点

随着月龄的增长,31—36个月幼儿各方面发展表现出连续性和阶段性。

动作能力方面,动作发展更全面与成熟,基本掌握了跑、跳、攀爬等较为复杂的动作。能双脚交替走楼梯,能双脚离地连续跳跃。这个阶段也是幼儿单脚跳跃能力发展的关键时期,已经能单脚跳,能较好地控制身体的平衡,是身体协调和双腿力量发展的重要时期。同时随着手部精细动作和手眼协调能力的增强,生活自理能力初步发展,会穿脱短袜,会用匙吃饭,两手配合更加协调。

语言能力方面,这个阶段是幼儿口语快速发展的时期,词汇量大增,对语言的理解和运用能力增强,能抽象句子规则,常表现出系统整合的语言内化能力,能说出完整的句子,出现了多词句和复合句,言语功能呈现出越来越丰富、准确的趋势,能回答成人的简单问题,理解简单故事的主要情节,会念熟悉的故事给自己或家人听,在成人的引导下会讲述简单的事情和故事。

情感与社会性方面,个性特征开始萌芽,在先天气质类型以及与周围人的相互交往中,幼儿有了较明显的个性特征。情绪情感越来越丰富,表现出许多复杂的情绪情感,比如害羞、内疚、羡慕、骄傲等。情绪控制能力开始发展,随着言语和心理活动有意性的发展,幼儿逐渐能调节自己的情绪以及外部表现。

认知能力方面,相比前一阶段,30个月以后注意能力显著增强,在活动中注意的时间有所延长,能集中有意注意的时间2—4分钟;如果是特别感兴趣的活动,最多能集中注意20—30分钟,比如看喜欢的动画片,基本能看完。注意的范围越来越广,注意的事物也越来越多,比如,外婆买菜烧饭、收拾东西等。注意到生活中的事物,喜欢摸一摸、玩一玩,注意与认知过程相结合,这也使幼儿获得了更多的知识。

探索方面,这个月龄段幼儿能比较完整地唱一些音域有限的、短小的音乐;能够较好地随音乐控制自己的身体动作;能按口令做体操,动作比较标准、连贯;开始逐步、自发地听辨出自己喜欢的音乐。愿意用粘土等不同材质的材料涂画粘贴。

根据 31—36 个月幼儿的发展水平内容,观察要点如下:

表 10-1　31—36 个月幼儿发展观察要点①

动作与习惯	语言与沟通	情感与社会	认知与探索
• 能单脚站立 5—10 秒 • 能双脚离地连续跳跃 2—3 次 • 能双脚交替灵活走楼梯 • 能沿着直线双脚交替行走 • 能走一条短的平衡木,能跨过一定高度的障碍物 • 能举起手臂,将球朝一定目标投掷 • 能跟随音乐、儿歌做模仿操,动作较协调 • 用积木、大积塑拼搭或插成物体,并尝试命名 • 能模仿画圆、十字形 • 会扣衣扣,穿袜和简单的衣裤 • 能正确使用汤匙,尝试用筷子	• 口数 6—10,口手一致数 1—5 • 知道黄色、绿色,并能正确地指认 • 能分辨"里"、"外" • 能将纸对折 • 会问一些关于"是什么"、"为什么"、"是谁"、"在哪里"的问题 • 在成人引导下,理解故事主要情节 • 认识并说出常见的物品、动物名称,词汇量较丰富 • 运用字词的能力迅速增加 • 能说出有几个词的复杂句子 • 开始运用"你们"、"他们"、"如果"、"但是"等词 • 知道一些礼貌用语,如"谢谢"和"请",并知道何时使用这些礼貌用语 • 知道家里人的名字和简单的情况 • 开始区别"一个"和"许多" • 喜欢自己看图画书 • 会回答简单的问题 • 会解决简单的问题,如搬椅子、爬上去、取东西	• 清楚地知道自己是男孩还是女孩 • 和同伴或成人一起玩角色游戏,如"过家家"游戏 • 能和同龄幼儿分享,如把玩具分给别人 • 害怕黑暗和动物 • 兄弟姐妹或同伴之间会比赛和产生嫉妒 • 会整理玩具,开始知道物归原处 • 自己上床睡觉 • 大吵大闹和发脾气已不见,且持续时间短,开始能控制自己的情绪 • 对成功表现出高兴的情绪,对失败表现出沮丧的情绪 • 开始对故事里的人物投入感情,表达同情 • 不愿改变已养成的生活习惯	• 喜欢听音乐或观看舞蹈等表演 • 乐于观看不同形式的艺术作品 • 能跟随音乐、儿歌做模仿操,动作较协调 • 能复述一些儿歌 • 愿意用彩笔、粘土等不同材料涂画黏贴 • 能用蜡笔画简单线条,并尝试说出画的是什么

二、31—36 个月幼儿教育内容与要求

31—36 个月幼儿在动作与习惯方面的教育内容与要求有:这个阶段的幼儿已经掌握了人生的基本动作。31—36 个月是幼儿跳跃、攀爬、上下楼梯等动作逐渐成熟的阶段,也是身体协调性发展的重要时期,要设计以身体协调性和单脚跳跃为主要内容的活动。同时随着动作能力的发展,要培养幼儿良好的生活自理能力,例如自己用勺子吃饭,用小毛巾擦脸,穿脱不同类型的衣服,整理玩具和书本等。培养出环境适应能力和自我保护安全意识,养成幼儿按时上床、安静入睡、醒后不影响别人的睡眠习惯。

31—36 个月幼儿在语言与沟通方面的教育内容与要求有:这个阶段的幼儿思维活

---

① 上海市教育委员会. 上海市 0—3 岁婴幼儿教养方案[Z]. 上海市教育委员办公室,2008:17.

跃,对周围事物和现象更感兴趣,爱提问题,语言的发展可以与认知整合来设计活动,根据颜色、大小、形状等进行简单分类并用语言表达,例如给蔬菜水果分类。在感知比较中认识"大小、多少、长短、上下"等,例如,在"大鼓小鼓"的音乐游戏中感知声音的大小。这一时期幼儿系统组织语言的能力有所提升,要提供丰富的语言学习环境,丰富幼儿的语言经验,组织幼儿进行谈话活动,在听说游戏中发展幼儿的语言,欣赏文学作品,重复和理解作品内容,尝试讲述简单的事情和故事。

关于早期阅读
的几点思索

31—36个月幼儿在情感与社会性方面的教育内容与要求有:自我意识在这个时期得到了较快速的发展,对物品的所有意识增强,出现了一定的自我评价,自我控制的能力也有所提高,可通过正面激励和示范来培养幼儿照料环境的习惯。社会交往经验的增加也让幼儿更会使用分享、合作等行为解决问题,逐渐开始学会与同伴进行沟通、交流。随着自我控制能力的发展,开始知道遵守规则。

31—36个月幼儿在认知与探索方面的教育内容与要求有:幼儿的长时记忆开始萌芽,理解、推理和辨认能力开始发展,也形成了一定的有意注意能力。这一阶段幼儿即将入园,活动设计中也要考虑入园准备,适当延长活动时间,提高幼儿有意注意的能力。向他们展示多样的声音,身体发出的声音、乐器演奏的声音和周围环境的声音。提供给幼儿安全的玩具,使他们能够自己控制音乐,和幼儿一起用摇摆、轻拍、触摸、移动的节拍模式来演绎他们听到的旋律。提供多种材料与时间,增加幼儿体验的机会,用声音、动作、涂画、粘贴等多种方式表达自己的感受。

拓展阅读 10 - 1

宝宝在早教中心的 3 个镜头①

镜头❶	镜头❷	镜头❸
狗熊掰玉米,拿一个丢一个。	越俎代庖,包办代替。	过度溺爱,放任自流。
宝宝走进操作室,面对玩具橱里琳琅满目的材料,玩兴大起,拿出一件拨弄几下,又被别的材料吸引,扔下手中的玩具跑过去拿出另外一件。没过2分钟,又换一件玩具。宝宝看见别人玩得开心,两眼发光,冲过去抢夺玩具,顿时两个宝宝之间你争我夺。而宝宝的父亲(母亲)则坐在一旁,任由孩子自由活动,只是等到孩子的行为引起众怒才出来阻止。	俱乐部里开展美工活动,宝宝专心地操作。妈妈对宝宝的专注视而不见,而对宝宝操作的结果非常在意,"这里不好""那里不要这样贴",妈妈迫不及待地指导,甚至急于动手,代替宝宝操作,孩子似乎是旁观者。妈妈剥夺了孩子动手的机会。	宝宝来到亲子园,侍者一大群,父母照顾活动,奶奶照顾生活,随带奶瓶、饮料、点心、衣服一大包。宝宝一边玩着,奶奶一边把食品一口一口喂到宝宝口中。宝宝稍有"冒险"活动,家长便立即"挺身而出"。宝宝只顾玩,只顾扔,家长也就跟着跑,跟着捡。

———————————
① 李建萍. 早教亲子园首先要指导谁[J]. 早期教育,2006(09):22—23.

第二节 早教机构中 31—36 个月幼儿的教育活动设计与指导

31—36 个月幼儿在动作与习惯、语言与沟通、情感与社会及认知与探索各领域各方面发展表现出连续性和阶段性。动作发展更全面与成熟,基本掌握了跑、跳、攀爬等较为复杂的动作,尤其是能单脚跳,能较好地控制身体的平衡。生活自理能力初步发展,会穿脱短袜,会用匙吃饭,两手配合更加协调。对语言的理解和运用能力增强;表现出许多复杂的情绪情感,自发地听辨出自己喜欢的音乐。愿意用粘土等不同材质的材料涂画粘贴。下面是根据幼儿在此月龄段的典型特征进行的教育活动设计和指导。

一、动作与习惯

活动 10-1: 柳树姑娘

活动价值:

此月龄段的幼儿手部动作的灵活性正逐步增强,通过撕纸的活动能锻炼手部小肌肉的灵活性,培养幼儿手眼的协调性。

活动准备:

绿色的皱纸,绘着干树枝的纸,橡皮筋,固体棒。

活动流程:

1. 示范互动:春天真美丽

(1)教师引导幼儿观察春天的图片,说说春天的季节特征,感受春天的美丽。

(2)教师示范用拇指和食指来撕纸条。"食指、拇指对对碰,一个朝前走,一个朝后走。"

(3)向家长说明撕纸活动对培养幼儿手指灵活性的作用。

2. 亲子互动:给柳树姑娘打扮

(1)家长鼓励幼儿进行撕纸。

(2)在树枝上涂上固体胶,把纸条贴在柳树的树枝上。

3. 亲子游戏:春天的小树林

(1)幼儿将作业纸挂在展示栏中欣赏。

(2)感受春天树木变绿、花儿开放的美丽景色。

活动提示:

(1)家长在示范时,可用语言激发幼儿撕纸条的欲望。当幼儿不会用拇指和食指撕纸条时,可手把手地教给幼儿。

(2)活动可进一步拓展,例如,和幼儿一起将纸撕成长条,并将多根纸条并在一起,用橡皮筋扎紧一头,变成"流星",把"流星"向上抛或向前投,玩小流星的游戏。

活动 10 - 2: 盖一盖、拧一拧、套一套

活动价值:

这个月龄段幼儿手部肌肉灵活性逐渐增强,会旋开瓶盖。通过盖章等活动让幼儿学习拧的动作,锻炼幼儿手眼协调能力和小手灵活性。

活动准备:

人手一份彩泥颜料、叠叠乐玩具。

活动流程:

1. 示范互动:看看认认

(1)教师出示操作玩具,引导幼儿说说图形和颜色。

(2)教师引导幼儿用图形章或瓶盖在纸上盖满图案。(圆形图形可以描述为熊猫吹的泡泡。)

(3)教师示范叠叠乐的玩法:手指握住图形,顺着一个方向拧呀拧。

(4)向家长介绍此玩具的价值所在。

2. 亲子互动:图形回家

(1)人手一份叠叠乐玩具。

(2)家长让幼儿自己尝试着玩拧图形。

(3)家长根据幼儿玩耍的情况,给予指导和帮助。

(4)家长引导幼儿边拧边观察图形,学习避开障碍的方法,把图形送到指定的柱子上。

3. 亲子游戏:拧一拧

(1)把图形依次从柱子上拧出来,掌握顺着一个方向拧的方法。

(2)整理叠叠乐几何图形片。

活动提示:

(1)幼儿不会朝着一个方向拧,家长可用手把手的方式引导。

(2)观察幼儿在拧的动作时的手指灵活性,当幼儿遇到障碍时家长给予适当的指导。

二、语言与沟通

活动 10 - 3: 种花

活动价值:

此月龄阶段幼儿能口数 6—10,手口一致地数 1—5。在"种花"活动中,学习手口一致地点数 1—5,培养亲近大自然的情感。

活动准备:

印有数字、圆点的卡片,花盆(红、黄、蓝),红花、黄花、蓝花数量若干。

活动流程:

1. 示范互动:春天真美丽

（1）教师出示小花,吸引幼儿注意。"有哪些颜色的小花?"

（2）出示花盆,把小花种在对应颜色的花盆中。

（3）点数花盆中花的数量。

（4）向家长介绍手口一致点数能让幼儿知道数的总数和实际意义。

2. 亲子互动:种花

（1）家长启发幼儿看看、认认花和花盆的颜色。

（2）家长引导幼儿把小花种在对应颜色的花盆中。

（3）数一数花盆中各有几朵花?

3. 亲子游戏:花儿朵朵开

（1）根据花盆上的卡片指示种相应数量的花。

（2）根据花盆上的卡片指示种相应颜色的花。

（3）数一数,比一比,哪盆花开得最多。

活动提示:

（1）家长可握着幼儿的手,边点边数,让幼儿知道手口一致点数的方法。也可边种花边数数。

（2）在家中可以让幼儿结合日常生活练习点数,家中物品的分发是一个很好的点数练习机会,如摆碗、分筷子等。

活动 10-4: 收起来

活动价值:

该月龄段幼儿能自己翻阅图书。通过有趣的故事情节,让幼儿知道玩具玩好要送回家,培养幼儿物归原处的好习惯,同时引导幼儿学着自己翻阅图书。

活动准备:

人手一册《收起来》绘本,多媒体课件。

活动流程:

1. 示范互动:认认小动物

（1）教师引导幼儿观察封面,说说:"图片上有些什么?"

（2）"小熊手里抱着什么?"引出幼儿的阅读兴趣。

（3）教师边播放课件边讲故事。

（4）教师向家长介绍该月龄段早期阅读的指导方法和本次活动的价值。

2. 亲子互动:阅读《收起来》

（1）家长和幼儿共同阅读图书,边看边提问:"玩具为什么会哭?"

（2）家长帮助幼儿回忆:"小熊把什么玩具送回家了?"并把书翻到此页。

3. 亲子游戏:图书要回家

（1）家长带着幼儿去图书架找一本喜欢的图书,让幼儿自己翻阅。

（2）幼儿把看完的图书送回书架,送到原来的位置。

活动提示：

（1）幼儿说出玩具的名称时，家长要鼓励，家长尝试用不同的问题提问，引发幼儿的阅读兴趣。

（2）家长带着幼儿一起将图书物归原处，检查是否放对。

（3）提供适合幼儿年龄段的图书，在阅读中适当运用提问、模仿等形式，帮助幼儿理解记忆、提高兴趣。在家中也要提醒幼儿玩具物归原处。

三、情感与社会

活动 10-5：我的朋友在哪里

活动价值：
此月龄段的幼儿愿意和同伴一起游戏，在音乐活动中体验找朋友带来的快乐。

活动准备：
音乐《找朋友》。

活动流程：

1. 示范互动：学念儿歌

（1）认识朋友，介绍自己。

（2）教师念儿歌《找朋友》。（找找找，找朋友，找到一个好朋友，抱一抱，拉拉手，你是我的好朋友。）并示范做找朋友的游戏。引导幼儿跟着教师的要求一起学念。

（3）幼儿跟着教师学念儿歌。

2. 亲子互动：结交好朋友

（1）家长带领幼儿一起做"找朋友"游戏。

（2）家长带幼儿一起学唱《找朋友》的歌。

（3）家长带领幼儿们，一起跟着音乐做"找朋友"的游戏。

（4）家长可引导幼儿大胆去找自己喜欢的好朋友做游戏。引导幼儿大胆交往。

3. 亲子游戏：找朋友

成人可以在一旁观察幼儿的参与活动情况，引导幼儿听着音乐有节奏地唱唱、做做，去找自己喜欢的朋友。

活动提示：

（1）家长鼓励幼儿唱出来，跟着节奏做起来。

（2）引导幼儿主动参与活动，主动去找朋友。

活动 10-6：过生日

活动价值：
该月龄段幼儿能自己翻阅图书。通过有趣的故事情节，丰富幼儿过生日的经验，学说生日祝福语,体验和朋友一起过生日的快乐。同时引导幼儿学着自己翻阅图书。

活动准备:

人手一册《过生日》绘本,礼物若干,多媒体课件。

活动流程:

1. 示范互动:认识小动物

(1)教师引导幼儿观察封面,说说图片上有些什么动物并数一数。

(2)"小熊今天要做什么? 你是怎么知道的?"引出图书名称,让幼儿跟念。

(3)教师边播放课件边讲故事。

(4)教师向家长介绍该月龄段早期阅读的指导方法和本次活动的价值。

2. 亲子互动:阅读《过生日》

(1)家长和幼儿共同阅读图书,边看边提问:"小熊过生日,小兔(小棕熊、小猪、小老鼠)为小熊准备了什么生日礼物?"

(2)家长帮助幼儿回忆:小兔送什么礼物给小熊? 并把书翻到此页。

3. 亲子游戏:小熊过生日

(1)教师扮演小熊,家长带着幼儿选择一件生日礼物,送给小熊,并说:"祝小熊生日快乐。"

(2)大家一起唱生日歌。

活动提示:

(1)幼儿说出常见动物和物品的名称时,家长要鼓励,幼儿不会,家长可示范。

(2)家长与幼儿共同扮演,带着幼儿一起说祝福的话语。

(3)家长尝试用不同的问题提问,引发幼儿的阅读兴趣。

四、 认知与探索

活动 10 - 7: 海底总动员

活动价值:

此月龄幼儿已经能后退、侧着走和奔跑。通过模仿海底生物的游泳动作,发展幼儿动作的灵活性,在游戏中感受音乐旋律的快慢。

活动准备:

小鱼、海龟、螃蟹头饰和图片若干,音乐《小鱼游》,渔网。

活动流程:

1. 示范互动:海洋里的小动物

(1)"海洋里有什么?"

(2)出示小鱼、海龟、螃蟹图片供幼儿欣赏。

(3)教师扮演小鱼(海龟、螃蟹)游过来,"小鱼(海龟、螃蟹)是怎么样游泳的?"

(4)幼儿模仿小鱼(海龟、螃蟹)的动作,正着游、倒退着游、侧着身体游。

（5）教师介绍活动的价值。

2. 亲子互动：游游乐

（1）让幼儿听快慢不同的音乐，感受节奏的变化。

（2）家长鼓励幼儿按老师的图示模仿小鱼（海龟、螃蟹）的游泳动作，随着音乐的快慢交替走和跑。

3. 亲子游戏：捕鱼达人

老师拿渔网去捕鱼，幼儿在家长的带领下四散躲避渔网（可以下蹲来躲避渔网），被捕到的小鱼停一次。

活动提示：

（1）如幼儿手脚协调有困难，家长与幼儿一起游戏，做好引领作用。

（2）家长和幼儿一起游戏，并用自己的情绪感染幼儿，当渔网来了提示幼儿下蹲来躲避。

（3）游戏中要注意：互不碰撞。

活动 10 - 8： 动物来跳舞

活动价值：

此月龄的幼儿能双脚离地腾空连续跳跃 2—3 次，能按儿歌、口令做动作，动作较准确。本活动通过朗朗上口的儿歌和歌曲，引导幼儿练习双脚离地连续跳，激发幼儿对表演的兴趣。

活动准备：

音乐，图片。

活动流程：

1. 示范互动：猜猜是谁

（1）教师出示小动物的影子，让幼儿猜猜说说是谁。

（2）教师示范模仿小动物跳的动作，引导幼儿模仿。

（3）教师向家长介绍活动的价值。

2. 亲子互动：学做小动物

（1）教师出示小动物，家长带着幼儿一起模仿，边说："蹦蹦跳跳蹦蹦跳，小白兔儿蹦蹦跳。"

（2）引导幼儿跟着儿歌的内容和节奏做动作。

3. 亲子游戏：我爱蹦蹦跳

（1）教师跟着音乐示范表演，家长和幼儿拍手打节奏。

（2）家长和幼儿一起跟着音乐表演。

活动提示：

（1）家长用语言启发幼儿观察动物的主要特征。

（2）家长的表扬是幼儿表演的动力，鼓励家长要与幼儿一起参与表演。

中国0—6岁儿童心理健康与教育研究进展[①]

本研究在广泛收集相关文献的基础上,对搜索到的562篇关于中国0—6岁儿童心理健康与教育的研究文献进行了深入、细致的分析,发现这方面的研究自2002年以来增幅较大,主要以期刊论文的形式发表,医学界对儿童心理健康的研究更为关注。有关儿童心理健康现状的研究主要涉及儿童心理行为问题检出率与主要表现、心理疾病等方面;有关儿童心理健康教育的研究主要涉及教育目标与内容、教育途径与方法、影响因素等方面。儿童心理健康检测中使用最多的是量表,研究方法多样。今后有关儿童心理健康与教育的研究应提倡积极的心理健康教育理论研究与实践探索,建立以儿童心理健康发展为中心的教育模式,进一步提高儿童心理健康教育研究的质量。

第三节　家庭中31—36个月幼儿的亲子教育活动

31—36个月幼儿掌握了人生的基本动作,也具备了一些生活自理能力。该幼儿阶段思维活跃,对周围事物和现象更感兴趣,爱提问题,自我控制的能力也有所提高,喜欢摇摆、触摸、尝试来增加认识和体验,也爱用声音、动作、涂画、粘贴等多种方式表达自己的感受。在家庭环境中,家长可以让幼儿整理玩具和书本等来锻炼自理能力,并通过问答、讲故事、利用玩具、绘本、积木、涂画粘贴等来开展亲子教育活动。

活动10－9：面团真好玩

材料准备:

面粉团(水20 ml、面粉50 g调制),红豆、绿豆、瓜子、小纽扣等若干,牙签、塑料刀、塑料小勺、杯子等辅助工具。

玩法介绍:

玩法一:面团变变变

和宝宝一起揉、压、捏、搓、切面团,了解面团可以通过不同动作变化出不同形状。提供塑料小勺、小刀、杯子、牙签等,提醒宝宝可以使用这些工具让面团变出不同的造型。通过尝试不同造型,让幼儿了解动作和面团形状变化之间的关系。

玩法二:大小面团排排队

家长和宝宝一起把面团分成3—4个大小不等的小面团。请宝宝说说哪个面团大、哪

---

① 刘云艳. 中国0—6岁儿童心理健康与教育研究进展[J]. 学前教育研究,2009(06):10—15.

个面团小。"现在小面团们要出去玩了,请宝宝给他们排排队。"家长可以先让宝宝找到最大/最小的,然后剩下的两个比较进行排队。从大到小排好之后,可以从小到大再排一次。熟练之后家长还可以尝试增加小面团的数量,让幼儿进一步比较排序。家长把一个个小面团给宝宝,让他想想办法如何把大面团重新变出来。通过亲自感受,幼儿了解"大"与"小"的关系,并形成初步的排序概念。

玩法三:面团雪人

家长与宝宝一同搓出两个面团,将它们上下黏连,变成"雪人"。用红豆嵌在"雪人"头部,成为它的眼睛;用牙签、小勺等为"雪人"刻画五官。家长可以用(在家中寻找)瓜子、纽扣等为"雪人"做进一步装饰。通过不同操作方式,锻炼幼儿的手眼协调性与手部精细动作,利用生活常见物品进行趣味制作,激发幼儿的想象力与创造力。

温馨提示:

(1) 在使用牙签等尖锐物、红豆等小物品的过程中注意安全,不要让尖锐物戳到幼儿的眼睛、让小物品进入幼儿的口鼻中。

(2) 面团的调制以具体情况为准,干湿程度以不粘手、不开裂为宜,方便幼儿搓捏。

活动 10-10: 熊猫吹泡泡

活动价值:

此月龄段宝宝能认知三原色,通过印画圆形的游戏,激发宝宝对色彩的兴趣。
锻炼宝宝手指握物的力度及手眼协调能力。

活动准备:

泡泡枪,画有熊猫图案的画纸,红黄绿颜料,没有瓶盖的大小瓶子若干。

活动流程:

1. 示范互动:有趣的泡泡

(1) 教师用泡泡枪打出一串串泡泡,引起宝宝的兴趣。

(2) 提问:"泡泡真漂亮,有什么颜色?"(红、黄、绿),引导宝宝观察泡泡的大小,形状。

视频 熊猫
吹泡泡

(3) 教师示范:用小瓶子的瓶口蘸上颜料在画纸上印画泡泡。同时,向成人介绍活动的价值。

2. 亲子互动:熊猫吹泡泡

(1) 成人引导宝宝说说:想让熊猫吹出什么颜色的泡泡?

(2) 鼓励宝宝选择不同的颜色来印画泡泡,边印边说:"圆圆的 * 泡泡"。

(3) 鼓励宝宝选择不同大小的瓶子来印画,感知泡泡的大小变化。

3. 亲子游戏:追泡泡

教师或成人来打泡泡枪,宝宝追赶泡泡,欣赏泡泡晶莹剔透的美丽。

活动提示:

(1) 成人鼓励宝宝开口学着说说颜色、分辨泡泡的大小和高低。

（2）如果宝宝抓握瓶子有困难，可允许其两手抓握。

（3）成人在家中可以用蔬菜来让宝宝玩印画的游戏，取青菜，藕，花菜的一部分来印画，激发宝宝对玩色活动的兴趣。

活动 10-11：照片拼拼乐

材料准备：
拍摄家中几个不同场景的照片，打印成图片；安全剪刀。
玩法介绍：
玩法一：制作拼图
和宝宝一起看看认认照片中的场景，并在家长的协助下，让宝宝使用剪刀将图片剪成4—6块。
玩法二：玩玩拼图
请宝宝帮忙将剪碎的图片拼起来。如果宝宝拼得很快，可以将两张图片的内容混在一起让宝宝拼拼看。
玩法三：说说拼图
当宝宝完成拼图后，家长可以和宝宝一起聊聊说说图片中的场景或物品，如："宝宝，这张是你的小背包，那张是我的鞋子。"
温馨提示：
制作拼图时，需要家长提供安全剪刀（圆头、浅口、塑料刀锋），并在使用过程中注意孩子的安全。

第四节　31—36个月幼儿教育的常见问题及对策

一、家有小小"火药桶"

随着年龄增长，齐齐的"脾气"似乎也越来越大。到了睡觉时间，他还想要看电视，不肯上床，妈妈来抱他，他使劲把妈妈推开，还又哭又闹；吃饭的时候，齐齐吵着要玩玩具，不然不肯吃饭，还把桌上的碗筷都拨到地上去了。每次发脾气，齐齐会哭闹不止，周围人哄也哄不好。

原因分析：

随着认知水平和语言能力的提高，幼儿对情绪的内化和管理能力上升，也逐渐学会用语言表达自己的情绪。但由于他们的语言表达和解决问题的能力还有限，当自己的努力不足以达成目的时，他们会难过、发脾气。

"发脾气"实则一种情绪宣泄。婴幼儿在生命的最初两年里，"脾气"会快速发展，并且会随着年龄的增长表现得愈发突出，一般还会表现出愤怒、哭闹、耍赖等消极情绪。有调查显示，1岁内的婴儿发脾气的原因大多是合理的，只是表现得比较外露和强烈；1岁后，他们逐渐有了故意用脾气来操纵成人的行为倾向。

教育建议：

（1）关注和观察。

婴幼儿发脾气，多数是因为自己的需求没有被满足。不管情绪有多糟糕，家长首先要关注他们的需求。比如，宝宝闹脾气把东西扔在地上，是因为生气引起的，还是想得到家长的关注或陪伴呢？如果不清楚他们的意图，只是批评一顿或塞给他们玩具，只会让他们觉得更委屈。

幼儿的词汇量还不多，有时他们一着急，连日常用语都说不清楚，因此不太能完整表达自己的想法和需要，只好用发脾气来表达心中的不满。家长可以一边观察幼儿行为，一边教他用更明确的表达方式把想法说出来，要告诉幼儿"说出来"比发脾气更受欢迎。

（2）判断与回应。

对于幼儿发脾气的行为，需要家长的判断并在此基础上做出适当的回应。幼儿情绪爆发的原因大致可分为两种：

① 生理或心理不舒服。当幼儿有点病兆或者感觉到了冷落，发脾气是为了引起注意时，家长应当关注幼儿的情绪，让他尽快从不舒服的状态中解脱出来。

② 想要操纵家长。有时，幼儿想用"大闹一场"的方式让家长满足他的需求。例如胁迫家长给自己买玩具，或者父母上班前，幼儿习惯用哭闹来挽留……此时，家长不可因幼儿发脾气而让步，那样他的"小计谋"就生效了。家长可以先安抚幼儿，帮他擦擦眼泪或是拥抱表示关注。当幼儿情绪收敛一些后，先好好表扬他，让他明白"不发脾气"是好样的，然后转移他的注意力。当幼儿大发脾气的时候，和他直接讲道理是很难起作用的。

（3）游戏与发泄。

幼儿发脾气时，常会发生吵闹、扔东西的现象，那是因为幼儿需要发泄消极的情绪。面对这么激动的幼儿，家长一定要冷静，可以尝试分散幼儿的注意力，比如放一段幼儿喜爱的快乐、轻松的音乐；或进行一些"发泄游戏"，打鼓、拍枕头、踢球等方式都需要幼儿借助大肢体动作来完成，恰好可以让幼儿宣泄不满，将不快的情绪抛开。

二、缺乏规则意识的"小淘气"

案例
10-2

　　小嘟宝2岁半了,是个十足的"小淘气"。妈妈跟她说餐厅里不能吵闹,她却喊得声音更大;跟她说过马路不能闯红灯,她却非要冲过去。这样的情况让爸爸妈妈在公共场合中十分尴尬。

原因分析:

　　规则意识及执行规则的能力是社会性适应中极其重要的内容,它是幼儿今后学习、生活的基础与保证。在"儿童社会化"这一概念中,此阶段是儿童在一定的社会条件下逐渐独立地掌握社会规范,正确处理人际关系,从而客观地适应社会生活的心理发展过程,是每一个社会成员在其发展过程中都必须学会掌握和遵守的一些社会规范,如道德、习俗、纪律、法律等,才能适应社会的需要,被社会所接纳。

　　幼儿期是萌生规则意识和形成初步规则的重要时期。从小帮助幼儿建立规则意识有利于发展幼儿的意志力、控制力和思维力,有利于促进幼儿社会性的发展。

教育建议:

　　(1)用幼儿能理解的语言明确规则。

　　幼儿并不是生来就能理解规则的,由于认知水平的局限性,他们经常不能理解为什么成人要限制他的行为,更难把握什么情境下应该遵守什么规则,不明白为什么同一件事情在不同的情境下会有不同的要求。因此,家长需要用幼儿能够理解的语言来简单明确地告诉幼儿相应的要求。对一些危险的行为,需要花心思、想办法、反复强调,让幼儿明白危险,认识到后果是什么,帮助他们理解和遵守规则。

　　(2)和幼儿一起制定并遵守规则。

　　家长可以和幼儿一起讨论,听听幼儿的想法,让幼儿享受自主的权利。一起制定和执行规则,可以让幼儿更遵守自己参与制定的规则。规则制定以后,家长与幼儿就应该共同遵守,家长不应该要求幼儿懂规矩而自己却做不到,应该带头遵守,树立良好榜样。

　　(3)尽量采取积极处理态度。

　　在规则执行之初,幼儿出现违反行为往往是因为记不住这些规则。家长要有耐心,明白幼儿并不是故意的。在制止幼儿的同时,可以给他们其他的选择转移注意。比如,与其说"宝宝不要在餐厅里吵闹",不如出门时给他带上他喜欢的玩具,在吵闹时能够安静下来。

　　(4)家庭成员的要求保持一致。

　　幼儿的规则意识需要持续不断地培养和强化,家庭成员之间的要求应当尽量保持一致性。当幼儿出现某种违反规则的行为时,不能时而管、时而不管,不能这个人管、那个人随口说说。父母和其他照料者的要求应保持一致性,幼儿自然就很容易理解,并能一贯地遵守这些规则。

三、怕黑的"胆小鬼"

案例
10-3

乐乐快3岁了,但仍然很怕黑,晚上睡觉一定要开着灯。看到床底下黑黑的都很害怕,觉得有怪物。天黑出门就要大人抱,还要紧紧搂着大人脖子,腿不肯着地。

原因分析:

恐惧是婴幼儿最早出现的情绪体验之一,对黑暗的恐惧,尤其普遍。对幼儿来说,这世界上充满了未知的事物,而未知事物的不确定性总是让人害怕。2岁以后的幼儿,想象力已经发展,还很容易将想象的情景跟现实混淆,恐惧更是难免。

教育建议:

(1)尊重和分担幼儿的恐惧。

当幼儿表达出对黑暗的恐惧时,家长不要否定他们的感受,说些"没啥可怕的"之类的话,那样幼儿更会因为自己的胆小而自卑。反过来,尊重幼儿的感受,更容易给他们力量。因为幼儿发现家长懂得他们的恐惧后,就会确信,万一恐惧的事物真的出现了,家长会跟他们一起面对。这样的想法会有助于幼儿放松。

(2)用象征仪式帮助幼儿"埋藏"恐惧。

仪式对幼儿认识自己情绪有重要作用,成人可以利用"埋藏"恐惧的象征仪式帮助幼儿克服怕黑的恐惧。例如,在沙地玩的时候,让幼儿挑选一块最能代表他所害怕的形象的石头,然后让他把石头埋到沙里去,并用脚在上面踩结实,踩到"那块石头怪物再也出不来"为止。这样,以后幼儿晚上的恐惧会少很多。仪式的地点可以利用其他的道具及易埋藏的地点。如果效果不明显,可以多尝试几次。

(3)让幼儿建立对黑暗的积极体验。

由于幼儿对黑暗的恐惧大多跟头脑中的想象或语言记忆有关,成人平时照料时最好少做有助于唤醒这类想象的事情。例如,尽量不给幼儿读有恐怖情节的故事,也不要带幼儿看恐怖镜头(尤其是跟黑夜有关的影视节目)。平时教育幼儿时,也不要用恐吓的方式,经常被吓唬"晚上有坏人"、"大灰狼"、"警察来抓人"的幼儿,更容易产生对黑暗的恐惧。

思考题

1. 31—36个月幼儿的认知、语言和社会发展的趋势表现出哪些不同？你的应对策略是什么？

2. 请你围绕幼儿社会认知学习与发展核心能力收集相应的教学资源，如图片、儿歌、视频、故事、图书等。你会如何运用这些素材？

3. 结合你身边的事例，请整理、撰写或分析一则幼儿社会性发展案例。你从中有哪些观察和发现？

第十一章

0—3 岁婴幼儿教育活动的评价

在 0—3 岁婴幼儿早期教育中,习惯化和去习惯化是婴儿最早的学习方式,教育工作者如何知道婴幼儿的发展水平呢? 如何对婴幼儿的发展水平进行有效的评价呢? 又该如何依据评价的结果继续推进早期教育活动呢?

脑的成长和发育依赖于体验,对于婴幼儿来说,体验式学习效果比正式或抽象的学习效果更好。要尽可能为孩子提供体验的机会。从生理学角度看,大脑发育取决于脑细胞之间建立联结的情况,因此儿童的学习体验应建立在儿童已有的知识和能力的基础之上。大脑情感的部分率先发展,塑造了认知结构的发展方式。因此儿童的学习和成长需要安全和爱。大脑是思维的器官,其发展过程受到基因和环境的共同作用和复杂影响。每个儿童都有独特的学习途径,这些都有待观察、发现和支持。0—3 岁婴幼儿教育活动的评价首先要建构在科学的理论指导之上。

其次,教师要遵循教育教学框架是以"每个孩子都与众不同"为出发点、以"教师的角色是帮助、支持婴幼儿的学习和成长"、"婴幼儿的学习方式与学习内容是同等重要的"等为原则和理念。学习过程比学习的内容更为重要,要鼓励婴幼儿努力尝试,尽可能体验,在学习中保持积极的态度。例如把早教室或家里玩得脏乱也并不是什么坏事。对评价者而言,掌握有效的观察技巧并反映在高效的评价上,从而更有利于制定婴幼儿下一步发展计划。而且观察、评价、计划是循环往复的过程,没有终点。在教育活动中,教师作为评价者要一直思考:

1. 教育活动展示了什么主题?
2. 婴幼儿能够在教育活动或游戏中学到什么?
3. 教师及家长在教育活动或游戏中担任了什么角色?
4. 什么样的必要"环境"才能使本次教育活动或游戏成为一个婴幼儿成功的学习经历?

第一节 0—3 岁婴幼儿教育活动评价的原则与内容

婴幼儿早期的个体差异通常十分明显,即使是同年龄段的孩子也通常会表现出不同的能力水平。就连孩子本身在各方面能力的发展速度也会出现不同,比如身体动作发展较快的孩子并不见得会在语言表达上发展得同样快。可见对 0—3 岁婴幼儿能力发展的评价对早期教育工作者与养育者更加深入了解婴幼儿而言显得十分必要。

婴幼儿是一个完整的个体，评价的目的是要促进婴幼儿健康、全面、和谐地发展。因此，评价者应遵循婴幼儿发展性评价的全面性原则，发现婴幼儿发展的强项和弱项，在鼓励强项发展的同时侧重关注弱项的发展。同时，提出适宜的改进措施和意见，促使婴幼儿全面、和谐地发展。

0—3岁婴幼儿评价的目的是尊重婴幼儿及其家庭，帮助婴幼儿发展，是早期教育评价的基础。0—3岁婴幼儿评价的目的在于明确婴幼儿的实际发展水平，为教师制订教育策略提供参考，识别可能需要特殊服务的婴幼儿并及时向家长和有关部门汇报情况。

首先，关注0—3岁婴幼儿的发展是否正常、有无需要特别关注的发展问题、是否需要实施进一步的特殊检测等。教师可以根据观察、记录的内容进行综合评价，确定婴幼儿的发展状况是符合正常水平还是低于正常水平。如果低于正常水平，教师要和家长沟通，以便尽早确定婴幼儿是否存在发展迟缓问题。如果确定存在发展迟缓问题，教师要建议和督促家长尽早为婴幼儿安排进一步的诊断与治疗。

其次，识别每个0—3岁婴幼儿的特殊才能、兴趣和需要，从而选择更适宜的方式支持婴幼儿发展。教育要与婴幼儿的发展特点相适应。发展适宜性教育正是在每个婴幼儿发展优势的基础上促进他们各方面能力的发展。

再次，监控0—3岁婴幼儿的发展进度。不同发展水平的婴幼儿有着不同的发展进度。教师需要追踪确定每个婴幼儿的发展进度。只有掌握了足够的具体信息，才能了解每个婴幼儿的长处和不足，从而根据婴幼儿的发展情况调整教育策略，更好地促进婴幼儿发展。不能用同一种方法教育所有婴幼儿。

最后，定期为家长提供0—3岁婴幼儿发展的准确信息。教师应该定期就婴幼儿发展情况与家长进行友好、真诚地交流，彼此理解与信任，互相帮助，避免婴幼儿可能发生的发展问题，而不是只在婴幼儿出现问题时才与家长联络。家长与教师间的良好关系既可以让彼此分享更加详尽的婴幼儿发展情况，又可以相互学习，为婴幼儿的发展提供更有效的支持。

一、0—3岁婴幼儿教育活动评价的基本原则

观察评估是教育的基础，只有真正了解婴幼儿发展情况、分析其真正发展需求，才能提供更适宜的支持。因此在对0—3岁婴幼儿发展状况的评价过程中，早期教育研究者和婴幼儿养育者都应该遵循一定的原则，以保证评价过程的准确性、合理性以及评价结果的可靠性和指导意义。

（一）目的性与系统性结合的原则

无论采用何种评价的方法，都需要评价者对婴幼儿的表现展开有目的性的系统评价。在对婴幼儿进行评价之前，评价者需要事先确定好对婴幼儿进行评估的具体方案，该方案的内容应该包括：评价过程中需要收集的信息、此次评价的对象、此次评价所采用的具体方法以及进行评价的时间和地点等信息。

带有目的性的系统评价能够帮助评价者有效掌握此次评估的核心内容并且能够关注到细节,提高评估的有效性。比如一位评估者此次评估的目的是关注幼儿语言能力的发展水平,那么在正式的评估观察中,这位评估者就需要特别注意到幼儿在与他人交流过程中句子的平均长短、句子的成分以及结构类型、是否出现了修饰词、是否出现了复杂句等内容,而幼儿是否能够清晰、准确地发音则不是此次评估的目的,评价者应该有选择地对幼儿语言表现进行记录与评价。

系统性的评估还有一个好处就在于幼儿前后一段时间内多次的发展评估结果间拥有可比较性,进而利用这种纵向的比较去衡量幼儿的发展状况以及教学活动的有效性,有助于帮助早期教育研究者或婴幼儿养育者及时地调整改进现有的方案,促进婴幼儿的能力正向发展。

(二)整体性与连续性结合的原则

0—3岁婴幼儿的发展遵循一定客观规律,但与此同时不同婴幼儿之间具有相当大的差异性,因此早期教育工作者或婴幼儿养育者在对婴幼儿进行评价中必须要从连贯、整体的角度去看待评价结果,不能因为婴幼儿的某一方面表现落后于同龄幼儿就断言其在该能力发展方面存在滞后。

比如一个20个月大的幼儿在一次评价中发现其动作能力符合当前的年龄阶段,但是其语言能力却只达到了15个月的水平,如不能够正确地使用"不"来表明自己的否定意愿。这个幼儿的家长在拿到评价结果之后非常地焦虑,担心自己的孩子出现了语言发育迟缓的症状,四处求专家帮忙干预自己的孩子。但是实际上这位幼儿家长的担忧显得未免有些多余,这样一次语言能力评价的结果仅仅说明孩子的语用能力需要得到进一步的训练和发展,家长只需要在日常生活中有意识地训练孩子使用否定句,相信孩子在不断的练习中一定会非常快掌握这一年龄阶段对语言运用的能力要求。

婴幼儿能力发展评价是一个长期、连续的过程,无论是早期教育工作者还是婴幼儿养育者都应该学会从评价的视角去看待婴幼儿能力的发展,将评价的内容、评价的结果与早期教育活动、亲子活动有机地结合起来,努力做到从关注幼儿连贯、整体发展的角度看待婴幼儿发展评价的结果,并以评价的结果和内容为参照,设计出更适合幼儿成长发展的教学活动与亲子活动。

(三)真实性与情境性结合的原则

婴幼儿是发展评估中的主体,也是评价者的主要评价对象,因此在评价的过程中,充分注重"被评价的婴幼儿的反应是婴幼儿在情境中的真实反应"。

在评价婴幼儿各方面的表现时,评价者要尽可能地做到不干预婴幼儿的活动,尽量避免过于吸引婴幼儿。比如在对九个月大的婴儿进行语音能力的发展评估中,评价者被要求在婴儿与母亲互动的时候不能够靠得太近,以免造成婴儿面对陌生面孔时表现出退缩的行为表现,降低能力评价的有效性。并且如果在评估过程中出现了婴幼儿某些意外的行为表现时,评价也应该适时地中断,待婴幼儿重新恢复日常表现的时候再次开始进行。

在尊重真实的原则基础上,评价者也应该努力对婴幼儿的反应做出相应的回应,保持情境性。测评过程与游戏融为一体,教师和家长既要用富有激发性的游戏引导幼儿,也要观察幼儿在目前游戏活动中表现出来的水平。

(四) 科学性与保密性相结合的原则

评价者在评估 0—3 岁婴幼儿发展的过程中,应当采用多元综合测评的体系,评价主体多元,教师和家长都可以参与其中,这样的测评既可以获得多方面的信息,又能保证测评过程的科学性。

同时应该对所获得的有关婴幼儿所有的信息进行严格地保密,在记录过程中尽可能地使用婴幼儿编号或者虚拟的代号代替婴幼儿真实的名字(如幼儿甲、幼儿 001 等)。除了得到被评估幼儿家长的允许外,评价者应该严格地遵循保密性原则,禁止将评估的信息私自告知他人。

二、 0—3岁婴幼儿教育活动评价的内容

评价是系统地观察和记录婴幼儿能做什么以及需要什么:①观测是不是每个婴幼儿的发展都是正常的。②识别每个婴幼儿特殊的才能、兴趣和需要,以便使用更好的方法支持婴幼儿的发展。③监控、追踪婴幼儿在教育过程中发展的进度,目前学到了什么,还需要学些什么,不同发展水平的婴幼儿需要不同的发展速度。④及时为家长提供关于婴幼儿发展的准确信息。

婴幼儿评价是关注婴幼儿发展过程的评价。婴幼儿发展性评价是指以促进婴幼儿的发展为目的,以关注婴幼儿发展过程中的表现为手段,以诊断婴幼儿的发展状况并提出合理化建议为具体措施的评价理念。它强调发挥评价"促进发展"的功能,强调评价内容的全面性,强调评价主体和评价方法的多元化,强调评价对婴幼儿原有发展状态的改进作用。第一,评价是课程的一部分而不是孤立的。第二,教师与家长密切合作。第三,评价是持续性的、情境性的。第四,用科学的方法来识别婴幼儿发展的需要和长处。第五,评价应从连贯的、整体的角度关注婴幼儿。婴幼儿发展性评价符合当前学前教育改革的需要。婴幼儿发展性评价以指向性、即时性、情境性、个别性为主要特征,具有导向、诊断、记录等功能,遵循建议性、过程性、多元性、全面性原则,能促进教师、婴幼儿、课程三方面的共同发展。

婴幼儿教育活动评价的领域有如下几个方面。

(一) 动作与习惯

身体运动智能是指人巧妙地操纵物体和调整身体的能力,包括平衡、协调、敏捷、速度、力量以及触觉能力,对宝宝来说意味着他可以运用身体坐、走、跑、跳,还可以运用身体表达自己的感受。

身体动作板块分为粗大动作与精细动作。粗大动作评估婴幼儿对自身身体的控制能力,包括:静态定位(头部控制、坐、站);动态运动,包括运动(爬行、走、跑、跳、上下楼梯)、运动质量(站立、走、踢等时的身体协调),平衡以及运动规划;知觉—运动整合(例如姿势模仿)。精细动作是评估婴幼儿控制小肌肉的能力,包括抓握、手眼协调等。

1. 动作发展对身心发展的评价向度

（1）动作发展是否促进发育与健康。所有运动都受神经系统支配，都处于手脑调节之下，运动能力发展正常表明大脑的发育是健康的。在没有被剥夺运动的环境中，如果7个月时坐不起来，9—10个月站不起来，半岁时还不会抓物，这很有可能是脑部损伤或脑的发育出了问题，必须及时去请医生查明原因。经常运动的婴幼儿往往更能预测、避免、躲闪危险情境，更有助于保护自身的健康和安全。

（2）动作发展是否促进开发智慧潜能。皮亚杰认为：智慧起源于运动。手不仅是运动的器官，也是认知器官。常言道"心灵手巧"。人类环境的一切变化都是由手所带来的，而手的活动是受心理支配的。反过来，"巧手"又促进了心理发展。人与人之间，动手能力的差异性很大，与教育环境关系很大。一个小时候很少动手的孩子，长大后很难有高超的动作智慧。动手能力也是实践能力的基础，从小培养动手兴趣和能力与我国的素质教育要求完全一致。

（3）动作发展是否促进感觉统合功能的发展。"感觉统合"是由美国学者艾瑞丝于1972年提出，是指人脑有把多种感觉信息统合起来，对刺激作出协调反应的能力。婴儿期的抬头、翻身、坐、爬，直到会站会走，都在有顺序地克服与地心引力的矛盾，锻炼身体和地心引力的协调能力，获得丰富的平衡感觉。科学研究发现：婴儿爬行练习对平衡感发展的贡献最大，爬行时头部肌肉活动时间最长，锻炼最多，爬行不足的孩子，平衡能力一般都较差。3岁前幼儿的双手协调，手眼协调，双脚协调，视、听、嗅、味、触觉及躯干和四肢的协调运动都需要本体感的功能，也都促进本体感的发展，促进感觉统合功能的发展。

（4）动作发展是否促进良好个性品质的形成。运动可以锻炼身体的协调性、速度、肌肉的耐力，可以使孩子的行为变得主动、勤快、灵活、细心、果断、敢于探索，还可以使其体能得到释放而使情绪舒畅。在2岁以前通过运动改变或部分改变原本的气质特点是完全可能的。

（5）动作发展是否促进独立生存能力的发展。自出生之时，婴幼儿就在基因的安排下，在环境学习中，逐渐摆脱成人的控制，不断增强着独立生存的能力。当会走路以后，婴幼儿就会把手送到要去的地方。成人以为毫无意思的事，宝宝却忙得不亦乐乎。

2. 动作发展领域包括大肌肉动作、精细动作的发展等子领域

（1）大肌肉动作的发展。0—12个月婴儿的大肌肉动作发展重点是可以控制头部和身体的运动；在他人的帮助下开始平衡和协调地运动头部及身体。12—24个月婴幼儿的大肌肉动作发展的重点是用胳膊和腿来控制移动；开始出现一定的平衡性与协调性；通过运动来表现自己。24—36个月幼儿大肌肉动作发展的重点是控制身体运动，通过运动和协调来表现创造性。

（2）精细动作的发展。0—12个月婴儿精细动作发展的重点是可以初步控制手和手指动作；开始使用手和眼来协调动作。12—24个月婴幼儿精细动作发展的重点是较好地控制手和手指的动作；开始出现手眼协调。24—36个月幼儿精细动作发展的重点是可以更好地控制手和手指的动作；良好的手眼协调性。

　　综上,在身体动作方面,对8—12个月的婴儿,观察的是他能否在没有支撑的情况下可以自己坐,是否会爬,是否能依靠其他物体站起来,能否将两块积木叠放,是否能将小木棍放到洞里。对12—24个月的婴幼儿,观察的是他是否会站和走路,是否能扣上纽扣。

表 11-1　0—3岁婴幼儿动作与习惯能力发展评价指标

月龄阶段	序号	评 价 内 容
0—6个月	1	能做出无规律、不协调的动作,如,紧握拳
	2	能在直立位、俯卧位时抬起头,在家长帮助下能翻身
	3	能从仰卧位变为侧卧位,能用手摸东西
	4	扶着髋部时能坐,手能握持玩具
	5	俯卧时能用两手支持抬起胸部
	6	扶着腋下能站直,两手能各握一只玩具
	7	能独坐一会儿,用手摇玩具
7—12个月	1	会打滚,坐很久,可以将玩具从一只手换到另一只手
	2	会爬,会自己坐起来或躺下去,会扶着栏杆站起来,会拍手
	3	能试着独站,会从抽屉中取出玩具
	4	能独站片刻,扶椅或推车能走几步,能用拇指和食指拿东西
	5	能独走,能弯腰拾东西,会将圆圈套在木棍上
13—18个月	1	能走得好,能蹲着玩,能叠1块或以上积木
	2	能爬台阶,有目的地扔皮球
19—24个月	1	能双脚跳起来
	2	手的动作更准确,会用勺子吃饭
25—36个月	1	能跑,会骑三轮车
	2	会洗手、洗脸,穿脱简单的衣服

拓展阅读 11-1

运动能力发展的方法和途径

　　(1)通过日常生活发展运动能力。

　　1岁前,婴儿喂奶、换衣、换尿布、睡眠、起床等需要相应身体姿势的变化。这都是在促进各部分肌肉的发展。1岁以后,婴幼儿开始自己学习吃饭、洗手洗脸、穿脱衣服、解纽扣、脱穿鞋子、系鞋带、帮助家长做事等,都需要一系列的动作才能完成。凡是婴幼儿想做也能做的事情,家长都应尽量支持、帮助、鼓励其自己去做。如果家长包办的话,婴幼儿不仅会失去很多练习机会,也会失去很多自己做事的乐趣。只要家长鼓励支持,3岁幼儿也能学会像使用筷子这样难度较大的技能。

(2)在各种操作活动中发展动作技能。

在摆弄玩具、绘画、看书、捏面团、折叠、搭建、粘贴等方面,家长应放手让幼儿自主去尝试,也可以和他们一起玩。

(3)利用各种设备和机会发展运动能力。

例如,操作各种有安全保证的运动器具。或者外出散步、旅行,充分接触和利用自然条件,发展运动能力。在外出散步时,家长可根据幼儿年龄带上一些玩具或用品。如,1岁以内可带上垫子和小球,可爬着、滚着玩。1岁以上可带球、绳子等,让幼儿玩球,绳子吊在两棵树上或由两个家长各拿绳的一头练习钻爬。对于2岁以上的幼儿,外出散步时的活动是很多的。如,围抱树干,在草地上打滚,冲上小土丘,和家长追逐躲闪,拾树叶和落花等。

(4)做婴幼儿体操。

体操把需要锻炼的大肌肉运动都融进动作操之中,比任何其他活动的运动锻炼更为全面。做操时,躯干及四肢的大肌肉有节奏地收缩和放松,不会遗漏,也不会持续紧张。如果能经常在音乐伴奏中做操,可以使婴幼儿的动作协调和具有节奏感。婴幼儿的体操有四种:婴儿健身操(被动操)适合2—6个月婴儿;婴儿健身操(主被动操)适合7—12个月婴儿;竹竿操适合1岁至1岁半儿童;模仿操适合1岁半至3岁儿童,通常可模仿一些常见动物的动作,模仿儿童日常生活的动作,还可以模仿交通工具的运动状态。

(5)做体育游戏。

无论是家庭还是集体教养场所,为了培养婴幼儿对运动的兴趣,一般都把基本动作的练习放入既形象又有趣味性的活动性游戏之中。如,游戏"拾树叶"适合1岁以后各年龄段幼儿玩耍,给他们一个小篮子,到室外有树叶的地方去,把树叶拾起来放到篮子里。过程中,可以练习走步、下蹲、伸臂、准确拾起,还可练习全身动作的灵活性。

总之,随着婴幼儿年龄的增长,对婴幼儿日常生活技能的发展关注的领域越来越多,对各单个能力指标也逐步提出了更高的要求,这是符合婴幼儿成长规律的。同时,对婴幼儿的健康成长和发展也具有积极的指导意义。

(二)语言与沟通

0—3岁婴幼儿语言教育具有重要的意义与价值,从婴幼儿自身发展的层面上说,语言能促进婴幼儿认知、思维等的发展;从社会层面上说,语言是婴幼儿接触和了解外界的重要手段和方式,婴幼儿可以在学习语言的过程中掌握并内化社会规则,并将其转化为个人内在道德标准,从而更好地适应社会,促进社会和谐发展。

婴幼儿语言发育
研究进展

婴幼儿时期是语言发展重要时期,它对婴幼儿其他领域的发展起着非常重要的作用。

1. 该领域的四个子领域

(1) 接受性语言。0—12个月婴儿接受性语言发展的重点是能够对家长经常说的口语做出回应;根据简单的指令做动作。12—24个月婴幼儿接受性语言发展的重点是对家长的口语做出回应;按照简单的指示和要求做事。24—36个月幼儿接受性语言发展的重点是对家长的口语做出回应;根据指示和要求做事。

(2) 表达性语言。0—12个月婴儿表达性语言发展重点是开始利用动作或手势进行非言语性的交流;用声音进行交流;开始利用声音创造性地表现自己。12—24个月婴幼儿表达性语言的发展重点是用声音或单词进行交流;用声音或单词创造性地表现自己;问简单的问题。24—36个月幼儿表达性语言发展重点是用词语进行交流;用口语创造性地表现自己;问问题。

(3) 前阅读。0—12个月婴儿前阅读发展的重点是对故事感兴趣;探索书籍;开始注意图片。12—24个月婴幼儿前阅读发展的重点是听较简短的故事;开始探索书籍的特性;对图片有意识。24—36个月幼儿前阅读发展的重点是开始投入地听故事;开始对书产生意识;对印刷品中的图片和符号有意识。

(4) 前书写。12—24个月婴幼儿前书写的发展重点是自发地涂鸦,如用彩笔在纸上随意地涂画。24—36个月幼儿前书写的发展重点是涂鸦;简单地画;口述信息;创造性地书写。

2. 婴幼儿的语言能力

主要分为"语音能力""语意能力""语用能力""语法能力"四个方面。以下是围绕四个方面的发展评价指标,以此了解婴幼儿在语言方面的发展程度。

表 11-2 0—3岁婴幼儿语音能力发展评价指标

月龄阶段	序号	评 价 内 容
0—6个月	1	对周围人的引逗有反应,能够发出"咕咕"的声音
	2	能够发出简单的元音"a"、"e"、"o"、"u"
	3	口中经常发出成串的语音,如"mamama"、"bababa"等
	4	能够发出长音,如"ma-a"、"ba-a"等
	5	能够发出辅音,如"b"、"p"、"d"等
7—12个月	1	能够发出连续音,如"mama-ba-ma"等
	2	能够用舌头或者嘴唇发出一些声音
	3	能够说出最常用的词汇,如"妈妈"、"爸爸"
	4	可以用咳嗽声或者舌头打出的声音等模仿一些非语言声音

续　表

月龄阶段	序号	评 价 内 容
13—18 个月	1	可以用省略音、替代音、重叠音表达自己的需求
	2	喜欢模仿发音,能够模仿常见动物的叫声
	3	能够自己说出一些"小儿语"
19—24 个月	1	能够正确模仿成人的发音
	2	在成人的帮助下基本能够正确发音
	3	喜欢听重复的声音,比如一遍遍地听一首歌或听一本书
25—36 个月	1	能够背诵简单的儿歌且发音基本正确
	2	能够意识到他人发音错误的地方

表 11－3　0—3 岁婴幼儿语意能力发展评价指标

月龄阶段	序号	评 价 内 容
0—6 个月	1	对周围人说话的声音很敏感,尤其是新异的声音
	2	能够在养育者安抚说话的情况下停止哭泣
	3	能够找到声音的来源
	4	在被叫到自己名字的时候能够转头看
7—12 个月	1	能够对成人"不"的要求做出正确的反应
	2	能够辨别主要养育者的称呼和一些熟悉物品的名称
	3	能够理解一些简单的命令,如"坐下"
	4	能够按照成人的指令指出自己的眼睛、耳朵、鼻子等身体部位
13—18 个月	1	能够听懂一些熟悉的句子
	2	能够理解日常生活中简短的语句
	3	能够按照成人的指令指出熟悉的人或物品
	4	能够开始知道"书"的概念,喜欢和成人一起翻阅图画书
	5	能够理解并执行成人的简单命令,如"把玩具拿给我"
19—24 个月	1	能够开始理解一些描述性的形容词
	2	能够主动辨认图画书中的一些角色
	3	能够完成成人给予的连续性指令,如"把玩具捡起来给我"
	4	能够理解一些表示方位的介词,如"在桌子下面"
25—36 个月	1	能够理解成人绝大部分语句的意思
	2	能够在听完故事后说出故事的主人公是谁,以及简单的情节

月龄阶段	序号	评价内容
	3	能够开始理解代词的意思,比如"他们"、"明天"、"一会儿"等
	4	能够完成成人提出的两个不相干指令,如"捡起玩具、吃饭"
	5	理解并且能正确回答"谁"、"为什么"的问题
	6	在成人的帮助和引导下,理解故事的主要内容

表 11-4　0—3岁婴幼儿语用能力发展评价指标

月龄阶段	序号	评价内容
0—6个月	1	能够用不同类型的哭声表达自己不同的需求
	2	能够用语音吸引养育者
	3	能够在看到熟人或玩具的时候发出愉悦的笑声
7—12个月	1	能够用简单的语音和养育者进行互动
	2	能够用动作代替语言和他人进行交流,比如用挥手表示再见
	3	能够用自创的简单语音代指某些事物,如用"汪汪"代替小狗
13—18个月	1	能够用简单的单字表达自己的想法,比如用"鞋"表示自己想穿鞋
	2	能够说出自己的名字,并且有时能够用自己的名字代替自己
	3	开始学会使用"不"字代表自己不同意或拒绝
19—24个月	1	在面对自己不熟悉的物体时,喜欢问"那是什么"
	2	能够尝试模仿成人的话语,但往往只能模仿部分
	3	能够理解并且正确回答成人提出的"那是什么"
	4	在成人提问的时候,能够正确回答出自己的名字
25—36个月	1	能够说出常见的物品的名称,并能说出这些物品的用处
	2	能够回答成人提出的简单问题,比如"你爸爸叫什么名字"
	3	理解并能够正确使用如"谢谢"、"请"等礼貌用语
	4	能够在看完一本简单的图画书后进行简要的叙述
	5	可以尝试着用语言描述自己生活中发生过的事情

表 11-5　2—3岁婴幼儿语法能力发展评价指标

月龄阶段	序号	评价内容
19—24个月	1	能够说出几个字的简单句,如"我要玩具"
	2	能够说出 20—200 个词语

月龄阶段	序号	评 价 内 容
	3	开始能够说出简单的动宾结构,如"爸爸抱"
	4	能够通过模仿成人说出两个词或三个词的句子,类似电报句
25—36个月	1	能够正确使用"不",学会使用否定句
	2	能够正确使用连词"和"、"跟"
	3	能够正确使用副词"很"、"非常"等
	4	能够正确使用人称代词,如"我们"、"你"、"你们"等
	5	能够正确地说出完整的简单句,包含主谓宾的结构
	6	词汇量在 1 000 左右

（1）大约从 1 岁左右开始说话,进入单词句阶段。

儿童开始说话的时间有早有迟。早的为 10 个月,晚的要到 1 岁半,最迟的是 2 岁前后;多数是女孩较早,男孩较迟。单词句阶段通常延续半年时间。在这个阶段,儿童说出的句子由一个单词构成,随语境的不同可以表示多种意义。例如:"妈妈"在儿童的语言中可以表示"妈妈,到这儿来"、"我要妈妈"、"妈妈抱抱我"、"妈妈,我要小便",也可能是"妈妈,我肚子饿了,我要吃饭"等。

（2）大约 1 岁半以后进入双词句阶段。

组成双词句的词可以分成两类:一类是轴心词,它们的数量少,使用频率低。有的句子由轴心词加开放词构成,如"唱琴（弹琴）"、英语"more cookie"（再要些饼干）。有的句子由开放词加开放词构成,例如:"我吃水果"、"妈妈抱我"、英语"put floor"（＝I put it on floor）。

（3）大约在 2 岁半以后进入实词句阶段。

实词句是只用实词不用虚词组成的句子,字数可以超过两个。例如"妈妈班班"等。这种句子和成人打的电报相仿,故称为"电报式"。在这个阶段,儿童开始掌握语言的语法系统,往往出现过度概括现象,例如:儿童和母亲一起在超级市场里购物,孩子会拉着妈妈的手说"妈妈买,妈妈买",至于买什么谁也搞不清楚。

表 11-6 《0—3岁婴幼儿语言发展检核表》(部分内容)

月龄阶段	序号	评 价 内 容
7—12个月	1	听懂禁止的命令,例如跟他说"不可以",他会停下来
	2	理解自己的名字,例如叫他名字时,他会转头看
	3	会注意听别人的谈话,例如当别人在说话,他会表现出很感兴趣的样子
	4	听懂具体、有视觉提示的简单指令,例如叫他拍拍手、过来,他可以听懂并做出合适的反应

月龄阶段	序号	评 价 内 容
	5	理解熟悉物品的名称,例如"奶嘴"
	6	理解称谓的意思,例如问他:"爷爷呢?"他会看看爷爷的房间
	7	会回应成人给的指令,例如喝完牛奶跟他说"给妈咪",他会做出合适反应
19—24个月	1	理解并且能正确回答"A不A"的问句,例如"好不好"、"要不要"、"去不去"等
	2	辨认自己身上的各个部位,例如眼睛、鼻子、嘴巴、耳朵、手、脚、肚子等
	3	理解四种以上衣物的名称,例如衣服、裤子、帽子、外套、内裤、鞋子、袜子等
	4	能够说出图片中人或物的名称,例如看动物图卡,可指着动物说出动物的名称
	5	能够遵循与自己需求无关的指令,例如洗头时,对他说"帮妈妈拿毛巾",他可以做到
	6	会使用指示代词"这、这个"来指称人、事、物,例如幼儿会说"这车车"、"这鱼"
	7	会使用"动作者＋动作"的双词形式,例如"妈妈抱抱"、"爸爸拿"
	8	会说50个不同的字词

（三）情感与社会

尚处在人生发展初期的婴幼儿的社会性和情感发展,常表现在需要吸引父母注意力的生活方式,对同龄人和长辈表达自己的情绪感受;自我需求是否获得满足的体验;对取得的成就易产生满足感和自豪感;较喜欢从事一系列的社会角色扮演;领导或追随同龄人团体,与他们之间友好相处和产生竞争等活动。

社会性和情绪的发展是婴幼儿认知发展和终身学习的有力支撑。该领域包括与成人的人际关系、与同伴的人际关系等。

（1）与成人的人际关系。0—12个月婴儿与成人的人际关系发展的重点是对家长表现出依恋;对熟悉和不熟悉的成人反应不同。12—24个月婴幼儿与成人的人际关系发展的重点是亲子交流及对熟悉的成人有安全感。24—36个月幼儿与成人的人际关系发展的重点是表现出信任与安全感。

（2）与同伴的人际关系。0—12个月婴儿与同伴的人际关系发展的重点是产生同伴的意识;对同伴表现出的情绪有意识。12—24个月婴幼儿与同伴的人际关系发展重点是开始与同伴简单地交往。24—36个月幼儿与同伴的人际关系发展的重点是开始展现社交能力;对同伴的情绪敏感;开始与同伴建立友谊。

（3）自我意识。0—12个月婴儿自我意识发展的重点是表现出初步的自我意识;初步的认识自己的能力。12—24个月婴幼儿自我意识发展的重点是意识到自己是独立的个体。24—36个月幼儿自我意识发展的重点是通过行为反应自我意识;对自己的能力表现出信心。

(4)自我控制。12—24个月婴幼儿自我控制发展的重点是在成人的帮助下调节自己的情绪和行为;在成人的帮助下遵守规则。24—36个月幼儿自我控制发展的重点是基本可以调节自己的情绪和行为;基本可以遵守简单的规则。

(5)自我表现。12—24个月的婴幼儿自我表现的发展重点是通过美术和音乐创造性地表现自己。24—36个月幼儿自我表现的发展重点是通过表演、游戏来发展自己的想象力。

在以往研究中,研究者更为关注的是婴幼儿的社会性发展,有关情绪的研究没有受到学界的充分重视。随着学科的不断发展,研究者日益认识到情绪对婴幼儿发展具有极为重要的意义,于是逐渐将情绪从社会性中分离出来,作为一个独立的领域加以研究。

婴幼儿情绪是指婴幼儿察觉和理解自己或他人的情绪并在此基础上进行适当表达、调节和控制,以帮助自己应对挑战、达成目标以及有效参与社会互动的适应性反应;情绪能力的发展对个体的自我适应、人际适应和社会适应具有重要意义。对婴幼儿情绪发展水平进行科学评估,有助于研究者和实践工作者全面、客观地了解婴幼儿的情绪发展特点,以便采用适宜的教育策略促进其情绪能力的发展和社会适应性水平的提高。

另外,社会性情绪板块主要评估四个方面:早期社会性情绪发展能力,社会性与情绪健康,早期人际交往模式,检测社会性情绪能力发展的缺陷。

表 11-7 0—3岁婴幼儿情感与社会性发展评价指标

月龄阶段	序号	评 价 内 容
0—6个月	1	发展迅速,能自我调节发展
	2	开始与他人建立关系
	3	对世界充满兴趣
7—12个月	1	在交往中出现一些情绪
	2	行为具有目的性
	3	养成有规律的作息习惯
	4	能表现出各种情绪情感
13—18个月	1	在情感交流中,运用一些互动技能
	2	在情感交流中,运用一些情绪信号
	3	在情感交流中,运用一些手势符号
	4	在听到别人喊自己的名字时,是否有回应
	5	在照镜子时,是否能认识到镜子里的人是自己
19—24个月	1	能运用理性思维表达感受、希望和意图
	2	能了解他人的情感表达

月龄阶段	序号	评 价 内 容
25—36个月	1	能根据成人的指令完成一些任务
	2	能理解他人的情绪并作出自我行动调整

总之,母亲与子女的关系一直被视为儿童社会性发展的一个重要影响因素。儿童在早期生活中能否形成良好的亲子关系与他整个人生能否良好发展有密切关系。亲子关系是儿童与父母之间建立的人际交往关系。在亲子互动中,母亲能否给予子女关怀以及鼓励,能否让子女感受到爱,不仅取决于她们的育儿观念,寻其根源还与她们的个性有关。

（四）认知与探索

感知觉是个体认知发展中最早发生,也是最早成熟的心理过程,是婴幼儿认识的开端。他们通过感知觉获取周围环境的信息并以此适应周围环境。婴幼儿感知觉的发展不是被动的过程,而是主动的、有选择性的心理过程。

1. 婴幼儿感知觉的发展的主要内容

（1）视觉的发展。

人对周围环境的信息大多数是通过视觉系统获得的。眼睛觉察和辨认刺激物需要具备一定的视觉技能,主要有视觉集中、视觉追踪、颜色视觉、对光的觉察和视敏度。

视觉集中。出生后3周新生婴儿的视线开始集中到物体上,理想的视焦点是距眼睛约26厘米处——哺乳时母亲的脸与婴儿眼睛的适宜距离。

视觉追踪。出生12—48小时的新生儿中有3/4可以追视移动的红环。

颜色视觉。出生后15天就具有颜色辨别能力,3—4个月的婴儿颜色辨别能力基本上趋近成熟水平。

对光的觉察。出生后24—96小时的新生儿就能察觉光的闪烁。

视敏度。在出生后24小时只有成人的13/100,其后开始稳定发展。有研究认为视敏度发展最快的时期是7岁,也有人发现在10岁以前视敏度仍有明显发展。

（2）听觉的发展。

听觉是婴儿从外部环境获取信息、认识和适应环境的重要手段。婴儿的听觉发展包括听觉辨别能力、语音感知、音乐感知和视听协调能力等。

听觉辨别能力。出生第一天婴儿已有听觉反应,能区别不同的音高。婴儿对声音的反应主要有感受、抚慰、警觉、痛苦。

语音感知。婴儿对人的语音的感知能力十分敏感,对母亲的声音尤为偏爱。在听到母亲声音时,吮吸活动加速。

音乐感知。婴儿偏爱轻松优美的音乐曲调。6个月以前能够辨别旋律和曲调,6个月左右会出现表达愉快的身体动作,1岁左右会出现伴随音乐节拍的身体动作。

视听协调能力。新生婴儿就有听觉定位能力,表现出视、听协调活动能力。新生婴儿几乎都能将头转向声源,即根据听觉方向进行视觉定位。

（3）味觉、嗅觉和肤觉的发展。

味觉的发展。味觉是选择食物的重要手段,是新生儿出生时最发达的感觉。新生儿能以面部表情和身体活动等方式对甜、酸、苦、咸4种基本味道做出反应。

婴幼儿喂养与
营养指南

嗅觉的发展。嗅觉功能在出生24小时就有表现,出生一周能够辨别不同气味,且表现对母体气味的偏爱。

肤觉的发展。新生儿的触觉敏感性和触觉分化发展迅速。刚一出生就有温觉反应,而调节体温的能力是新生儿适应环境的一个关键。婴儿早期就有痛觉反应,但较微弱和迟钝。

（4）空间知觉的发展。

婴儿知觉发展表现为各种分析器的协调活动,共同参加对复合刺激的分析和综合。

形状知觉。3个月的婴儿已有分辨简单形状的能力。他们偏爱一定程度的复合的世界、信息量多的图形,不喜欢没有图案的模式。

深度知觉。6个月的婴儿就已经具有深度知觉,假如把孩子放在床的边缘,他会有感知下面危险的能力。

方位知觉。儿童方位知觉的发展顺序为先上下（3岁）,次前后（4岁）,再左右（5岁能以自身为中心辨别左右,7—8岁能以客体为中心辨别左右）。方位知觉个体差异很大,有的人一生方位知觉都不清楚。

其实,儿童认知是经历一个逐步发展的过程的。下面,我们简单地介绍婴幼儿认知发展的基本趋向。

2. 婴幼儿认知发展的基本趋向

（1）认知发展由近及远。婴儿还不知道客观事物永久存在之前,认知的范围就限于自己。以后,从这点出发,才逐步承认客观事物也和自己一样存在。

（2）儿童认知客观事物是由某一局部到整体、由片面到比较全面。他们往往先是专注于事物的某一部分而忽视其他部分,以偏概全。

（3）儿童最初只认识事物的表面现象,以后才随年龄增长,认识事物内在的本质属性。

（4）儿童认识一个事物,并不是一蹴而就的,而是从最初的认识到比较完全的认识。这需要经历多种水平或者阶段,由浅入深。

当然,婴幼儿认知能力包括感知、注意、学习、记忆、思维和想象等多种能力。婴幼儿要在丰富而适合探索的环境中发展认知能力,在观察、动手操作和思考中认识世界。每一个正常的婴幼儿都具有惊人的学习能力,家长可跟随他们一同探索,创设丰富的环境,启发婴幼儿自主学习。通过视觉、听觉、触觉和前庭平衡方面的训练,可以大大提高婴幼儿大脑的感觉综合系统。

表 11-8 0—3 岁婴幼儿认知能力发展评价指标

月龄阶段	序号	评 价 内 容
0—6 个月	1	能以行动来"指挥"或"控制"周围的环境
	2	通过抓、握、嚼等动作了解事物,甚至是世界
	3	能灵活地转动眼睛或头部来探索周围环境
7—12 个月	1	能将物品扔掉并捡回
	2	能辨别食物的味道
	3	能识别主要照料者
	4	对于照料者的消失有表情变化或表现出其他反应
	5	能将小物品捡起来
13—18 个月	1	用手触摸看到的物体
	2	用手表达意思,是否明白物品的匹配关系
	3	能根据颜色匹配物品
	4	开始认识身体的某个部位
	5	能有目的地将物品放入嘴里
19—24 个月	1	使用简单的工具
	2	用手的活动增长经验
	3	能意识到自己处在新环境中(有吃惊的表情、环顾四周)
25—36 个月	1	能通过观看图片、参观等方式来了解事物
	2	通过观察和思考,能逐步进行分析、比较不同的事物
	3	能一个数字对应一个物体,至少数到 3

认知在婴幼儿时期称为适应性行为,是婴幼儿对外界物质刺激的综合反应。认知发展领域包括初步的数学推理和逻辑思维能力、早期的科学探究能力、初步的社会交往能力和初步的艺术审美能力。

(1)初步的数学推理和逻辑思维能力。0—12 个月婴儿数学推理和逻辑思维能力发展的重点是探索不同形状和大小的物品。12—24 个月婴幼儿数学推理和逻辑思维能力的发展重点是开始在引导下对物体进行分类和配对;开始对与数量相关的概念有意识;开始用逻辑推理解决简单的问题。24—36 个月幼儿数学推理和逻辑思维能力发展的重点是开始建立初步的数概念;建立初步的测量概念;开始用数学推理和逻辑思维解决简单的问题。

(2)早期的科学探究能力。0—12 个月婴儿早期科学探究能力发展的重点是积极地探索周围环境。12—24 个月婴幼儿早期科学探究能力发展的重点是用声音或简单的词语描述周围环境中的事物;问有关周围环境的问题;使用简单的工具。24—26 个月幼儿早期科学探究能力发展的重点是用语言描述周围环境;用工具做实验。

(3)初步的社会交往能力。0—12个月婴儿社会研究发展的重点是知道重要的家庭成员和人际关系。12—24个月婴幼儿社会研究的发展重点是开始认识到个人偏好和与他人的区别。24—36个月幼儿社会研究发展的重点是知道社区里的人物角色和人际关系;探索方位概念。

(4)初步的艺术审美能力。0—3岁是婴幼儿探索世界的关键期,对他们进行早期艺术探索启蒙教育,有助于增强婴幼儿的听觉、视觉辨别能力和对艺术的感受力,还可增强婴幼儿的记忆力、想象力、创造思维,对婴幼儿的情绪稳定、心情愉快和内心平静以及身心健康和谐地发展都具有重要的作用。

作为承担教养婴幼儿工作的家长、幼儿教师或其他工作者,学习和了解掌握婴幼儿身心发展特点与规律,学会一些简单的早期艺术启蒙的方法与策略,对促进婴幼儿身心发展无疑是十分有利的。

总之,艺术活动不仅有助于婴幼儿的全脑开发,而且有助于婴幼儿智慧和创造力的发展。它给婴幼儿带来的是美的体验及更多表达情感的方式,能让他们获得更多的快乐。对婴幼儿进行早期艺术启蒙教育对于健全人格、陶冶情操、开发智力等将起到至关重要的作用。

拓展阅读 11-2

引导 0—3 岁婴幼儿感受音乐

0—3岁婴幼儿正处在听觉发展的关键期。当婴幼儿听到音乐时,他们常常会高兴地拍手、跳跃、歌唱,音乐能给予刺激,优美的旋律、节奏能激起孩子愉快的情感情绪体验。因此,在婴幼儿早期进行音乐启蒙是完全符合孩子身心健康发展需要的。

国内外许多心理学家从大量研究中发现:当婴幼儿还不能用文字语言表达内在情感时,却能借助音乐的"语言"抒发情感。从2岁起,他们就已开始进入艺术智能发展的黄金时期。因此,对婴幼儿从小进行音乐审美教育,是十分必要的。

5—6个月时的胎儿已经有感受音乐的能力了。出生后,宝宝在哭闹时听到胎儿期播放的音乐就会安静下来。这说明他已有记忆能力。刚出生的新生儿爱听优美的乐曲,如平卧的新生儿会将头转向音乐发出的方向,2个月大的婴儿已能安静地躺着欣赏音乐,2—3个月时能区分音高,3—4个月能区分音色,6—7个月能区分简单的曲调。以上都说明婴幼儿从小接受音乐训练是有生理基础的。因此,从胎教时期就可以培养孩子对音乐的爱好。

对婴幼儿感受音乐的方式,我们可以通过一系列的亲子活动对婴幼儿进行音乐教育。

(1)婴儿期(0—1岁)运用音乐来进行亲子活动。我们和婴儿说话要用儿语,高声调,有节奏,拉长音调,像唱歌一样。

可以经常给婴儿唱歌,晚上宝宝睡前则唱催眠曲。当唱歌时按节奏摆动宝宝的上下肢。另外,播放古典音乐,特别是莫扎特创作的乐曲,在游戏或进餐时播放并用音乐提示日常生活。但播放时的音量要适中,持续时间不要过长。父母可以细心留意婴儿的反应,如面部表情及身体语言,避免对婴儿造成过分的刺激。抱宝宝在怀中,随音乐节奏翩翩起舞。抱宝宝在镜子前,随着音乐节拍轻轻摇晃宝宝的身体,当音乐改变时,变换活动方式。模仿并鼓励孩子尝试随着音乐舞蹈或唱歌。当孩子洗澡或更换衣服时,也可作为共享音乐的时光,随着音乐的节拍按摩宝宝肌肤,活动一下宝宝的小腿和上肢。

(2)低幼期(1—3岁)运用音乐和孩子同乐时,可以扶着孩子的双上臂假装做指挥,随着音乐有节奏地舞动,父母一边欣赏,一边赞美。孩子在听音乐时随着旋律歌唱。让孩子玩一些安全的玩具乐器,加强他们动手拨动或敲打乐器的能力,用音乐促进婴幼儿智力的发展。音乐在发挥每个孩子与生俱来的潜力上扮演着独一无二的角色,能为孩子营造一种健康成长、和谐安全的环境。

首先,创造适宜的音乐环境。通过如抚触等感性的音乐,帮助婴儿认识自己的身体并建立身体意识,以不同节拍与曲调的音乐和一些表达不同情感的歌曲让婴儿认识广阔的声音世界。随着音乐节拍,他们可以随意敲打并扭动身体,使肢体语言更加丰富多彩。

第二,音乐游戏。游戏即是儿童的工作,音乐游戏可以使用节奏和旋律的自然手段来和婴幼儿互动,使他们在充满音乐的环境中生活并感知音乐的魅力。

第三,让婴幼儿随时随地感受到音乐的环境。在婴幼儿睡前准备如摇篮曲、小夜曲等节奏舒缓且柔和的音乐,让其尽快入眠并形成睡眠的规律,白天的睡眠次数多,可以让音乐贯穿其整个入睡阶段。当婴幼儿快要醒来时,换成一些欢快的节奏感较为鲜明一些的儿歌类音乐让婴幼儿回到游戏的环境中来。

三、评价量表

通过量表对0—3岁婴幼儿的发展进行监测与评估有利于进一步探究婴幼儿的发展规律,并使其相对应的教育策略更具科学性和可操作性,也有利于早期教育工作者更加了解婴幼儿发展的优势与弱势,进而提供有针对性的活动或者家庭教育指导,以帮助家长和主要教养者更加精细化地了解婴幼儿的发展。

(一)国内评价量表

1.《0—6岁儿童发育行为评估量表》

2018年,中国国家卫生健康委员会发布该量表并正式开始实施。量表共包含261个指标,覆盖大运动、精细动作、语言、适应能力和社会行为5方面的内容,每个月龄组8—10个测查项目。本标准适用于0—6岁(未满7周岁)儿童发育行为水平的评估,是评估儿童发育行为水平的诊断量表。

（1）能区（attribute）。量表测定的领域,本量表包括大运动、精细动作、语言、适应能力和社会行为五个能区。其中大运动能区指身体的姿势、头的平衡,以及坐、爬、立、走、跑、跳的能力;精细动作能区指使用手指的能力;语言能区指理解语言和语言的表达能力;适应能力能区指儿童对其周围自然环境和社会需要作出反应和适应的能力;社会行为能区指对周围人们的交往能力和生活自理能力。

（2）智力年龄（mental age, MA）。智龄、心理年龄。反映儿童智力水平高低的指标。在编制的量表中,按年龄分组编制测查项目,若被试者通过3岁的测查项目,就表示他使用该量表测查的智力年龄为3岁。

（3）发育商（development quotient, DQ）。用来衡量儿童心智发展水平的核心指标之一,是在大运动、精细动作、认知、情绪和社会性发展等方面对儿童发育情况进行衡量。

计算方式:发育商 = 智力年龄/实际年龄 * 100

2.《儿童发育异常自查手册》

《儿童发育异常自查手册》是教育部与联合国儿童基金会合作项目"早期儿童养育与发展"的项目成果之一。项目的主要目标是通过广泛的社会宣传和动员,向家长传授科学的育儿观念和知识,提高0—6岁儿童家长和其他养育者的科学育儿能力。尤其要帮助贫困地区的儿童家长,获得利用现有资源改善儿童家庭养育环境的能力。

生长发育正常是健康的重要标志,这种"发育"是有一定规律的,既是连续的,又有阶段性。即在不同年龄阶段,有着不同的发育标志。通过观察、分析这些标志,了解孩子身心发展的现状是否在正常范围内。

值得注意的是,由于生长发育受多种因素（遗传、环境、教育等）的影响,又有明显的个体差异,因此各年龄阶段的标志也不是绝对的。因此,《儿童发育异常自查手册》也提供各年龄段的"发展警示",如果婴幼儿的发育情况出现"发展警示"中的情况,必须及时查明原因,及时采取措施。婴幼儿的早期发育有极大的可塑性,同时也极易受损伤,发育异常发现得越早,治疗越及时,康复的可能性就越大。

（二）国外评价量表

1.《贝利婴幼儿发展量表（第三版）》

《贝利婴幼儿发展量表》是美国加州伯克利婴幼儿发育研究所的儿童心理学家贝利（Bayley）在1969年编制的,其中包括智力发展和神经运动两个量表,通过这两个量表,有关研究者可以对2—30月龄婴幼儿的发育进行评估。现在广泛使用的第三版贝利量表（BSID-Ⅲ）于2006年修订完成,2006年的这次修订更新了部分项目和常模数据,优化了量表的测量学指标,简化了操作步骤,令这份量表使用起来更简单更高效。"BSID-Ⅲ由认知量表、语言量表和动作量表三个执行量表构成,同时还包括由社会性情绪量表和适应性行为量表构成的社会性情绪和适应性行为问卷。其适用的年龄范围为0—42月龄的婴幼儿,主要用于筛查发育滞后的儿童,并为早期干预计划的制订提供依据。其中的认知量表共有91个测试项目,主要用于评估认知方面的发展水平,如感知、探索和操作、物体关系、概念形成、记忆,等等。"①

BSID‐Ⅲ提供了一套标准化的评估标准,每个年龄段幼儿的原始分量和起测点都是不同的。"BSID‐Ⅲ以量表原始分、百分等级、年龄发展当量等作为评估指标,评估者可根据量表分数绘制儿童发展曲线,以直观呈现儿童的发展信息。BSID‐Ⅲ体现了较好的心理测量学特性,不仅可为儿科及保健科医生所用,也可用于教育领域及其他学科领域的研究。"②有研究者在澳大利亚运用本量表对1岁幼儿的发展情况进行了研究,结果表明除了动作量表中的精细动作分量表外,其他分量表都存在效率偏下的问题。因此在不同文化背景下使用BSID‐Ⅲ需要重新建立常模,以此使本量表可以适用于不同地区的幼儿用以测量其发展水平。

BSID‐Ⅲ较之前两版贝利量表适用的年龄范围更广泛,测试过程也更为简化,但对于施测者、施测环境的要求仍然较高,评估工作可谓费时费力。此外,其评估结果不宜用于定性儿童的发展迟缓。

2.《考夫曼儿童评估成套测验》

《考夫曼儿童评估成套测验》是一套有关能力倾向和成就的量表,用以评估2.5—12.5岁儿童的认知能力。其中,能力倾向量表部分的理论基础是有关智力构成的神经心理学理论,即智力包括同时性加工和继时性加工两个过程。K‐ABC包含16个类似于游戏的分测验,测试需时60—90分钟。

K‐ABC中的分测验3"动作模仿"、分测验5"数字背诵"、分测验7"词语背诵"构成了继时性加工量表;分测验1"图形辨认"、分测验2"人物辨认"、分测验4"完型测验"、分测验6"三角拼图"、分测验8"图形类推"、分测验9"位置记忆"、分测验10"照片排列"构成了同时性加工量表;分测验11"词语表达"、分测验12"人地辨认"、分测验13"算术"、分测验14"猜谜"、分测验15"阅读发音"、分测验16"阅读理解"构成了成就量表。完成测验可得到四个综合领域的分数:序列加工、同时加工、心理加工合成和成就。③ 国内已经有研究者翻译了本量表,并对能力倾向量表中的部分测试项目和与我国国情不相适应的成就量表的一部分测试项目进行了重新翻译和修订,从而形成了与我国国情基本相适宜的K‐ABC中文试用版。

3. 嵌入课程的评估

嵌入课程的儿童发展评价强调评价要贯穿于日常教育教学活动的全过程,根据在日常情境中真实发生的幼儿表现来进行评价,相比前两套量表,本量表更加偏向于过程性评

---

① 易受蓉,罗学荣,杨志伟,等.贝利婴幼儿发展量表在我国的修订(城市版)[J].中国临床心理学杂志,1993,2(1):71—75.
　文颐.婴儿早期教育指导课程0—3[M].北京:北京师范大学出版社,2012:27.
　张明红.多元理论视野下的学前儿童语言教育[M].上海:华东师范大学出版社,2018:197.
② 易受蓉,罗学荣,杨志伟,等.贝利婴幼儿发展量表在我国的修订(城市版)[J].中国临床心理学杂志,1993,2(1):71—75.
③ 易受蓉,罗学荣,杨志伟,等.贝利婴幼儿发展量表在我国的修订(城市版)[J].中国临床心理学杂志,1993,2(1):71—75.

价,并且突出了评价的可操作性和发展性,强调评价者和活动组织者的一体化,并将评价结果运用于日常的教学活动。国际上使用较为广泛也较为权威的嵌入课程的儿童发展评价有高瞻课程的《学前儿童观察评价系统》(High/Scope Child Observation Record, COR)以及创造性课程的《教师策略黄金评估系统》(Teaching Strategies GOLDR Assessment System)。

(1)《学前儿童观察评价系统》

该系统的评估对象为0—6岁幼儿,包括九个领域的评估:学习方式、社会性与情绪发展、身体发展与健康、语言与交流、数学、创造性艺术、科学技术、社会学习、语言学习。每个领域评估数量不相等,整个量表共计36个项目。相同的是,这36个项目中每个项目划分出8个连续的发展水平,即从最低水平0到最高水平7。评估者首先需要对儿童的活动进行观察和记录,然后依据不同等级的典型行为出现案例数量来判断儿童的过程性发展水平。使用COR可以进行0—6岁的一体化评估,也容易获得关于幼儿发展的连续性信息。

COR蕴含了很多关于幼儿认知发展的内容:"例如,社会学习领域中有关'自我与他人认知'的项目,学习方式领域中有关'问题解决'的项目,数学领域中有关'模式'、'数据分析'的项目等。以创造性艺术领域中的'假装游戏'项目为例,八种水平由低到高分别是:水平0——儿童能看着别人并听别人说话;水平1——儿童能假装一种物品、一种动物或另一个人的行为;水平2——儿童能用一个物品替代另一个物品;水平3——儿童能用语言或动作去扮演某个角色;水平4——儿童会参与到重复的假装游戏情景中;水平5——儿童会与两个及以上同伴玩游戏,跳出假装游戏的情景时能够指导他人;水平6——儿童能创造具有五个及以上细节的道具或服装去支持和拓展游戏;水平7——儿童能和同伴一起表演一个他们所熟悉的改编后的故事、神话或寓言,并且加入自己的想法。"[①]

(2)《教师策略黄金评估系统》

道治(Dodge)编制的《教师策略黄金评估系统》是与在美国流行的与创造性课程相对应的评价量表,适用于0—6岁幼儿持续发展能力和学习进度的形成性评价。与COR类似的是,教师需要根据真实情境中的内容对幼儿进行形成性的评价。教师要观察儿童,与儿童和其家庭成员对话,以及分析儿童的作品、照片、视频、录音等,开展有关儿童的发展情况评估。"GOLD评估系统包括社会情感、身体发展、语言、认知、读写、数学、科学技术、社会学习、艺术、语言习得10个部分,共38个项目。其中认知部分共包含4个项目10个维度,用以评估儿童的学习品质、记忆能力、分类和表征能力等的发展。项目1——表现出积极的学习品质(参与,坚持,解决问题,表现出好奇心,具有内驱力,表现出思维的灵活性与创造性);项目2——对过往的经历有记忆并能建立联系(再认与回忆,在事物间建立联系);项目3——能对物体进行分类;项目4——能用符号或图画表现不在眼前的事物

---

① High Scope. Assessment:COR advantage[EB/OL]. [2017-04-24]. http://www.highscope.org.

（具有象征性思维，可参与社会角色游戏）。"①

第二节　婴幼儿教育活动评价的方式

一、婴幼儿教育活动评价的主要方式

评价不是要把婴幼儿分成三六九等，评价是为了促进婴幼儿的发展，挖掘婴幼儿的潜能，尊重个性，鼓励发展。

（一）形成性评价和总结性评价

形成性评价（formative evaluation）是指在教育活动过程中为了解婴幼儿的发展情况，及时发现教育活动中的问题而进行的评价。形成性评价是一个动态的、互动的过程，教师通过形成性评价可以对婴幼儿的学习情况进行持续性监控，并及时调整自己的教学内容，以满足婴幼儿的需求。但形成性评价不能单纯以教师感受为婴幼儿评分，教师们最常使用的课后与家长的沟通可以看出婴幼儿在每一次活动中的变化。形成性评价应是在婴幼儿活动过程中，依据严格划分的等级并对照婴幼儿表现进行打分，例如将婴幼儿在每一步骤中所达到的水平分为6级，对应分值为0至5分。教师在实施形成性评测过程中，对照量表中的能力要求为婴幼儿各个步骤的表现评分。

总结性评价（summative evaluation）又称终结性评价、事后评价，一般是在教学活动告一段落后，为了解教学活动的最终效果而进行的评价。单元性、阶段性活动之后进行的考核都属于这种评价，其目的是检验婴幼儿是否最终达到了预定教学目标的要求，也就是说是对教育活动目标达成程度的测定。总结性评价重视的是结果，借以对被评价者做出全面鉴定，区分出等级，并对整个教学活动的效果做出评定。总结性评价可以了解教师教学活动的最终成果，也可以检验学习者通过教学活动是否得到了提高。有的评测方案中，总结性评价的分数是根据形成性评价的分数总结得到的。但是这种方式只能评价出婴幼儿的能力，对于婴幼儿的认知发展的状态和社会情感并没有很好地呈现。

（二）正式评价和非正式评价

正式评价是指评价者有计划性、目的性和针对性的评价。正式评价的对象既可以是婴幼儿，也可以是教师，还可以是早教机构。评价婴幼儿时，教师通过相对规范的评价程序和工具，或通过一些正式举行的活动（例如"母婴节"、"亲子秀"、婴幼儿能力展示活动等）有针对性地了解婴幼儿的情况。正式评价运用常模参照评价与标准参照评价来进行，属于量化的综合性教学评价。在评价教师的过程中，常采用量化的方式去收集和某一教

---

① Teaching Strategies Inc. Teaching strategies GOLDR：Birth through kindergarten［EB/OL］．［2017 - 11 - 03］. http://www.teachingstrategies.com.

学有关的婴幼儿实际所取得进步和教师在教学中的表现等资料,并在对所获得的资料进行量化分析后,对教学效果作出评价。体现在教学活动中,多表现为上级行政部门、早教中心管理层根据一定目的和计划而开展与实施的评价,例如教学活动评优。

非正式评价是指教师在与婴幼儿的日常教学的接触、互动过程中,以观察(包括直接和间接的观察)和口头沟通交流为主要方式,不断地了解婴幼儿,进而在有意或无意之间形成对婴幼儿某种看法和判断的一种评价方式。

观察是有目的、有计划的知觉活动,是知觉的一种高级形式。观,指看、听等感知行为,察即分析思考,即观察不只是视觉过程,是以视觉为主,融其他感觉为一体的综合感知,而且观察包含着积极的思维活动。生命伊始时,身体状态的突然转变,对新生婴儿的体验能力提出了严苛的要求,婴儿需要一个关怀的、连续性的环境,才能维持在极端情况下的生活。观察是理解婴幼儿的肢体语言和提高对非言语沟通模式的敏感度的重要方面。通过观察,可以追溯婴幼儿心灵的发展,评价者可以理解婴幼儿对身体状态的意识及自我意识的萌芽,经验的象征化,以及建立与他人世界相联系的能力。

表 11-9　婴幼儿活动区活动观察记录表

观察时间		班级		指导教师		所在区域	
婴幼儿姓名							
活动行为表现	对材料的选择和操作						
	典型行为						
	持续状况						
	语言与行为表现						
活动情绪表现	与教师关系						
	与同伴关系						
	能否主动发起对话						
	活动的专注与持续水平						
总体评价							

表 11-10　婴幼儿观察记录

时间		教师		婴幼儿姓名	

(1) 观察

续 表

(2) 评价

(3) 下一步怎么做

前沿视角
11-1

婴幼儿观察[①]

　　进入婴幼儿观察现场前,观察的重点内容是什么? 以下所描述的关注的重点,是你需要记住的,它并不是结构严谨的指示,它内容包括:

* 注意婴幼儿身体感官知觉及经验,它们是随之出现的情绪、心智状态的基础。

* 婴幼儿在头几个月里与母亲的关系,特别是婴儿对喂奶的反应;不过,也要注意对婴幼儿整体的照顾和抚慰,断奶的过程,以及它对母亲和婴幼儿的意义。

* 婴幼儿通过游戏,以象征形式表达及探索心智状态的能力的发展,特别是他对断奶的反应,及忍受母亲不在的能力,以及渐渐意识到更复杂的家庭脉络(例如,手足竞争,对父亲的感觉)。

* 母亲(及其他成人)如何回应新生儿造成的冲击,及婴儿的索取。包括当她感觉婴儿不满足、痛苦、令人生气,或拒绝她时,她怎么反应。

* 二胎家庭大宝(哥哥或姐姐)的心理状态和感觉,特别是年龄差距不大、年幼的大宝,他们如何影响母婴经验。母亲与身边重要成人的关系,特别是婴幼儿的父亲。有时则是她自己的父母,以及这些人在头几个月里,对婴儿照顾所提供的支持脉络。

* 婴幼儿通过什么方式揭示自我。例如用"手"来思考(通过触摸来发现世界),用"脚"来社交(闹哄哄地踩脚和踢打是同伴间友谊的体现)。

* 当一个婴幼儿非常伤心的时候,他是说"我感到伤心",还是低下头、哭泣,或者凝视着前方(所有的肢体表达)? 如何准确地解释他们的情感,如何辨识可以作为儿童思想和情感线索的其他行为。

* 婴幼儿的眼神、声音、身体姿势、手势、言谈举止、面部表情、跳上跳下行为等说明了什么。

　　观察报告的撰写即围绕这几个相关的重点,不同的观察会强调不同的部分,但看每个家庭突显出哪个部分,或观察者想象的广度。有时候,观察员的到访对母婴关系有隐

[①] 参考《婴儿观察:Tavistock临床中心解读人类的非言语沟通》、《婴幼儿的人际世界》、《婴幼儿观察——从养育到治愈》、《幼儿行为观察与指导这样做》及网络资源等综合整理。

蔽、微小、难见的影响。

口头沟通是通过口头言语形式即时进行信息交流。口头沟通的优点是,有亲切感,可以用表情、语调增加沟通的效果,可以马上获得对方的反应,具有双向沟通的好处。口头沟通作为一种非正式的评价形式,具有一定的随意性,评价者要注意措辞,避免伤害到婴幼儿父母的情感。

(三)即时性群体评价和个案记录评价

1. 即时性群体评价

即时性群体评价是在亲子游戏过程中,教师、成人对婴幼儿具体表现所作的即时表扬、肯定。它没有严格意义上的评价方案和评价结论,强调对具体行为的评判。实践表明当婴幼儿某种良好的行为出现后,能及时得到成人的相应认可,他就会在心理上得到满足,形成愉快心境。即时评价具有起点低、目标小、评价勤、反馈快的特点。即时性评价大多数是非正式的评价。

2. 个案记录评价

个案记录评价体现过程性评价的思想,强调自我纵向比较,有利于婴幼儿的发展。每个孩子水平都有差异,针对每个班孩子的具体情况实施早教课程。如个别化活动中教师发现本班孩子的手眼协调能力较弱,于是根据其弱项选择了早教亲子课程"垒高",教师通过示范讲解帮助家长掌握指导要领,通过家长与婴幼儿的互动提升婴幼儿的能力。整个活动中教师可以进行个案记录。

案例 11-1

亲子课程——瓶儿排队

【课程描述】

教师通过操作演示,吸引幼儿注意,激发幼儿观察、发现瓶子不同。在操作活动中,比较、分辨瓶子大小、高矮。在亲子游戏中,引导幼儿根据高矮顺序进行排列。

【观察记录】

超超被教师的示范吸引,能用"语言＋肢体动作"表达自己对物体的感受。在"给瓶儿排队"的操作活动中,超超每次都能在2个不同大小、高矮的瓶子中准确地找出大的给爸爸、小的给自己。当爸爸说"高的给爸爸,矮的给超超自己"时,超超时对时错。爸爸给超超3个高矮不一的瓶子,让超超按从"高到矮"的顺序给瓶子排队,刚开始超超有些困难,胡乱摆放,在爸爸的指点下让超超每次拿出最大的放在最前面,终于超超成功地给3个瓶子从高到矮排好了队。

【评估分析】

超超能通过观察、比较,辨别物体的大小,但对辨别物体的高矮还有一定的困难。但有时会把大小与高低的概念混淆,需要再多进行练习。

个案记录评价如果持续坚持进行，就可以形成一份档案袋评价。通过个案记录评价，教师再指导家长抓住时机，适当引导，运用在亲子游戏课程中接触到的一切事物和材料，对孩子进行因势利导的培养，从而促进孩子各方面智能的有效发展。

总之，在评价功能方面，由侧重甄别和选拔转向侧重促进发展。婴幼儿评价强调发挥评价"促进发展"的功能，强调评价不是教学过程结束后的鉴别、筛选工具，而是在教学过程中促进婴幼儿发展的有效手段。为了实现"促进发展"的功能转变，评价对象的主体、内容、方法、结果等都要随之作出相应调整。

在评价对象方面，从过分关注对结果的评价转向关注对过程的评价。婴幼儿评价倡导以促进发展为目的的过程性评价，一般认为只关注结果的终结性评价只是对过去的关注，不利于促进婴幼儿现在和将来的发展。

在评价主体方面，从单一评价主体转向追求评价主体的多元化。婴幼儿评价强调教师、家长和婴幼儿都应该参与评价。通过追求评价主体的多元化实现评价者与评价对象之间的沟通，理解和有效互动使评价信息来源更丰富，从而使评价结果更为全面、真实。

在评价内容方面，强调对评价对象的全面、综合考察。婴幼儿评价强调对婴幼儿发展的所有方面进行综合评价，体现主体取向评价的思想和理念，对婴幼儿的全面发展具有导向和调控作用。

在评价方法方面，强调评价方式的多样化。婴幼儿评价强调量化评价与质性评价相结合，强调运用质的分析和评价方式对量的评价结果进行整合，从而保证评价结果的客观性和有效性。如，记录和收集能够反映婴幼儿成长与进步的事件、作品以及成人对婴幼儿发展过程所作的描述性记录等资料，在综合分析评定的基础上提出促进婴幼儿发展的具体建议和指导策略。

在评价结果方面，强调对婴幼儿原有发展状态的改进。婴幼儿评价强调对婴幼儿原有发展状态的改进作用，强调针对新起点选择适宜的教育方法和恰当的教育指导策略，促使评价对象在更高水平上获得发展。

二、 早教机构中教育活动评价设计与实施

对婴幼儿的能力发展进行评估是早教活动中必不可少的一个环节，格外受到早教机构的老师和婴幼儿家长的重视。在常见的婴幼儿发展能力测评表中，早教机构的老师通过观察幼儿在早教活动中的表现以及幼儿与自己互动情况了解到幼儿的某方面能力水平的具体表现，然后通过记录反馈给幼儿的家长，帮助家长也能够从这份简单的测评表中知晓自己孩子在某些方面的能力表现水平。

（一） 教育活动评价设计

基于活动的评价是指在婴幼儿参与早教活动的过程中进行发展性评价，这种评价方式能够在一个特定的活动情境中观察到幼儿与周围成人或物品之间的互动情况，进而得出更真实具体的判断。于此同时，基于活动的评价还能够帮助教师或者家长确认评价

与活动设计的关系,反思自身行为以及投放材料是否适宜,促进婴幼儿更好地发展能力。

　　早教活动的对象有家长和婴幼儿,那么在评价时就要分析婴幼儿活动中的行为,评估婴幼儿现有水平,也要观察与评估家长的教养行为。下面将以语言领域一节活动的目标制定为例,展示如何制定基于活动的教学评价设计。

　　1. 参照量表,设计婴幼儿行为的观察与评估的内容

　　(1)参照专业量表,梳理月龄段领域发展特点。例如,有教师根据《上海市0—3岁婴幼儿教养方案》,以及国内外专业量表,结合婴幼儿关键期的发展,从发育与健康、动作与习惯、语言与沟通、情感与社会性四个方面,制定0—3岁不同月龄段婴幼儿的发展评价,以便在日常活动、亲子活动中,通过观察给予评价。

　　比如对于2岁至2岁半的幼儿而言,他们基本上能够做到发音准确地背诵简短的儿歌、理解成人对自己说的大多数话语的含义,并且能够理解成人的简单指令、理解生活中常见的物品的名称与用途等,具体可参照下表11-11中列举出部分的25—30个月幼儿语言能力发展评价指标。

表11-11　25—30个月幼儿语言能力发展评价指标(部分)

语言能力类型	序号	评 价 内 容
语音能力		会背诵简单的儿歌,且基本发音正确
语意能力	1	能够理解养育者说出的绝大多数话语
	2	能够完成成人给予的连续性指令,如"把玩具捡起来给我"
	3	能够理解一些表示方位的介词,如"在桌子下面"
	4	能够开始理解一些描述性的形容词
语用能力	1	能够说出常见的物品的名称,并能说出这些物品的用处
	2	能够回答成人提出的简单问题,比如"你爸爸叫什么名字"
	3	能够理解并且正确回答成人提出的"那是什么"
	4	在成人提问的时候,能够正确回答出自己的名字
	5	知道自己的姓名、性别和年龄
语法能力	1	能够说出几个字的简单句,如"我要玩具"
	2	开始能够说出简单的动宾结构,如"爸爸抱"
	3	能够通过模仿成人说出两个词或三个词的句子,类似电报句
	4	能够正确使用"不",学会使用否定句
	5	能够使用简单的代词和介词,如"你"、"我"、"在下面"、"在旁边"等

　　(2)结合幼儿能力的年龄特点,提取领域活动中的关键点。根据幼儿的语言能力发

展的年龄特点,再结合当前阶段早期幼儿语言教育活动的方案提取出相关的关键点是设计一份婴幼儿语言能力水平评价方案的第二步,也是评价方案设计过程中至关重要的一步。表11-12中列举出了部分在"秋天的叶子"这样一节针对25—30个月幼儿的语言活动中的关键要点,比如在正式的活动开始之前,老师会按照点名册依次点名,听到老师叫到自己名字的幼儿是否有正常的反应呢?是否能够理解老师的指令,从家长的身边走向老师并和老师打招呼呢?这些都是基于本节语言教学活动的评价方案中的关键要点。

表11-12 "秋天的叶子"早期语言活动的关键点分析

"秋天的叶子"早期语言活动	25—30个月幼儿语言能力发展评价指标
1. 老师按照名册的顺序点到每个幼儿的名字,并且与幼儿亲切地打招呼	1. 知道自己的姓名 (听到老师叫名字的时候有反应)
	2. 能够理解老师一次发出的两个指令 (走到身边并打招呼)
2. 老师拿出事先准备好的树叶、纸等生活中常见的物品,向幼儿提问:"这是什么?"	3. 幼儿能够说出常见物品的名称 (指认出叶子、纸)
	4. 能够理解并正确回答成人提出的问题"这是什么" (能够回答老师的问题)
3. 老师把树叶放在纸的下面,问幼儿:"叶子在哪里?"	5. 能够理解并使用简单的代词 (说出叶子在纸的下面)
4. 老师播放一首简单的儿歌,并一句句地教幼儿唱	6. 幼儿能够理解老师的大多数话语 (能够跟老师一起唱儿歌)
5. 老师鼓励幼儿到中间将儿歌唱给其他小朋友	7. 能够背诵出这首儿歌,且基本的发音正确 (幼儿基本可以背出儿歌,发音基本正确)

在提取教学活动中关键要点的时候,需要注意这些要点应该紧密地结合当前幼儿语言能力水平发展的年龄阶段特点,比如对于25—30个月龄的幼儿来讲,考察他能否准确地发出"妈妈"、"爸爸"的语音则不是该年龄阶段幼儿需要考察的重点。另一方面,对于关键点的提取还需要与本次评价方案设计的目的相关,如在"秋天的叶子"活动中,我们想要考察的重点内容是幼儿语言能力水平发展的程度,而不是"幼儿是否可以用大指和二指捡起树叶"这样关于精细动作能力发展的目标,需要早期教育工作者在评价方案设计中额外地加以注意。

2. 整理形成测评表

能力发展评价方案的最后一步就是将第二步中涉及到的活动关键点以及幼儿通过评价的具体行为表现整理成表格,并加上相应的评价标准(通常会设立三个等级,分别是"能"—"一般"—"有待提高")。如表11-13中就展示了一份简化版的评价方案样例可供参考借鉴。

表 11-13　基于早期语言活动"秋天的叶子"的幼儿语言能力评价方案(样例)

序号	评 价 内 容	评价标准		
		能做好	一般能做好	有待训练
1	幼儿在听到老师喊到自己名字的时候有反应。知道老师在叫自己即为通过			
2	幼儿能够在老师的提示下从家长的身边走到老师身边并且和老师打招呼。完成上述两个行为动作即为通过			
3	幼儿能够根据教师的提问回答出叶子和纸等常见物品。回答出两个及两个以上即为通过			
4	当老师把叶子放在纸下面的时候,幼儿能够回答出老师的提问"叶子在哪里"。回答正确即为通过			
5	幼儿能够和老师一起大声地唱儿歌。幼儿能够积极参与唱儿歌的活动即为通过			
6	幼儿能够基本背诵出儿歌的内容,并且在这个过程中的发音基本正确。幼儿能够大致背诵且发音基本正确即为通过			

　　整理出的评价方案可由早教机构的教师根据幼儿在本次活动中的语言行为表现进行打分评价,也可以交给一同参与早教活动的幼儿家长,请幼儿家长们根据幼儿的具体表现打分,及时了解幼儿当前语言能力发展是否正常、是否存在有待加强的地方。倘若幼儿在活动中出现了较大的语言表现偏差,那么这份测评表也能够帮助家长及时地发现幼儿的能力问题,及早向更加专业的干预机构求助。

　　总而言之,学会根据早教教学活动方案设计一份与之匹配的评价方案是每位早期教育工作者都应该熟练掌握的技能之一。与此同时,无论是早教机构的教师,还是早期教育工作者和婴幼儿养育者都应该学会正确合理地利用评价工具来帮助自己了解婴幼儿能力发展水平的现状,并且根据每一位幼儿不同的能力发展特点制定出有针对性的个别化教育方案,帮助每一位婴幼儿都能够全方面地发展、提升其能力。

(二)早教机构中教育活动评价的实施

1. 对婴幼儿发展的评价

　　根据整理出的婴幼儿发展能力测评表(表 11-14)中,早教机构的老师通过观察婴幼儿在早教活动中的表现以及婴幼儿与自己互动情况了解到婴幼儿的某方面能力水平的具体表现,然后通过记录反馈给婴幼儿的家长,帮助家长也能够从这份简单的测评表中知晓自己的孩子在某些方面的能力表现水平。

表 11-14 0—3 岁婴幼儿发展评价表(31—36 个月)

观察要点		评价			
		★	●	▲	◆
发育与健康	身高、体重、头围、胸围等达标				
	晚上能控制大小便,不尿床				
	视力标准为 0.6				
感知与运动	能单脚站立 5—10 秒;能沿着直线双脚交替行走				
	能双脚离地连续跳跃 2—3 次;能双脚交替灵活走楼梯				
	能走一条短的平衡木,能跨过一定高度的障碍物				
	能举起手臂,将球朝目标投掷;能较协调地做模仿操动作				
	用积木、大积木拼搭或插成物体,并尝试命名				
	能模仿画圆、十字形				
	会扣衣扣、穿袜和简单的衣裤				
	能正确使用汤匙,尝试用筷子				
认知与语言	口数到 10,口手一致数 1—5;能分辨"一和许多"等				
	知道黄色、绿色,并能正确地指认;能用纸对折				
	喜欢自己看书;在引导下,理解故事情节,会问简单的问题				
	开始运用礼貌用语及"你们"、"他们"、"如果"、"但是"等词				
	知道家里人的名字和简单的情况				
	认识并说出常见的物品、动物名称;会回答简单的问题				
	会解决简单的问题,如搬椅子、爬上去、取东西				
	清楚地知道自己是男孩还是女孩				
情感与社会	能和他人玩角色游戏;会整理玩具,知道物归原处				
	自己上床睡觉,害怕黑暗和动物				
	兄弟姐妹或同伴之间会比赛和产生嫉妒				
	能控制情绪;对成功表现出高兴,对失败表现出沮丧				
	开始对故事里的人物投入感情,表达同情				

对于大多数早期教育机构而言,婴幼儿能力发展测评表是一种简洁、有效的促进婴幼儿家长参与早期教育的方式,能够帮助早教机构向婴幼儿家长长期系统地反馈婴幼儿在早教活动中的能力表现。另一方面,婴幼儿能力评价也是早期教育机构设计、安排早期课程的基石,教师通过婴幼儿在早期活动中某些特定领域方面的能力表现,捕捉到婴幼儿某方面能力发展的优势与不足之处,再根据这样的评价结果安排设计后续的早教活动能够

有效地帮助婴幼儿在某些特定领域下能力的提升。除此之外,对婴幼儿早期能力发展的评价也有助于甄别和筛查一些能力发育明显滞后的婴幼儿个体,及早发现这些能力较弱的婴幼儿能够帮助他们及时得到更加专业的筛查评估以及干预,有利于他们回归正常婴幼儿的能力水平。

在方便、快捷、实用的早教机构能力发展测评中,难以避免地会存在考察婴幼儿的发展能力过于单一、测评题目过于简化、评价内容不够充分等不足之处。这样的现状也在督促现行的早期教育机构能够开发出专业水平更高、更全面、更实用的早期能力发展测评体系,另一方面也提醒婴幼儿的养育者们认识到早教机构的评价结果仅仅只能作为婴幼儿某一方面发展能力的参考,应该选择更加专业的早期婴幼儿评价机构或医院对婴幼儿进行更加具体、可信的能力评价。

2. 对家长教养行为的评价

父母的教养行为与儿童的发展水平存在多种关联,恰当的教养行为可以促进儿童的发展,而错误的教养行为则会导致儿童的适应不良及心理问题甚至极端的心理问题和恶性伤害事件。在家庭环境基础、教养观念、教养知识、教养策略、规则和沟通能力、学习意识和能力、家庭成员协作、情绪调节和控制等维度可作为评价父母教养行为恰当与否的依据。实际操作中可以稍微简化为观察和行为记录表。

(1)观察。

例如,家长对婴幼儿行为的敏感性(关注度)分析;家长指导婴幼儿方式(放任不管、包办代替、指导性建议)分析;家长对婴幼儿态度(偏严厉、偏温和、一般)分析。

(2)课堂行为观察表。

结合教学活动关键点,将关键点与家长支持行为结合起来形成表格,并加上相应的评价标准,如表11-15。

表11-15 早教活动"爱的语言"的课堂内家长行为观察表

活动名称:	带养人:	记录人:	时间:
观察要点:	在家长表现的行为后打"√"		
本次活动需要观察的家长行为	能用语言引导幼儿练习动词( )	能用语言和表情伴随动作引导幼儿练习表达动词( )	完全由家长在表达动词,对幼儿无任何指导( )
	尝试调动幼儿的愉悦情绪以表达动词( )	任由幼儿按照自己的意愿表达,不进行引导( )	不关注幼儿的情绪( )
家长行为建议			
家长意见反馈			

每次活动需要特别观察的内容也可以添加到家长观察表中,由教师对家长进行观察,结合观察结果对家长行为调整提供建议。

思考题

1. 请列举常见婴幼儿心理测评量表？你会如何使用？

2. 婴幼儿行为观察与评估原则有哪些？如何开展？请结合情境或案例说明。

3. 请你围绕婴幼儿社会情感学习与发展核心能力设计制作一个亲子教育讲座的PPT？你认为婴幼儿早期教养指导的关键问题是什么？